GOOD DAYS!

Other Titles in the
New London Librarium
Brazil Series

Ex Cathedra: Stories by Machado de Assis

Miss Dollar: Stories by Machado de Assis

Trio in A-Minor: Five Stories by Machado de Assis

Quilombo dos Palmres: Brazil's Lost Nation of Fugitive Slaves

The Best Chronicles of Rubem Alves

Tender Returns (Rubem Alves)

*Law of the Jungle:
Environmental Anarchy and the Tenharim People of Amazonia*

*Journey on the Estrada Real:
Encounters in the Mountains of Brazil*

*Promised Land:
A Nun's Struggle against Landlessness, Lawlessness,
Slavery, Poverty, Corruption, and Environmental Devastation
in Amazonia*

GOOD DAYS!

The *Bons Dias!* Chronicles of Machado de Assis
(1888-1889)

Translated by

Ana Lessa-Schmidt

with

Greicy Pinto Bellin

New London Librarium

Good Days!:
The Bons Dias! *Chronicles of Machado de Assis (1888-1889)*

Translated by Ana Lessa-Schmidt
with Foreword and chronicle introductions by Greicy Pinto Bellin

Edited and designed by Glenn Alan Cheney

Cover photo credit: Antônio Luiz Ferreira/Coleção Dom João de Orleans e Bragança sob guarda do Instituto Moreira Salles.

Published by
New London Librarium
Hanover, CT 06350
NLLibrarium.com

ISBNs:
Hardcover: 978-1-947074-22-4
Paperback: 978-1-947074-21-7
eBook: 978-1-947074-23-1

Obra publicada com o apoio do Ministério da Cultura do Brasil/ Fundação Biblioteca Nacional.

Work published with the support of the Ministry of Culture of Brazil/ National Library Foundation.

MINISTÉRIO DA CULTURA
Fundação BIBLIOTECA NACIONAL

Dedicamos este livro à todos aqueles que apreciam e compreendem o valor do trabalho de Machado, o Bruxo do Cosme Velho, para a Literatura Mundial.

We dedicate this book to all who appreciate and understand the value of the work of Machado de Assis, the Wizard of Cosme Velho, to World Literature.

Conteúdo / Contents

Coleção Dom João de Orleans e Bragança

Em 13 de maio de 1888, a Princesa Imperial do Brasil, Isabel, assinou a Lei Áurea, abolindo a escravidão no país. Em 17 de maio, 20.000 pessoas celebraram a emancipação em uma Missa Campal de Ação de Graças no Campo de São Cristóvão, Rio de Janeiro, conforme mostrada na foto da capa deste livro.

On May 13, 1888, Princess Imperial of Brazil, Isabel, signed the Lei Áurea, the Golden Law abolishing slavery in the country. On May 17, 20,000 people celebrated the emancipation at the Missa Campal da Ação de Graças, the Open-air Thanksgiving Mass, in Campo de São Cristóvão, Rio de Janeiro, as depicted on the cover of this book.

Acima está um detalhe da fotografia da Missa Campal apresentando a Princesa Isabel como a figura central do evento. À sua esquerda, olhando por trás de um oficial militar de barba branca, está Machado de Assis, cujo narrador, "Boas Noites", em uma crônica no jornal *Gazeta de Notícias* de 4 de maio de 1888, disse que não compareceria ao evento por razões de saúde.

Above is a detail of the photograph of the Open-Air Mass featuring Princess Isabel as the central figure of the event. To her left, peeking from behind a military man with white beard, is Machado de Assis, whose narrator, "Boas Noites," in a chronicle in the *Gazeta de Notícias* newspaper on May 4, 1888, said that he would not attend the event for health reasons.

Prefácio

Traduzir Machado de Assis é tarefa árdua. A interpretação requer conhecimento não apenas textual e literário, mas das condições históricas e sociais que conformaram a obra do bruxo do Cosme Velho, como o chamava carinhosamente Carlos Drummond de Andrade. Conhecimento histórico e social, no entanto, não implica em uma análise de cunho ideológico, como muitas que foram feitas e continuam sendo propagadas no intuito de mostrar que Machado de Assis era não extremamente consciente de sua produção e de seu lugar no mundo enquanto escritor, mas um ideólogo defensor de causas sociais como a abolição da escravatura e o advento da República. Estes aspectos são ilustrados em profundidade em suas crônicas publicadas na série *Bons Dias!*, traduzidas para a língua inglesa nesta inédita coletânea.

As crônicas, aliás, consistem a principal lacuna na recepção da obra de Machado de Assis no exterior. O interesse pela obra machadiana é cada vez mais crescente nas universidades norte-americanas, por exemplo, como se pode observar na sistemática organização de congressos, conferências, colóquios e workshops que se destinam à discussão desta mesma obra, já traduzida para várias línguas. A tradução desempenha papel fundamental em todo este processo, tornando-se a via de acesso a significados da cultura e da literatura

Foreword

Translating Machado de Assis is an arduous task. Interpretation requires not only textual and literary knowledge, but also the knowledge of the historical and social conditions that shaped the work of the Wizard of Cosme Velho, as Carlos Drummond de Andrade affectionately called Machado de Assis. Historical and social knowledge, however, does not imply an ideological analysis, as many have been made, ideas still propagated to show that Machado de Assis was not extremely conscious of his production and his place in the world as a writer, but was an ideologue advocating social causes such as the abolition of slavery and the advent of the Republic. These aspects are deeply analyzed in the chronicles, published in the *Bons Dias!* series, translated to English in this unprecedented collection.

Chronicles, in fact, constitute the main gap in the reception of Machado de Assis's work abroad. The interest in the Machadian work is increasing in North American universities, for example, as can be observed through the systematic organization of congresses, conferences, colloquia and workshops that are intended to discuss works already translated into several languages. Translation plays a fundamental role throughout this process, becoming the way of access to the meanings of Brazilian culture and literature hitherto unknown

11

brasileiras até então desconhecidos por leitores inscritos em outras tradições de leitura e análise de obras literárias. Tais significados impregnam os textos machadianos, em especial suas crônicas, registros cotidianos publicados em jornal e que se caracterizam por observações extremamente lúcidas e atentas acerca das questões sociais e políticas que permearam a sociedade brasileira na época de Machado. No caso das crônicas de *Bons Dias!*, encontramos o registro crítico e sarcástico da transição social e política brasileira da Monarquia para República democrática, do regime escravocrata para a abolição, da tradição para a modernidade. Modernidade esta, aliás, forjada dentro de um simulacro europeu que funcionava como entrave ao estabelecimento de uma identidade literária própria, condição à qual Machado de Assis estava muito atento e que conformou toda a sua obra desde o início de sua carreira literária.

As crônicas da série *Bons Dias!* foram escritas sob o pseudônimo de Boas Noites, persona narrativa que destilou seu sarcasmo e sua veia crítica nas páginas do jornal *Gazeta de Notícias* entre 5 de abril de 1888 e 29 de agosto de 1889, perfazendo um total de 50 textos. Esta coletânea inclui uma crônica adicional, datada de 14 de outubro de 1888, encontrada pela Dra. Ana Lessa-Schmidt nos arquivos digitais da Fundação Biblioteca Nacional. Esta crônica nunca foi incluída em edições anteriores das crônicas de Machado em língua portuguesa. O ineditismo desta antologia, portanto, reside não apenas em sua tradução para o inglês, mas no acréscimo de um texto no qual Boas Noites critica o advento da doutrina espírita e suas relações com a política no contexto brasileiro de fins do século XIX.

A crítica ao espiritismo se repete em outras crônicas da série, evidenciando a presença irrefutável do dado francês na sociedade da época, assim como a tendência quase incontrolável para a imitação de

by readers enrolled in other traditions of reading and analysis of literary works. These meanings impregnate the Machadian texts, especially his chronicles, daily records published in newspapers and characterized by an extremely lucid and attentive observation of the social and political issues that permeated Brazilian society in Machado's time. In the case of the *Bons Dias!* chronicles, we find a critical and sarcastic registry of the Brazilian social and political transition from Monarchy to democratic Republic, from a slave regime to abolition, from tradition to modernity. Modernity was, for that matter, forged within a European simulacrum which functioned as an obstacle to the establishment of a literary identity of its own, a condition to which Machado de Assis was very attentive and which shaped all his work, starting at the beginning of his literary career.

The Chronicles of the *Bons Dias!* series were written under the pseudonym of Good Nights (Bons Dias), a narrative persona who distilled his sarcasm and critical vein in the pages of the newspaper *Gazeta de Notícias* between April 5, 1888 and August 29, 1889, making a total of 50 texts. This collection includes an additional chronicle, dated October 14, 1888, found by Dr. Ana Lessa-Schmidt in the digital archives of the National Library Foundation, in Brazil. This chronicle has never been included in previous editions of Machado's chronicles in the Portuguese language. The novelty of this anthology, therefore, lies not only in its translation into English but in the addition of a text in which Good Nights criticizes the advent of the Spiritualist doctrine and its relations with politics in the Brazilian context of the late 19th Century.

The critique of spiritualism is repeated in other chronicles of the series, evidencing the irrefutable presence of the French datum in the society of the time as well as the almost uncontrollable tendency

conceitos que vinham de fora do Brasil. A razão pela qual esta crônica não foi incluída em coletâneas prévias ainda nos é desconhecida. Sua não-inclusão oblitera aspectos relevantes não apenas da crônica machadiana mas de sua obra como um todo, na qual o espiritismo era percebido como uma importação europeia e, por isso, criticado com frequência, conforme observamos no conto "Uma visita de Alcibíades", que foi traduzido para o inglês e publicado na coletânea *Ex Cathedra: Stories by Machado de Assis*, lançada pela New London Librarium, em 2014. Pesquisas futuras hão de dar conta dos motivos pelos quais certos textos de Machado foram omitidos e até mesmo, distorcidos em novas versões publicadas nas conhecidas antologias de contos machadianos. Entre estas antologias, podemos citar Histórias da meia-noite (1873). Esta antologia contém o conto "A parasita azul", o qual apresenta divergências significativas em relação à versão original publicada no *Jornal das Famílias*. Tal divergência se observa na retirada de um longo trecho que se revela fundamental para a compreensão da narrativa, no qual Camillo Seabra, o protagonista, se assusta ao saber que as cartas enviadas da França ao seu pai haviam sido copiadas pelo padre Maciel em um dos seus sermões. "A parasita azul" também já foi traduzida para o inglês por mim e pela Dra. Ana Lessa-Schmidt, e publicada em *Miss Dollar: Stories by Machado de Assis*, pela New London Librarium, em 2016.

É interessante ressaltar que a autoria das crônicas de *Bons Dias!* só foi atribuída a Machado de Assis na década de 1950 a partir do estudo de João Galante de Sousa, talvez pela agressividade do narrador, que contrasta substancialmente com a imagem de um Machado pacato, funcionário público e avesso a controvérsias que tanto povoou o imaginário dos seus leitores. Esta imagem foi construída por especialistas, ou por alguns deles, que insistiram, durante anos,

to imitate concepts that came from outside Brazil. The reason this chronicle was not included in previous collections is still unknown to us. Its non-inclusion obliterates relevant aspects not only of the Machadian chronicle but of his work as a whole, in which spiritualism was perceived as an European import and for that reason was frequently criticized, as we observe in the short story "A Visit by Alcibiades," which was translated into English and published in *Ex Cathedra: Stories by Machado de Assis*, published by New London Librarium in 2014. Future research might account for the reasons why certain texts of Machado were omitted and even distorted in later anthologies of his work in their original language. Among these anthologies we can mention *Histórias da Meia-Noite* (Midnight Stories) published in 1873. The collection contains the short story "The Blue Parasite," which diverges significantly from the version of the original publication in the *Jornal das Famílias* (Families' Journal). That divergence can be observed in the omission of a long passage that is fundamental to an understanding of the narrative. In that passage, Camillo Seabra, the protagonist, is surprised to learn that letters sent from France to his father had been copied by Padre Maciel in one his sermons. "The Blue Parasite" has also been translated into English Dr. Ana Lessa-Schmidt and me in a version published in *Miss Dollar: Stories by Machado de Assis*, also by New London Librarium in 2016.

It is interesting to note that the authorship of the *Good Days!* chronicles was only attributed to Machado de Assis in the 1950s with the study by João Galante de Sousa, perhaps due to the aggressiveness of the narrator, which contrasts substantially with the image of a quiet Machado, a public servant, averse to controversies, who so much populated the imagination of his readers. This popular image was constructed by specialists, or some of them, who for years insisted on

em um viés sociológico que, ao apenas relacionar literatura e vida social, perdeu de vista o formidável potencial crítico de um escritor que poderia até ser pacato na superfície, mas que possuía uma visão bastante própria acerca dos mecanismos políticos e sociais implicados em um modelo de modernidade importado da Europa e que pouco ou nada tinha a acrescentar para a formação de uma literatura nacional.

Um dos aspectos que mais chama a atenção em *Bons Dias!* é a percepção crítica acerca do processo de abolição da escravatura, tendo em vista o alcance temporal das crônicas. Um mês antes do anúncio da Lei Áurea, aprovada no dia 13 de maio de 1888 e dando por encerrada a escravidão do Brasil, na primeira crônica da série, o narrador Boas Noites menciona o Clube Beethoven, do qual, aliás, o próprio Machado era membro. O narrador critica aqueles que se vangloriavam ao saber da emancipação dos escravos, afirmando que o melhor a fazer nestes casos era silenciar. A ideia de silenciamento, contudo, não implica em pouco caso para com os acontecimentos sociais, e aponta para uma predisposição, presente na elite da época, em usar a abolição para propagar ideais de liberdade, igualdade e fraternidade que, uma vez trazidos da França, não combinavam com as estruturas de dominação ainda presentes mesmo após a libertação dos escravos. Exemplo deste impasse aparece na crônica do dia 19 de maio de 1888, em que Boas Noites afirma ter abolido o escravo Pancrácio, "pessoa de seus dezoito anos, mais ou menos", um dia antes do 13 de maio. Com seu costumeiro sarcasmo, ele declara que deu um banquete para comemorar a alforria de seu escravo e principalmente, mostrar aos seus convidados o quão benevolente fora o seu gesto. Crítica explícita ao exibicionismo das classes dominantes, que usaram a falsa ideia de liberdade subjacente ao processo abolicionista para se afirmarem como favoráveis à abolição e

16

a sociological bias that, by merely relating literature and social life, lost sight of the formidable critical potential of a writer who might indeed be quiet on the surface but who had a very specific view of the political and social mechanisms involved in a model of modernity imported from Europe and which had little or nothing to add to the formation of a national literature.

One of the most striking aspects of *Good Days!* is the critical perception about the process of abolishing slavery, given the temporal scope of the chronicles. A month before the announcement of the Lei Áurea, the Golden Law, approved on May 13, 1888 and which ended the practice of slavery in Brazil. In the first chronicle of the series, the narrator Good Nights, mentions the Clube Beethoven, of which Machado himself was a member. The narrator criticizes those who boasted when acknowledging the imminence of the emancipation, stating that the best thing to do in these cases was to maintain silence. The idea of remaining silent, however, does not imply mocking the social events. It points to a predisposition, present in the elite of the time, to use the abolition to propagate ideals of freedom, equality and fraternity that, once brought from France, did not fit with the structures of domination still present, even after the abolition of the slaves. An example of this impasse comes out in the chronicle of May 19, 1888, in which Good Nights claims to have abolished the slave Pancrácio, "a person more or less eighteen years old," the day before May 13. With his usual sarcasm, he declares that he threw a banquet to commemorate his slave's freedom, and, above all, to show his guests how benevolent his gesture had been. Explicit criticism of the exhibitionism of the dominant classes, who made use of the false idea of freedom underlying the abolitionist process to assert themselves as abolitionists and to take advantage of the misery of thousands of slaves

para se locupletarem na desgraça de milhares de escravos que foram ou abandonados à própria sorte nas ruas do Rio de Janeiro, ou tratados como Pancrácio, que passa a ser um trabalhador remunerado dentro de um sistema capitalista também importado da Europa: "Pequeno ordenado, (...) mas é de grão em grão que a galinha enche o papo. Tu vales muito mais que uma galinha."

Torna-se evidente, no decorrer da crônica, que a abolição não colocou um fim na violência contra os negros, que continuavam recebendo "petelecos" de seus antigos donos e agora, patrões: "Tudo compreendeu o meu bom Pancrácio; daí pra cá, tenho-lhe despedido alguns pontapés, um ou outro puxão de orelhas, e chamo-lhe besta quando lhe não chamo filho do diabo; cousas todas que ele recebe humildemente, e (Deus me perdoe!) creio que até alegre." Nesta sequência, Boas Noites claro que alforriou Pancrácio não por compaixão ou por realmente compactuar com a causa abolicionista, mas porque deseja lançar sua candidatura a deputado e acredita que a alforria lhe ajudará no processo. Alega que Pancrácio aprendeu a ler e escrever, e que se tornou professor de filosofia. A suposta melhoria na condição do escravo é contradita pela violência com a qual continua a ser tratado e com a observação sarcástica acerca de seu aprimoramento intelectual, o que nos permite entrever toda a desconfiança do próprio Machado de Assis em relação ao processo da abolição. Com seu sarcasmo e ironia ele afirma, ao final das contas, que a escravidão não resolveu os problemas relativos à inserção do negro na sociedade brasileira da época.

Todas as crônicas da série *Bons Dias!* são estruturadas no formato de uma conversa informal entre narrador, que usa, em todos os textos, a interjeição que dá título à série, e leitor, que se sente como parte integrante do universo narrado. Este recurso ratifica a tendência

who were either left to fend for themselves in the streets of Rio de Janeiro, or treated like Pancrácio, who becomes a paid laborer within a capitalist system also imported from Europe: "A small stipend (...): but look after the pennies and the pounds will look after themselves. You're worth so much more than a penny."

It is evident in the course of the chronicle that abolition did not put an end to violence against blacks, who continued to receive "fillips" from their former owners, their new bosses: "My good Pancrácio understood everything. Since then, I have kicked him a few times, slaps on the wrist here and there; and I call him a beast when I don't call him son of the devil. All things which he receives humbly, and (God forgive me!) I believe even cheerfully." In this sequence, Good Nights, of course, gave Pancrácio his freedom not out of compassion or for agreeing with the abolitionist cause, but because he wishes to launch his candidacy as a deputy and believes that the manumission will help him in the process. He claims that Pancrácio learned to read and write, and that he became a "philosophy teacher." The supposed improvement in the condition of the slave is contradicted by the violence with which he continues to be treated and by the sarcastic observation about his intellectual improvement, which allows us to glimpse all the mistrust Machado de Assis had in the process of abolition. In his ironic sarcasm, he says that, after all, abolition did not solve the problems related to the insertion of the black people into Brazilian society at the time.

All the chronicles of the *Good Days!* series are structured in the form of an informal conversation between the narrator, who, in all texts, uses the interjection that gives title to the series, and the reader, who feels like an integral part of the narrated universe. This resource ratifies the Machadian tendency to converse with the reader, a resource

machadiana para a conversa com o leitor, recurso este altamente explorado pelo escritor em todas as fases de sua obra, e que encontra na crônica uma de suas mais plenas realizações. A desfaçatez de Boas Noites torna-se clara no primeiro parágrafo da crônica que abre a série, antecipando todo o sarcasmo que, conforme já mencionado, será destilado nas páginas da *Gazeta de Notícias*:

> Hão de reconhecer que sou bem criado. Podia entrar aqui, chapéu à banda, e ir logo dizendo o que me parecesse; depois ia-me embora, para voltar na outra semana. Mas, não senhor; chego à porta, e o meu primeiro cuidado é dar-lhe os *bons dias*. Agora, se o leitor não me disser a mesma coisa, em resposta, é porque é um grande malcriado, um grosseirão de borla e capelo; ficando, todavia, entendido que há leitor e leitor, e que eu, explicando-me com tão nobre franqueza, não me refiro ao leitor, que está agora com este papel na mão, mas ao seu vizinho. Ora bem!

Os assuntos das crônicas são os mais variados. Elas tratam do meteorito de Bendegó, encontrado na Bahia em 1784 e enviado ao Rio de Janeiro em 1888, o ano da abolição dos escravos, fato este motivo de chacota em várias crônicas. Outra crônica aborda o crime da rua Uruguaiana, que abalou a opinião pública fluminense em fins do século XIX. Outra nos fornece um insight sobre a reforma na Praça do Comércio. Há ainda uma crônica que joga luz na polêmica da atribuição de títulos de excelência no Brasil, costume, aliás, importado da Europa. Uma crônica aparentemente autobiográfica aponta para as falhas no pedido de licença feito por um funcionário público e para a resposta negativa a este pedido. Várias crônicas lidam com os recorrentes arranjos políticos advindos da abolição da escravatura e da proclamação da República, que ocorreria no ano de 1889. Todos

that is highly explored by the writer in all phases of his work, and which finds in the chronicle one of its most complete achievements. Good Nights's austerity becomes clear in the first paragraph of the chronicle that opens the series, anticipating all the sarcasm that, as already mentioned, will be distilled in the pages of *Gazeta de Notícias*:

> You will all acknowledge that I am well-bred. I could come in here, tilted hat, and straight away saying what I thought; then I would leave, to come back next week. But no, sir; I get to the door, and my first thought is to bid you *good days*. Now, if the reader doesn't tell me the same thing in reply, it's because he's a big lout, completely boorish; being understood, however, that there are readers and "readers," and that I, explaining myself with such noble frankness, don't refer to the reader, who is now with this paper in his hand, but to his neighbor. Well!

The subjects of the chronicles vary widely. They touch on the Bendegó meteorite, found in Bahia in 1784 and put on display in Rio de Janeiro in 1888, the year of the emancipation, a fact that motivated mockery in several chronicles. Another chronicle assesses the crime of Rua Uruguaiana, which shook the public opinion of Rio de Janeiro at the end of the 19th century. Another gives us insight into the reform of Praça do Comércio. Another sheds light on the controversy over the awarding of titles of excellence in Brazil, a custom imported from Europe. An apparently autobiographical chronicle points out flaws in a request for a license made by an official and by the negative response to it. Perhaps most importantly, various chronicles review the recurrent political arrangements arising from the abolition of slavery and the proclamation of the Republic in 1889. All these subjects, treated with priceless good humor and irony, are interspersed with

21

estes assuntos, tratados com impagável bom humor e ironia, são entremeados de múltiplas referências literárias, tornando evidente a vocação machadiana para a paródia e para a emulação dos discursos de outros escritores a fim de transmitir suas próprias mensagens, a maioria delas crítica ao establishment literário e político da época.

Contendas literárias também têm o seu lugar em *Bons Dias!*, mais especificamente na crônica do dia 6 de setembro de 1888, em que Boas Noites alfineta o escritor Eça de Queirós em uma discussão sobre plágio, o que é sintomático de uma disputa entre os dois escritores. Machado havia criticado Eça em ensaio de 1878 por fazer cópia do naturalismo francês em *O primo Basílio*; bem como a rivalidade entre intelectuais brasileiros e portugueses na cena literária oitocentista. Na crônica de 29 de julho de 1888, Boas Noites desfecha suas farpas em direção ao escritor José de Alencar e ao político José Bonifácio de Andrada e Silva ao zombar da tendência a ter determinados escritores como políticos na Câmara dos Deputados, o que pode assumir ares de crítica se considerarmos que a carreira política do próprio Machado foi malograda, e que ele teceu críticas à obra de José de Alencar, afirmando que a busca pela identidade nacional em sua obra estava circunscrita a padrões europeus e nada comprometida com a identidade autóctone que o próprio Machado buscou. Problemas relacionados à leitura das peças de William Shakespeare também são comentados em crônica de 16 de setembro de 1888, em mais uma crítica ao monopólio francês na cultura brasileira daquela época, o que faz todo o sentido se pensarmos que a chegada das peças de Shakespeare ao Brasil era intermediada por traduções francesas, que distorciam o conteúdo das peças e levavam a interpretações também distorcidas de seu conteúdo. Outra referência a Shakespeare aparece em crônica de 21 de janeiro de 1889, na zombaria ao estranho hábito de se manter

22

multiple literary references, making evident the Machadian vocation for the parody and emulation of the discourses of other writers in order to convey his own messages, most of them critical of the literary and political establishment of the time.

Literary quarrels also have their place in the *Good Days!* series, more specifically the chronicle of September 6, 1888, in which Good Nights sharply criticizes the writer Eça de Queirós in a discussion about plagiarism, which is symptomatic of a dispute between the two writers. Machado had criticized Eça in an essay of 1878 for making a copy of French naturalism in O Primo Basílio (Cousin Basilio) as well as the rivalry between Brazilian and Portuguese intellectuals in the nineteenth-century literary scene. In the chronicle of July 29, 1888, Good Nights throws his caustic criticism toward writer José de Alencar and politician José Bonifácio de Andrada e Silva by mocking the tendency to have certain writers as politicians in the Chamber of Deputies, which may take on a critical stand if we consider that Machado's own political career was faulty and that he criticized the work of José de Alencar, stating that the search for national identity in his work was circumscribed by European standards and not committed to the indigenous identity Machado himself sought. Problems related to the reading of William Shakespeare's plays are also commented on in the chronicle of September 16, 1888, in another critique of the French monopoly in Brazilian culture at that time, which makes perfect sense if we think that the arrival of Shakespeare's plays in Brazil was intermediated by French translations that distorted the content of the pieces and led to distorted interpretations of their content. Another reference to Shakespeare appears in the chronicle of January 21, 1889, in the mockery of the strange habit of maintaining skeletons in front of houses. Even the politician (and writer) Viscount

esqueletos na frente das casas. Até mesmo o político (e escritor) Visconde de Taunay é alfinetado em crônica do dia 28 de outubro de 1888 no que diz respeito ao projeto de imigração apresentado ao governo, o que mostra que talvez os escritores não fossem realmente talhados para a política, já bastante problemática em um cenário que estava passando por importantes e intensas transformações.

Outra questão que ganhou a atenção de Boas Noites foi aquela conduzida pelo latinista Antônio de Castro Lopes, que propôs o uso de neologismos vindos do latim a fim de evitar o emprego frequente e recorrente de expressões da língua francesa, por acreditar que tal emprego corrompia a essência da língua portuguesa. Na crônica de 7 de junho de 1889, Boas Noites é bastante sarcástico quanto à proposta de reforma linguística, apontando para a falta de identidade dos falantes de língua portuguesa. Há uma referência significativa ao escritor português Camilo Castelo Branco no que toca a este assunto: "Mandei logo (há uns seis meses) saber se havia em Portugal alguma luneta-pênsil das que inventara Camilo Castelo Branco, há não sei quantos anos. Responderam-me que não. Camilo fez uma dessas lunetas, mas a concorrência francesa não consentiu que a indústria nacional pegasse." A crítica ao galicismo é evidente, bem como a percepção de que a perspectiva portuguesa, simbolizada pela luneta-pênsil de Camilo. Machado admirava este escritor, que, em sua opinião, não recebeu a devida consideração devido à predominância da indústria francesa que obrigava o uso do pince-nez e, consequentemente, levava a interpretações distorcidas do conteúdo das obras. Pode-se afirmar que a busca por identidade nacional é inegável em toda a série, assim como a crítica à importação de aspectos estrangeiros, que permeavam toda a vida cultural brasileira e funcionavam, conforme já explicitado, como entraves à consolidação de uma identidade literária nacional às portas da proclamação da República no Brasil.

of Taunay is criticized in a chronicle from October 28, 1888, regarding the immigration project presented to the government, which shows that perhaps the writers were not really carved into shape for politics, already quite problematic in a scenario which was undergoing major and intense transformations.

Another issue that caught Good Nights's attention was the one led by the Latinist Antônio de Castro Lopes, who proposed the use of neologisms from Latin in order to avoid frequent and recurrent use of expressions from the French language, believing that such employment corrupted the essence of the Portuguese language. In the chronicle of June 7, 1889, Good Nights is quite sarcastic about the proposed linguistic reform, pointing to the lack of identity of Portuguese speakers. There is a significant reference to the Portuguese writer Camilo Castelo Branco on this subject: "I immediately questioned (six months ago) if there were any luneta pênsil in Portugal like the ones that had been invented by Camilo Castelo Branco I don't know how many years ago. They told me that there isn't. Camilo made one of these spectacles, but the French competition didn't allow the national industry to take off." The criticism to Gallicism is evident—as is the perception that the Portuguese perspective—symbolized by Camilo's pince-nez. Machado admired Camilo, who, in Machado's opinion, did not receive due consideration because of the predominance of the French industry that required the use of the term pince-nez, leading, consequently, to distorted interpretations of the content of the works. It can be affirmed that the search for national identity is undeniable throughout the series, as is criticism of the importation of foreign culture, which permeated the Brazilian life and functioned as an obstacle to the consolidation of a literary identity on the brink of the proclamation of the Republic in Brazil.

We believe that this translation, juxtaposed with the Portuguese

Prefácio

Acreditamos que esta tradução, junto com a versão em língua portuguesa irá, além de preencher as lacunas existentes na recepção da obra de Machado de Assis fora do Brasil, fornecer um material muito rico em especificidades históricas, linguísticas, sociais e culturais, que não apenas desconstroem a velha ideia de absenteísmo machadiano, apresentando novas perspectivas em relação à obra do escritor, até hoje tido como um dos mais importantes de toda a literatura brasileira.

Gostaria de agradecer a Ana Lessa-Schmidt pela parceria na tradução e pelo primoroso trabalho de pesquisa nos acervos da Fundação Biblioteca Nacional, que ajudou a desvelar todo o contexto histórico retratado nas crônicas, contexto este, muitas vezes, de difícil compreensão e que demanda duas ou mais leituras para ser apreendido em cada crônica. Não poderia deixar de dedicar agradecimentos a Glenn Alan Cheney pela disponibilidade e interesse em aceitar participar deste projeto longo e audacioso, e ao meu marido Sidney Jefferson Cleto pela ideia de adentrar no vasto, complexo e apaixonante universo da crônica machadiana. Esperamos fornecer ao leitor estrangeiro todo o instrumental necessário para melhor compreender a enigmática obra do bruxo do Cosme Velho em sua totalidade.

GREICY PINTO BELLIN, Ph.D.
Curitiba, Paraná, Brasil
13 de junho de 2018

language original, will not only fill gaps in the reception of Machado de Assis's work outside Brazil but also provide material rich in historical, linguistic, social and cultural specificities, deconstructing the old idea of a Machadian absenteeism and presenting new perspectives in relation to the work of a writer still considered one of the most important in Brazilian literature.

I would like to thank Dr. Ana Lessa-Schmidt for her translation partnership and for her exquisite research work in the collections of the National Library Foundation in Rio de Janeiro, which helped unveil the entire historical context portrayed in the chronicles. That context is often difficult to understand and requires two or more readings to be seized. I would like to thank Glenn Alan Cheney for his willingness and interest in taking part in this long and audacious project, and to my husband Sidney Jefferson Cleto for the idea of entering the vast, complex and fascinating universe of the Machadian chronicle. I hope our efforts provide the foreign reader with all the instruments necessary to better understand the enigmatic work of the Wizard of Cosme Velho.

GREICY PINTO BELLIN, Ph.D.

Curitiba, Paraná, Brazil

June 13, 2018

GAZETA DE NOTICIAS

NUMERO AVULSO 40 RS.

Tiragem 24.000 exemplares

NUMERO AVULSO 40 RS.

EXPEDIENTE

A GAZETA DE NOTICIAS

TEMPORAL NO RIO GRANDE

Rio Grande do Sul, 63

DESASTRE

CAMARA MUNICIPAL

EMBOLSADOS DO CORREIO

JURY

COLLAR DE AMBAR

A PROVINCIA DE S. PAULO

CONSELHO DE ESTADO

EXPOSIÇÃO EM PARIZ

A CUPOLA GRANDE DO PALACIO CENTRAL

BONS DIAS!

O BRASIL NA ITALIA

GATUNOS E GATUNICES

PARIZ EM FALTA

MENSAGEM DA RUA DO OUVIDOR

COSTURAS

PIRE EM NICTHEROY

A IMMIGRAÇÃO

UM CLUB ORIGINAL

Anno XV — Rio de Janeiro — Quarta-feira 6 de Fevereiro de 1889 — N. 37

GAZETA DE NOTICIAS

NUMERO AVULSO 40 RS.

Tiragem 24,000 exemplares

NUMERO AVULSO 40 RS.

A GAZETA DE NOTICIAS

recebe quaesquer communicações que lhe sejam enviadas.

Depois das 10 horas da noite, todas as communicações verbaes podem ser por escripto, telegraphicas ou telephonicas podem ser dirigidas para a typographia da « Gazeta », rua Sete de Setembro n. 72. Telephone n. 12 para a rua do Ouvidor n. 70, e n. 517 para a rua Sete de Setembro.

SALUBRIDADE PUBLICA

AGUA

NOTAS DE PESSOAS

Barão de Teffé

BARÃO DO GUAHY

SECCA DO CEARÁ

Fortaleza, 4 (retardado.)

PREVENTIVO DA FEBRE AMARELLA

BONS DIAS!

CASAS DE SAUDE

TESTAMENTO

A FRANÇA ANTES DA REVOLUÇÃO

VII

Armada

POR ESPAÇO DE UMA TABOLETA

SORTEIO DE JURADOS

FOLHETIM DA
O COLLAR DE AMBAR
POR
GEORGE PRADEL

PRIMEIRA PARTE
IV
(Continuação)

1

Machado de Assis introduz sua nova série de crônicas com sarcástica crítica ao anúncio da Lei Áurea, que emancipou os escravos em 1888. Ele se refere à participação do Partido Liberal, que defendia a abolição, e de Manuel Pinto de Sousa Dantas e José Antônio Saraiva.

5 de abril de 1888

BONS DIAS!

Hão de reconhecer que sou bem criado. Podia entrar aqui, chapéu à banda, e ir logo dizendo o que me parecesse; depois ia-me embora, para voltar na outra semana. Mas, não senhor; chego à porta, e o meu primeiro cuidado é dar-lhe os *bons dias*. Agora, se o leitor não me disser a mesma coisa, em resposta, é porque é um grande malcriado, um grosseirão de borla e capelo; ficando, todavia, entendido que há leitor e leitor, e que eu, explicando-me com tão nobre franqueza, não me refiro ao leitor, que está agora com este papel na mão, mas ao seu vizinho. Ora bem!

Feito esse cumprimento, que não é do estilo, mas é honesto, declaro que não apresento programa. Depois de um recente discurso proferido no Beethoven, acho perigoso que uma pessoa diga claramente o que é que vai fazer; o melhor é fazer calado. Nisto pareço-me com o príncipe (sempre é bom parecer-se a gente com príncipes, em alguma coisa, dá certa dignidade, e faz lembrar um sujeito muito alto e louro, parecidíssimo com o Imperador, que há cerca de trinta anos ia a todas as

1

*Machado de Assis introduces his new series of chronicles
with sarcastic criticism of the announcement of the Lei
Áurea (Golden Law) that emancipated the slaves in 1888.
He refers to the participation of Liberal Party, that defended
abolition, as well as to the role of the abolitionists Manuel
Pinto de Sousa Dantas and José Antônio Saraiva.*

April 5, 1888

GOOD DAYS!

Y̶ou will all acknowledge that I am well-bred. I could come in
here, tilted hat, and straight away saying what I thought; then I
would leave, to come back next week. But no, sir; I get to the door, and
my first thought is to bid you *good days*. Now, if the reader doesn't tell
me the same thing in reply, it's because he's a big lout, completely
boorish; being understood, however, that there are readers and "readers," and that I, explaining myself with such noble frankness, don't
refer to the reader, who is now with this paper in his hand, but to his
neighbor. Well!

Having made this compliment, which is not my style, but is
honest, I declare that I am not presenting a plan. After a recent
speech[1] at the Beethoven,[2] I find it dangerous for a person to state
clearly what he is going to do; it's better to do it silently. In this I look
like Bismarck's prince[3] (it's always good that we look like princes, in
something; it even gives a certain dignity, and it reminds people of
a very tall and blond fellow, very like the Emperor, who about thirty
years ago was going to all the feasts of the Imperial Chapel,[4] *pour*

festas da Capela Imperial, pour étonner de bourgeois; os fiéis levavam a olhar para um e para outro, e a compará-los, admirados, e ele teso, grave, movendo a cabeça à maneira de Sua Majestade. São gostos) de Bismark. O príncipe de Bismark tem feito tudo sem programa público; a única orelha que o ouviu, foi a do finado Imperador,—e talvez só a direita, com ordem de o não repetir à esquerda. O parlamento e o país viram só o resto.

Deus fez programa, é verdade ("E Deus disse: Façamos o homem, à nossa imagem e semelhança, para que presida..." etc. Gênesis, 1, 26): mas é preciso ler esse programa com muita cautela. Rigorosamente, era um modo de persuadir ao homem a alta linhagem de seu nariz. Sem aquele texto, nunca o homem atribuiria ao Criador, nem a sua gaforinha, nem a sua fraude. É certo que a fraude, e, a rigor, a gaforinha são obras do diabo, segundo as melhores interpretações; mas não é menos certo que essa opinião é só dos homens bons; os maus crêem-se filhos do Céu—tudo por causa do versículo da Escritura.

Portanto, bico calado. No mais é o que se está vendo; cá virei uma vez por semana, com o meu chapéu na mão, e os *bons dias* na boca. Se lhes disser desde já, que não tenho papas na língua, não me tomem por homem despachado, que vem dizer coisas amargas aos outros. Não, senhor; não tenho papas na língua, e é para vir a tê-las que escrevo. Se as tivesse, engolia-as e estava acabado. Mas aqui está o que é; eu sou um pobre relojoeiro, que, cansado de ver que os relógios deste mundo não marcam a mesma hora, descri do ofício. A única explicação dos relógios era serem iguaizinhos, sem discrepância; desde que discrepam, fica-se sem saber nada, porque tão certo pode ser o meu relógio, como o do meu barbeiro.

Um exemplo. O Partido Liberal, segundo li, estava encasacado e pronto para sair com o relógio na mão, porque a hora pingava. Faltava-

étonner de bourgeois;[5] the faithful looked at each other, and comparing them, admired, and he tense, serious, moving his head in the manner of His Majesty. It's a matter of taste.). The prince of Bismarck has done everything without a public plan; the only ear that listened to him was that of the late Emperor,—and perhaps only the right ear, with orders not to repeat it to the left. The Parliament and the country saw only the rest.

God made a plan, it's true ("And God said, Let us make man in our image, after our likeness, so that they may rule..." etc., *Genesis* 1:26); but we must read this plan with great caution. Strictly, it was a way of persuading the man of the high lineage of his nose. Without that text, man would never attribute to the Creator even his kinky hair, or his fraud. It's certain that fraud, and, strictly speaking, the kinky hair, are works of the devil, according to the best interpretations; but it's no less certain that this opinion belongs only to good men; the wicked believe themselves to be children of Heaven—all because of the Scripture verse.

So keep quiet. In the end it's what you see; I will come here once a week, with my hat in my hand and the *good days* in my mouth. If I tell you right away that I don't mince words, don't take me for an intrepid man who comes to say bitter things to others. No sir; I don't mince words, and that's why I have to write. If I minced them, I'd swallow them and it would be over. But here it is what it is; I am a poor watchmaker, who, tired of seeing that the clocks of this world don't display the same hour, lost faith in the craft. The only explanation for the watches was to be equal, without discrepancy; as soon as they disagree, we know nothing, because my clock can be as certain as my barber's.

An example. The Liberal Party,[6] according to what I've read, was

lhe só o chapéu, que seria o chapéu Dantas, ou o chapéu Saraiva (ambos da chapelaria Aristocrata); era só pô-lo na cabeça, e sair. Nisto passa o carro do paço com outra pessoa, e ele descobre que ou o seu relógio está adiantado, ou o de Sua Alteza é que se atrasara. Quem os porá de acordo?

Foi por essas e outras que descri do ofício; e, na alternativa de ir à fava ou ser escritor, preferi o segundo alvitre; é mais fácil e vexa menos. Aqui me terão, portanto, com certeza até à chegada do Bendegó, mas provavelmente ate à escolha do Sr. Guaí, e talvez mais tarde. Não digo mais nada para os não aborrecer, e porque já me chamaram para o almoço.

Talvez o que aí fica, saia muito curtinho depois de impresso. Como eu não tenho hábito de periódicos, não posso calcular entre a letra de mão e a letra de forma. Se aqui estivesse o meu amigo Fulano (não ponho o nome, para que cada um tome para si esta lembrança delicada), diria logo que ele só pode calcular com letras de câmbio— trocadilho que fede como o Diabo. Já falei três vezes no Diabo em tão poucas linhas, e mais esta, quatro; é demais.

BOAS NOITES.

Publicação Original: Rio de Janeiro: *Gazeta de Notícias*, 05.04.1888, N.95, p.desc.

cloaked and ready to leave with its watch in hand, because time was dripping. It only lacked the hat, which would be the Dantas[7] hat, or the Saraiva[8] hat (both from the Aristocratic hatter's shop);[9] it was just a matter of putting it on the head and leaving. At this point, the palace coach passes by with another person, and he discovers that either his watch is early, or that of His Highness is delayed. Who will set them right?

It was for these reasons and others that I lost faith in the craft; and, between the alternatives of going to hell or being a writer, I preferred the second proposal; it's easier and less vexing. Here, then, you'll certainly have me until the arrival of the Bendegó,[10] but probably until the choosing of Mr. Guaí,[11] and perhaps later. To not annoy you, I won't say anything else, and because they've already called me for lunch.

Maybe what remains here comes out very short after it's printed. As I have no habit of writing for periodicals, I cannot estimate between the handwriting and the printed letter. If my friend So-and-So was here (I'm not putting down his name, so that each one will take this delicate remembrance to themselves), he would say that he can only make estimates with bills of exchange—a pun that stinks like the Devil. I have spoken three times of the Devil in so few lines, and with this one, four; it's too much.

GOOD NIGHTS.

Original publication: Rio de Janeiro: *Gazeta de Notícias*, 05.04.1888, N.95, p.1.

2

Esta crônica trata da observância das regras oficiais relativas ao uso dos bondes no Rio de Janeiro, o polêmico crime de Campinas e a reforma da Praça do Comércio.

12 de abril de 1888

BONS DIAS!

A gora, sim, Senhor.

Leio que meu amigo Dr. Silva Matos, 1º Delegado de Polícia, reuniu os gerentes das companhias de *bonds* e conferenciou com eles largamente. Ficou assentado isso: que as companhias farão cumprir, com a máxima observância, as posturas municipais e os regulamentos da polícia. Ora, muito bem. Mas agora é sério, não? Desta vez cumprem-se; não é a mesma caçoada da promulgação que fez crer à gente que tais atos existiam, quando não passavam de simples exercícios de filosofia escolástica. Vão cumprir-se com a máxima observância. Se aproveitassem a boa vontade das companhias, para obter que cumpram também o catecismo, as regras de bem viver, e um ou outro artigo constitucional? Seria exigir demais. Contentemo-nos com o bastante.

Nem por isso trepo ao Capitólio, e aqui vai a razão. Hão de lembrar-se da condenação de Pinto Júnior, como autor do crime de Campinas. Quando eu já havia posto esse caso na cesta onde guardo a revolução de Minas e a queda de Constantinopla, surge a polícia da

2

This chronicle deals with the observance of official rules concerning the use of trolleys in Rio de Janeiro, the polemic Campinas crime, and the reform of Praça do Comércio.

April 12, 1888

GOOD DAYS!

Now, yes, Sir.

I read that my friend Dr. Silva Matos, 1st Police Commissioner, met the managers of the trolley companies and conferred with them extensively. This was settled: that the companies will enforce, with the utmost observance, the municipal positions and the regulations of the police.[1] Now, very well. But this time it's serious, isn't it? This time they are going to observe the regulations; it's not the same mockery of the promulgation that made people believe that such acts existed, when they were merely exercises of scholastic philosophy. They will be followed with the utmost observance. And if they took advantage of the goodwill of the companies, to also make them observe the catechism, the rules of good living, and one or another constitutional article? It would be too much to ask. Let's content ourselves with this much.

Not even for that do I climb to the Capitol,[2] and here's the reason. You might remember the conviction of Pinto Júnior as the author of the Campinas crime.[3] When I had put this case in the basket where I

corte e demonstra-me que não, que a carta de um tal Corso, dizendo ser autor do crime, era verídica. Reformo a cesta, e vou dormir; mas aqui aparece a polícia de São Paulo e afirma o contrário; Corso não foi autor do crime; a carta não passou de um estratagema de Pinto Júnior.

Vaidoso ate à ponta dos cabelos, e não sabendo em qual das duas polícias crer, procurei por mim mesmo a solução do caso, e achei que a carta de Corso talvez não passe de um *calembour*, obra de algum advogado compungido e pilhérico. Quando lhe pedissem notícias do Corso e da carta, ele responderia que já se não dão *cartas de corso*, que os últimos corsários ficaram nos versos de Lord Byron, e na famosa balada de Espronceda:

> *Condenado estoy a muerte...*
> *Yo me río!*
> *No me abandone la suerte.*
> Etc. Etc. Etc.

Se não é isto, e se as duas polícias discrepam, então não sei quem me dará explicação do Corso e da carta. Não será o Sr. Dr. Bezerra de Menezes, porque este distinto homem político, a rigor, precisa ser explicado. Opôs-se à intervenção dos liberais na eleição de 19 do corrente; mas, tendo de cumprir a deliberação da assembleia eleitoral, foi pedir candidato ao Sr. Senador Octaviano. Este recusou fazer indicação. Vai o Sr. Dr. Bezerra, a quem não pediram nada, designou um candidato que não aceitou. É claro que a designação de S. Exa. vinha grávida da recusa; era só para efeito decorativo. Mas então (e aqui começa o inexplicável) por que não me designou a mim? Eu, para deputado de verdade, não dou absolutamente; mas assim para um *aparte e vai-se*, para um *bout de rôle*, nasci talhado. Alcançava-se a mesma coisa, com realce para mim, porque é certo que eu havia de

keep the revolution of Minas and the fall of Constantinople,[4] the police of the court appear and show me that I shouldn't, that the letter of a certain Corso, claiming to be the author of the crime, was veracious. I redo the basket and go to sleep, but the police of São Paulo show up here and assert otherwise, that Corso wasn't the author of the crime; the letter was no more than a stratagem by Pinto Júnior.

Vain from head to toe, and not knowing which of the two police forces to believe, I sought the solution of the case myself and thought that Corso's letter might be nothing but a *calembour*,[5] the work of some pitiable and jesting lawyer. When asked for news of Corso and the letter, he would reply that there are no *corso's letters*[6] anymore, that the last corsairs were in the verses of Lord Byron,[7] and in the famous ballad by Espronceda:[8]

> *Condenado estoy a muerte...*
> *Yo me río;*
> *No me abandone la suerte.*
> Etc. Etc. Etc.

If this is not the case, and if the two police forces disagree, then I do not know who will give me an explanation about the Corso and the letter. It won't be Mr. Bezerra de Menezes,[9] because this distinguished politician, strictly speaking, needs to be explained. He opposed the intervention of the Liberals in the election of the 19th of the current month; but, having to comply with the deliberation of the electoral assembly, asked Senator Octaviano[10] for a candidate. The senator declined to do so. Then Mr. Dr. Bezerra, whom nobody asked for anything, appointed a candidate who didn't accept. It's clear that the designation of His Excellency was impregnated by the refusal; it was only for ornamental effect. But then (and here begins the inexplicable)

explorar o ato por todos os lados.

"Estou a ver que reprove o fato de estar o Partido Conservador com ideias liberais...?" interrompe-me o leitor.

Respondo que não reconheço em ninguém o direito de interrogar-me, salvo se é para publicar a conversação, porque então muda o caso de figura. Distingo; nos países velhos os partidos podem pegar em algumas ideias alheias. Agora mesmo o ministério Salisbury apresentou uma reforma liberal ao parlamento, e o chefe da oposição, Gladstone, declarou em discurso: "O governo dispõe-se a uma grande e difícil tarefa: a oposição o acompanhará com todo o desejo de fazer que a medida saia satisfatória e completa." (Sessão da Câmara dos Comuns de 19 de março). E o *Daily News* comentou o caso dizendo: "Quando a gente adverte que é um governo *tory* que empreende a reconstrução do governo local em toda a Inglaterra, é impossível não ficar impressionado com o progresso que têm feito os principais liberais." Em inglês: "*When we remember that...*"

"Basta; mas por que é que nos países novos não será a mesma coisa?"

"Porque nos países novos há em geral poucas ideias. Suponha uma família com pouca roupa; se o Chiquinho vestir o meu rodaque, com que hei de ir à missa?"

"Diga-me, porém..."

"Não lhe digo mais nada. Resta-me algum papel, e é pouco para fazer uma denúncia ao meu amigo Dr. Ladislau Neto. Com certeza, este meu amigo não sabe que há nas obras da nova Praça do Comércio uma pedra, dividida em duas, pedaço de mármore que está ali no chão, exposto às chuvas de todo o gênero. Há nela a inscrição seguinte:

why didn't you appoint me? I, as a deputy, am absolutely not good at it; but I was born for a *stage-whispering*, for a *bout de rôle*.[11] The same thing would be achieved, with a highlight to myself, because it's certain that I would explore the act from all sides.

"I see you disapprove of the fact that the Conservative Party is having liberal ideas...?" the reader interrupts me.

I answer that I don't recognize anyone's right to interrogate me, unless it's to publish the conversation, because then it's a totally different matter. I recognize that in the old countries the parties can get some ideas from others. Right now the Salisbury[12] ministry has presented a liberal reform to parliament, and the head of the opposition, Gladstone,[13] declared in a speech: "The government has a great and difficult task: the opposition will join him with all the will so that the measure comes out satisfactory and complete." (House of Commons Session of 19th March).[14] And the [London] *Daily News* commented on the case by saying, "When we remember that it's a Tory Government which thus undertakes the reconstruction of local administration all over England, it is impossible not to be impressed with the progress which Liberal principles have made." In English: "When we remember that..."[15]

"Enough; but why in the new countries won't it be the same?"

"Because in the new countries there are usually few ideas. Suppose a family with little clothing; if Little John puts on my waistcoat, what shall I wear to mass?"

"Tell me, though..."

"I'll tell you nothing else. I have some paper left, and it's scant to blow the whistle to my friend Dr. Ladislau Neto.[16] Certainly, this friend of mine doesn't know that there is a stone in the public works of the new Praça do Comércio, split in two, a piece of marble that is

Bons Dias!

ANO 1783

En Maria prima regnante e pulvere surgit
Et Vasconcelli stat domus ista manu.

Ora, arqueólogo como é, o meu amigo há de saber que o Padre Luiz Gonçalves dos Santos, nas suas *Memórias do Brazil*, dá esta notícia (*Introd.* pág.XXV): "Mais adiante está a porta da alfândega, sobre a qual se manifestam as armas reais em mármore com a seguinte inscrição (segue a inscrição acima) que denota que este vice-rei a mandou reedificar e aumentar."

Não parece ao meu amigo que esse mármore deve ser recolhido ao Museu Nacional? Se sim, de lá um pulo, o verá; se não,

BOAS NOITES.

Publicação Original: Rio de Janeiro: *Gazeta de Notícias*, 12.04.1888, N.103, p.1.

there on the floor, exposed to rains of all kinds. There is the following inscription on it:

YEAR 1783

En Maria Prima regnante e pulvere surgit
Et Vasconcelli stat Domus ista manu.[17]

Now, as an archaeologist, my friend will know that Father Luiz Gonçalves dos Santos,[18] in his *Memórias do Brasil,*[19] gives this news (Intro. p. XXV): "Further ahead there is the customs threshold, on which the royal coat of arms is manifested in marble, with the following inscription (it follows the inscription above) that denotes that this viceroy ordered it to be rebuilt and enlarged."

Doesn't it seem to you my friend that this marble should be taken to the National Museum? If so, go there and check, you will see it; if not,

GOOD NIGHTS.

Original publication: Rio de Janeiro: *Gazeta de Notícias,* 12.04.1888, N.103, p.1.

3

*Esta crônica critica as eleições do primeiro Distrito,
bem como a attitude dos banqueiros em relação aos
escravos hipotecados antes da Abolição, que ocorreria
aproximadamente um mês depois.*

19 de abril de 1888

BONS DIAS!

E nada; nem uma palavra, nada. Ninguém me responde; **●●●** todos estão com os olhos na eleição do 1° distrito. Mas, com seiscentas cédulas! também eu, acabando daqui, lá irei dar o meu recado, por sinal que já o trago de cor; mas cada coisa tem o seu lugar. Quando um homem chega e cumprimenta, parece que os cumprimentados o menos que podem fazer é retribuir o cumprimento; acho que não custa muito. Calaram-se, a pretexto de que vão votar, será político, mas não é político; não sei se me entendem. Enfim, por essas e outras é que eu gosto muito mais da roça. Na roça a gente vai andando em cima da mula; a dez passos já as pessoas bem educadas estão de chapéu na mão:

"Bons dias, Sr. Coronel!"

"Adeus, José Bernardes."

"Toda a obrigação de V. Exa…"

"Todos bons; e a tua?"

"Louvado seja Deus, vai bem, para servir a V. Exa."

Que custa isto? Que custam dois dedos de boa criação? Nada. E

3

This chronicle criticizes the elections of the 1ˢᵗ District,
as well as the attitude of the bankers in relation to slaves
who were mortgaged before Abolition, which would occur
approximately a month later.

April 19, 1888

GOOD DAYS!

And nothing; not a word, nothing. Nobody answers me; all have their eyes on the election of the 1ˢᵗ District. But with six hundred votes! I, too, finishing here, will send my message, which, by the way, I have memorized; but each thing has its place. When a man arrives and greets, it seems that the least the greeted ones can do is to reciprocate the compliment; I don't think it's too much. They were silent, on the pretext that they're going to vote; it will be political, but it's not political; I don't know if you understand me. Anyway, for these and other reasons I like the countryside much more. In the country we are riding a mule, and ten steps away well-educated people already have their hats in hand:

"Good days, Mr. Colonel!"

"Good-bye, José Bernardes."

"Much obliged Your Excellency…"

"All are well; and yours?"

"Praised be God, she's well, to serve Your Excellency."

What does this take? What does a little bit of good manners take?

note-se que lá fora, mesmo quando há eleição, ninguém se esquece de seus deveres; às vezes até os cumprem com mais galhardia. Esta corte é uma terra de malcriados.

Pois olhem, quando eu entrei aqui, vinha alegre; tinha lido umas revelações do amigo Dr. Costa Ferraz, que me lavaram a alma das melancolias pecuniárias, únicas que me afligem deveras. As outras não passam de canseiras ridículas. Falta de dinheiro, isso dói; ao menos para quem não é governo. O governo até parece que quanto mais lhe falta mais lhe dão, e, às vezes, em condições inesperadas, como o caso do nosso recente empréstimo. Quem é que me fia mais, desde outubro do ano passado, um jantarinho assim melhor? Seguramente ninguém; mas ao governo fiam tudo; deve muito e emprestam-lhe mais. Por isso, não admira que tanta gente queira ser governo. Só esse gosto de ver chegar o credor, de chapéu na mão, todo zumbaias, com uma bolsa debaixo do braço, tratando o devedor por majestade, palavra que dá vontade de pôr a procissão na rua.

Mas, como eu ia dizendo, li umas revelações curiosas do amigo Dr. Costa Ferraz, na ata da última sessão da Imperial Academia de Medicina. Tratam das rações e das dietas da armada. S. Exa. leu as tabelas vigentes e analisou-as. Chama-se ali *regímen lácteo* a uma porção de coisas em que entra algum leite. "De sorte que (comenta o ilustre facultativo), a passar o princípio, todos tomam café com leite e à sobremesa saboreiam um prato de arroz com leite, com indispensável pó de canela, se devem julgar sujeitos ao *regímen lácteo*!"

Refletindo bem, por que não? A razão de S. Exa. é só aparente. Eu vou com as tabelas. Nem quero saber se realmente o cirurgião-mor da Armada, como declarou nas bochechas da Academia, não as aprovou, não as viu sequer; porque desta circunstância apenas se pôde concluir a perfeita inutilidade dos cirurgiões, mores ou menores,—*ce qui est*

Nothing. And notice that out there, even when there is an election, no one forgets his duties; sometimes they even perform them more gallantly. This court[1] is a land of ill-bred people.

Well, look, when I came in here, I was happy; I had read some revelations from my friend Dr. Costa Ferraz,[2] who washed my soul off the pecuniary melancholies, the only ones that really afflict me. The others are just ridiculous weeping. Lack of money, this hurts; at least for those who aren't government. It even seems that the more the government lacks, the more it gets, and sometimes in unexpected conditions, like the case of our recent loan.[3] Who'd advance me even a light dinner since October last year?[4] Surely no one; but to the government they lend everything; it owes a lot, and they lend it more. So it's no wonder so many people want to be a government. Just this pleasure of seeing the creditor arriving, with his hat in his hand, all courteous, with a purse under his arm, addressing the debtor as majesty, a word that makes you want to parade in the street.

But, as I was saying, I read some curious revelations from my friend Dr. Costa Ferraz in the minutes of the last session of the Imperial Academy of Medicine. They deal with the rations and diets of the navy. His Excellency read the current tables and analyzed them. In it the milky regimen is attributed to many things which have milk in them. "So that," says the illustrious doctor, "to start with, everyone drinks coffee with milk, and for dessert they savor a plate of rice with milk, with the indispensable cinnamon powder; they might consider themselves to be subjected to the milky regimen!"

Thinking of it, why not? His Excellency's reason is only apparent. I'll go with the tables. I don't even want to know if the navy chief surgeon, as he declared to the face of the Academy, really didn't approve of them, didn't even see them; because of this circumstance

mon opinion. Vou com as tabelas e vou mais longe, quer em prosa, quer em verso:

> Vou com as tabelas,
>
> Vou mais longe que elas.

Não direi hoje até onde vou; vão sendo horas de ir votar. Digo só que o digno acadêmico não viu que o *regímen lácteo* das tabelas deve ser entendido por um símile. Suponhamos o jogo do solo. Há o solo a dinheiro, que corresponde ao leite de vaca, puro, abundante, exclusivo... Vaca e dinheiro são, como se sabe, expressões correlatas; diz-se *vaca do orçamento*; diz-se também: *o pelintra meteu a boca na teta*, quando se quer deprimir alguém, que andou mais depressa que nós, etc., etc. Mas, além do solo a dinheiro, ou leite de vaca, há o solo a tentos, que é o que chamamos leite de pato. O *regímen* da Armada é deste último leite. Mas vão sendo horas de ir votar e ainda não dei conta de uma reclamação de recebi.

Há dias reuniu-se o Banco Predial, para tratar dos escravos, que lá estão hipotecados. Muitos foram os pareceres, duas as propostas, uma destas a aprovada, até que tudo acabou como nos demais bancos e no concílio dos deuses de Camões:

> Pelo caminho lácteo...
>
> (outra vez o lacteo!)
>
> Pelo caminho lácteo...
>
> Logo cada um dos deuses se partiu
>
> Fazendo seus reais acatamentos
>
> Para os determinados aposentos.

Ora, entre os discursos proferidos houve um do digno acionista Sr. José Luiz Fernandes Vilela, declarando ser aquilo uma discussão vazia de sentido, porque já não existem escravos.

Confesso que estimei ler tão agradável notícia; mas, como não há

one could only conclude the perfect uselessness of surgeons, majors or minors—ce qui est mon opinion.[5] I go with the tables and go further, both in prose and in verse:

> I go with the tables,
> I go further than them.

I won't tell you today how far I'm going; it's about time to go vote. I only say that the worthy scholar didn't see that the milky regimen of the tables must be understood by a simile. Let's imagine the *jogo do solo*.[6] There is the *solo* for money, which corresponds to cow's milk, pure, abundant, exclusive… Cow[7] and money are, as we know, correlated expressions; it's called Budget Cow; it's also said: *the brazen man put his mouth on the teat of the cow*,[8] when we want to debase someone who moved faster than us, etc., etc. But apart from the solo for money, or cow's milk, there is the solo for tokens, which is what we call duck's milk.[9] The regimen of the Navy is of this last kind of milk. But it's about time to go vote and I haven't yet dealt with a complaint I've received.

The Property Bank[10] met several days ago to deal with the slaves who are mortgaged there. Many were the opinions, two proposals, one of them approved, until everything ended as at the other banks and at the council of the gods of Camões:[11]

> Along the Milky Way…
> (The milky again!)
> Along the Milky Way…
> Taking their leave with dignity, like God
> Returning to their respective abodes.[12]

Now, among the speeches given, there was one of the worthy shareholder Mr. José Luís Fernandes Vilela,[13] declaring it to be a discussion empty of meaning, because there are no longer any slaves.

gosto perfeito nesta vida, recebi daí a pouco uma mensagem assinada por cerca de 600.000 pessoas (ainda não pude acabar a contagem dos nomes), pedindo-me que retifique o discurso do Sr. Fernandes Vilela. Há escravos; eles próprios o são. Estão prontos a jurá-lo e concluem com esta filosofia, que não parece de preto: "As palavras do Sr. Fernandes Vilela podem ser entendidas de dois modos, conforme o ouvinte ou o leitor trouxer uma enxada às costas, ou um guarda-chuva debaixo do braço. Vendo as coisas de guarda-chuva, fica-se com uma impressão; de enxada, a impressão é diferente."

Adeus. Já sabem que o Coronel Almeida, deputado provincial do 14º distrito da Bahia, tendo sido acusado de traição ao Dr. Cezar Zama, declarou na assembleia que abandonava o seu partido. Exemplo austero e digno de imitação! dada uma acusação dessas, botemos o nosso partido fora, como um simples colete de seda enlameado. Mas os princípios, que nos ligavam ao partido? Perdão; mas os botões, que nos abotoavam o colete?

BOAS NOITES.

Publicação Original: Rio de Janeiro: *Gazeta de Notícias*, 19.04.1888, N.110, p.2.

Good Days!

I confess that I was pleased to have read such pleasant news; but since there is no perfect taste in this life, I soon received a message signed by some 600,000 people (I still cannot finish counting the names), asking me to rectify Mr. Fernandes Vilela's speech. There are slaves; these people are slaves themselves. They are ready to swear it, and they conclude with this philosophy, which doesn't look like a black[14] thing: "Mr. Fernandes Vilela's words can be understood in two ways, depending whether the listener or the reader brings a hoe on his back or an umbrella under his arm. Seeing things with an umbrella, one gets one impression; with a hoe the impression is different."

Farewell. You already know that Colonel Almeida, provincial deputy of the 14th District of Bahia, having accused Dr. Cezar Zama[15] of treason, declared in the assembly that he was leaving his party. Austere example, and I say it's worthy of imitation! Under such a charge, let's us throw our party away, like a simple muddy silk vest. But what about the principles which linked us to the party? Pardon me; but what about the buttons that buttoned the waistcoat?

GOOD NIGHTS.

Original publication: Rio de Janeiro: *Gazeta de Notícias*, 19.04.1888, N.110, p.2.

4

*Esta crônica discute o futuro dos escravos depois da
Abolição, assim como o problema do cretinismo, aqui
entendido não apenas como doença, mas como a atitude
cínica da elite brasileira em relação
ao processo abolicionista.*

27 de abril de 1888

BONS DIAS!

O *cretinismo* nas famílias fluminenses é geral. Não sou eu que o
digo; é o Dr. Maximiano Marques de Carvalho. E qual a prova
de tão grave asserção? O mesmo facultativo a dá nestas palavras, que
ofereço à contemplação dos homens de olho fino: "Não vedes todos
esses indivíduos de pernas inchadas, que se arrastam pelas ruas desta
capital? Não vedes os que são portadores de enormes sarcoceles, e de
hidroceles e hematoceles?"

De mim confesso que, na rua, ando sempre distraído. Às vezes
é uma ideia, às vezes é uma tolice, às vezes é o próprio tolo que me
distrai, de modo que não posso, em consciência, negar nem afirmar.
E depois, a minha rua habitual é a do Ouvidor, onde a gente é tanta e
tais as palestras, que não há tempo nem espaço... Mas há outras ruas;
deixe estar.

Sim, não se imagina como sou distraído. Para não ir mais longe,
ainda ontem estive a conversar com alguém, sobre estes negócios de
abolição e emancipação. A conversa travou-se a propósito dos vivas

4

*This chronicle discusses the future of slaves after Abolition,
as well as the problems of cretinism, here understood not
only as a disease but as the cynical attitude of the Brazilian
elites towards the abolitionist process.*

April 27, 1888

GOOD DAYS!

Cretinism[1] is spread throughout the families of Rio. I'm not the one
who says so; it's Dr. Maximiano Marques de Carvalho.[2] And what
is the proof of such a grave assertion? The same doctor offers it in
these words, which I offer for the contemplation of men with a fine eye:
"Don't you see all these individuals with swollen legs who are crawl-
ing through the streets of this capital? Don't you see those who are
the carriers of huge sarcoceles,[3] and hydroceles,[4] and hematoceles?[5]"

I confess that, on the street, I am always distracted. Sometimes
it's an idea, sometimes it's foolishness, sometimes it's the fool himself
that distracts me, so I cannot, in conscience, deny it or affirm it. Then
again, my usual street is Rua do Ouvidor,[6] where there are so many
people and such talking that there is no time or space... But there are
other streets; let it be.

Yes, you cannot imagine how distracted I am. In order not to
go any further, just yesterday I was talking to someone about these
businesses of abolition and emancipation. The conversation was on
the subject of the hoorays to the Liberal Party, given by some slaves

ao Partido Liberal, dados por uns escravos de Cantagalo, no ato de ficarem livres, manifestação política tão natural, que ainda mais me confirmou na adoração da natureza. E dei um viva à natureza. O sujeito deu outro; depois, piscando o olho esquerdo, creio que foi o esquerdo, perguntou-me:

"A quantos de maio nasceu Porto Alegre?"

Respondi imediatamente:

"De porta acima."

O sujeito zanga-se, chama-me de pedaço de asno, e some-se. Valha-me Deus! estou com mais esse inimigo.

Entretanto, foi tudo distração. Quando ele piscou o olho, comecei eu a ruminar uma ideia que tenho, para dar emprego aos libertos que não quiserem ficar na agricultura; isto é o meu plano: aumentar o número de criados de servir, de tal maneira que ninguém tenha menos de três, ainda à custa de grandes sacrifícios... Aqui, quem supõe que está sendo empulhado, é o leitor, e eu digo-lhe que sim, só que para ter o gosto de o desempulhar logo depois. Costuma ler os volumes da nossa legislação? Leia o de 1824; lá vem um aviso que lhe explicará tudo. Foi expedido em 7 de fevereiro de 1824 ao intendente-geral da polícia, mandando que às pessoas de primeira consideração se não conceda mais que três criados de porta acima, e às de segunda somente um.

Já o leitor começa a entender. Restaurando-se este aviso (aliás não revogado expressamente), não haverá ninguém que não queira ser de primeira consideração, com três criados de porta acima. Por gosto, duvido que uma pessoa se deixe ficar entre as de segunda, menos ainda as de terceira, que é a classe a que provavelmente pertencia D. João Tenório, criado de si mesmo.

from Cantagalo[7] during the act of being freed, a natural political manifestation that reassured me about the adoration of nature even more. And I gave cheers to nature. The fellow gave another, then, winking his left eye—I think it was the left one—he asked me:

"When in May was Porto Alegre[8] born?"

I immediately answered:

"Indoors."

The fellow gets angry, calls me a piece of ass, and disappears. God damn it! I've made yet another enemy.

However, it was all distraction. When he winked, I began to ruminate on an idea I have, to employ freedmen who don't want to stay in agriculture; this is my plan: to increase the number of domestic servants so that no one has fewer than three, even if at the cost of great sacrifices... Here, the one who supposes he's being mocked is the reader, and I tell him yes, just to have the pleasure of "unmocking" him soon after. Do you usually read the books of our legislation? Read the one from 1824;[9] there one can find a notice that will explain everything. It was issued on February 7, 1824, to the Police Quartermaster General, ordering that people of the first consideration shouldn't be granted more than three indoor servants, and of the second consideration people only one.

The reader is already beginning to understand. Restoring this notice (actually not expressly revoked), there will be no one who doesn't want to be of the first consideration, with three indoors servants. As a matter of taste, I doubt that a person will let himself be among the second ones, let alone the third, which is the class that D. João Tenório,[10] servant of himself, probably belonged to.

Há de custar, bem sei; mas tirando daqui uma vela, dali um par de sapatinhos do Janjão, sacrificando alguns divertimentos, deixando mesmo de pagar algum credor mais pacato, chega-se à primeira consideração, que é o fim de todos nós.

Eu cá, se vou para as gerais dos teatros, ou para os camarotes de terceira ordem, é porque esse lugares são baratos, e a economia também é um enfeite público.

Mas expeça amanhã algum ministro um aviso, declarando que só irão para ali as pessoas de segunda consideração, e verá onde me sento. Ou não vou mais ao teatro. Lá ver-me taxado de segunda, em público, não é comigo.

Quanto ao valor histórico ou político do aviso, isso é com gente que possa puxar os colarinhos ao discurso, e dizer coisas de sociologia e outras matérias; não é comigo. Não quero saber se o aviso explica o nosso vezo de tudo esperar do governo, pois que ano e meio depois da Independência até esperávamos os criados. Também não quero saber se é dali que vem a introdução da raça dos credores, filha do diabo que a carregue. Sei que hoje pode ser um modo de empregar os libertos, e deixo esta ideia no papel, para uso das pessoas que não tenham outras. Olhem lá, não briguem.

Outra ideia, que também aqui deixo, é a de pedir à Sociedade dos Dez Mil que cumpra um dos artigos dos seus estatutos. Estabelece-se ali, que uma parte dos fundos seja empregada em bilhetes de loteria.

Faz-se isto? Creio que não. As loterias correm, algumas têm planos excelentes, e em geral os prêmios saem em números bonitos. Não me consta que a sociedade tenha comprado um décimo que seja; ao menos, ultimamente. Era até um meio de resolver a questão das duas diretorias: se o bilhete desse, ficava a diretoria A, se não desse, ficava a diretoria B. Todas as coisas aleatórias devem reger-se por

It will cost, I know; but subtract a candle from here, a pair of shoes from Janjão[11] there, sacrificing some amusements, even failing to pay some more lenient creditor, one comes to the first consideration, which is the end of us all.

I myself, if I go to the galleries of theaters, or to the third-class boxes, it's because these places are cheap, and saving is also a public ornament.

But let some minister sign a notice tomorrow, stating that only people of the second consideration will go there, and watch where I sit. Or I'm not going to the theater anymore. To see myself rated of the second consideration, in public, is not my thing.

As for the historical or political value of the notice, this is with people who can talk through their hats, and say things about sociology[12] and other matters; it's not my thing. I don't care if the notice explains our vice of expecting everything from the government, since a year and a half after Independence we even expected the servants. Nor do I want to know if that's where the introduction of the breed of creditors comes from, the daughter of the devil in hell. I know that today it can be a way to employ freedmen, and I leave this idea on paper for the use of people who have no others. Look, don't fight over it.

Another idea, which I also leave here is to ask the Sociedade dos Dez Mil[13] to comply with one of the articles of its statutes. It's established there that part of the funds be used for lottery tickets.

Is this done? I don't think so. The lotteries run—some have excellent plans—and in general the prizes come out in beautiful numbers. I don't know that the society has bought a tenth of whatever; at least lately. That would even be a way of solving the question of the two boards of directors:[14] if the notice was drawn, board A stayed, if

modo aleatório, como a loteria, algumas convicções, e a *buena dicha*.

> *La bonne aventure, ô gué!*
> *La bonne aventure!*

BOAS NOITES!

Publicação Original: Rio de Janeiro: *Gazeta de Notícias*, 27.04.1888, N.116, p.1.

not, board B stayed. All random things should be ruled by randomness, such as the lottery, some convictions, and the buena dicha.[15]

> *La bonne aventure, ô gué!*
> *La bonne aventure!*[16]

GOOD NIGHTS!

Original publication: Rio de Janeiro: *Gazeta de Notícias,* 27.04.1888, N.B116, p.1.

5

Esta crônica aborda criticamente o discurso proferido pela Princesa Isabel no dia 7 de maio de 1888, uma semana antes da emancipação dos escravos, quando ela anunciou o projeto da Abolição na Câmara dos Deputados. O narrador também satiriza a complicada situação política do estado do Ceará.

4 de maio de 1888

BONS DIAS!

• • • Desculpem, se lhes não tiro o chapéu; estou muito constipado. Vejam; mal posso respirar. Passo as noites de boca aberta. Creio até que estou abatido e magro. Não? Estou; olhem como fungo. E não é de autoridade, note-se; *ex-auctoritate qua, fungor*, não, senhor; fungo sem a menor sombra de poder, fungo à toa...

Entretanto, se alguma vez precisei de estar de perfeita saúde, é agora, e por várias razões. Citarei duas:

A primeira é a abertura das câmaras. Realmente, deve ser solene. O discurso da princesa, o anúncio da lei de abolição, as outras reformas, se as há, tudo excita curiosidade geral, e naturalmente pede uma saúde de ferro. O meu plano era simples; metia-me na casaca, e ia para o Senado arranjar um lugar, donde visse a cerimônia, deputações, recepção, discurso. Infelizmente, não posso; o médico não quer, diz-

5

This chronicle critically deals with the speech given by Princess Isabel on May 7ᵗʰ 1888, one week before the emancipation of slaves, in which she announced the project of Abolition in the General Chambers. The narrator also mocks the complicated political situation of the State of Ceará.

May 4, 1888

GOOD DAYS!

. . . **E**xcuse me if I don't take my hat off for you; I've got a bad cold. Look; I can barely breathe. I spend my nights with my mouth open. I believe I'm feeble and skinny. No? I am; look how I'm sniffling. And it's not out of authority, mind you; *Ex-auctoritate qua, fungor,*[1] no, sir; I sniffle without the slightest shadow of power, I sniffle at random...

However, if I ever needed to be in perfect health, it's now, and for several reasons. I will cite two:

The first is the opening of the Chambers.[2] Really, it should be solemn. The princess's[3] speech—the anncuncement of the law of abolition, the other reforms, if any—excites general curiosity, and naturally demands health of steel. My plan was simple; I would put my coat on and go to the Senate to find a seat where I could watch the ceremony, the deputations, the reception, the speech. Unfortunately, I

me que, por esses tempos úmidos, é arriscado sair de casa; fico.

A segunda razão da saúde que eu desejava ter agora, prende com a primeira. Já o leitor adivinhou o que é. Não se pode conversar nada, assim mais encobertamente, que ele não perceba logo e não descubra. É isso mesmo; é a política do Ceará. Era outro plano meu; entrava pelo Senado, e ia ter com o Senador cearense Castro Carreira, e dizia-lhe mais ou menos isto:

"Saberá V. Exa. que eu não entendo patavina dos partidos do Ceará…"

"Com efeito…"

"Eles são dois, mas quatro; ou, mais acertadamente, são quatro mas dois."

"Dois em quatro."

"Quatro em dois."

"Dois, quatro."

"Quatro, dois."

"Quatro."

"Dois."

"Dois."

"Quatro."

"Justamente."

"Não é?"

"Claríssimo."

Dadas estas explicações, pediria eu ao Sr. Dr. Castro Carreira que me desse algumas notícias mais individuais dos grupos Aquirás e Ibiapaba… S. Exa., com fastio:

"Notícias individuais? Homem eu não sei política individualista; eu só vejo os princípios."

"Bem, os princípios. Sabe que o grupo Aquirás, com um troço

cannot; the doctor doesn't want me to; he tells me that in these humid times it's risky to leave the house; I stay.

The second reason for my wish to be healthy now ties in with the first. The reader has already guessed what it is. One cannot talk about anything, even in a more veiled away, that the reader doesn't promptly notice and find out. That's right; it's the politics of the state of Ceará.[4] It was another plan of mine; I would enter the Senate, and go to Senator Castro Carreira.[5] And I would tell him more or less this:

"Your Excellency might know that I don't understand the least thing about the political parties of Ceará..."

"Indeed..."

"They are two, but four; Or, more correctly, they're four but two."

"Two in four."

"Four in two."

"Two, four."

"Four, two."

"Four."

"Two."

"Two."

"Four."

"Right."

"Isn't it?"

"Crystal clear."

Given these explanations, I would ask Mr. Castro Carreira to give me some more individual news about the Aquirás and Ibiapaba groups...[6] His Excellency, with annoyance:

"Individual news? Man, I don't know individualistic politics; I only see the principles."

"Well, the principles. You know that the Aquirás group, with a

liberal, tomaram conta da mesa; mas o grupo Ibiapaba acudia com outro troço liberal, e puseram água na fervura. Quais são os princípios?"

"Os primeiros de todos devem ser os da boa educação, sem os quais não há boa política. Dai-me boa educação, e eu vos darei boa política, diria o Barão Louis. São os primeiros de todos os princípios."

"Os segundos..."

"Os segundos são os comuns—ou que o devem ser, a todos os partidários, quaisquer que sejam as denominações particulares, refiro-me ao bem da província. É o terreno em que todos se podem conciliar."

"De acordo; mas o que é que os separa?"

"Os princípios."

"Que princípios?"

"Não há outros; os princípios."

"Mas Aquirás é um título, não é um princípio; Ibiapaba também é um título."

"Há entre o céu e a terra mais acumulações do que sonha a vossa vã filosofia..."

"Pode ser, mas isto ainda não me explica a razão desta mistura ou troca de grupos, parecendo melhor que se fundissem de uma vez com os antigos adversários. Não lhe parece?"

"O que me parece, é que a princesa vem chegando."

Corríamos à janela; víamos que não, continuávamos o diálogo, a *entrevista*, à maneira americana, para trazer os meus leitores informados das coisas e pessoas. O meu interlocutor, vendo que não era a princesa, olhava para mim, esperando. Pouco ou nenhum interesse no olhar; mas é ditado velho, que quem vê cara não vê corações. Certo fastio crescente. Princípio de desconfiança de que eu sou mandado pelo diabo. Gesto vago de cruzes...

liberal section, took over the table; but the Ibiapaba group came to the rescue with another liberal section, and put the water to boil. What are the principles?"

"The first principles of all must be those of good manners, without which there is no good politics. Give me good manners, and I will give you good politics, as Baron Louis[7] would say. They are the first of all principles."

"The second..."

"The second are the common ones—or what should be, to all partisans, whatever the particular denominations, I mean the good of the province. It's the ground on which all can be reconciled."

"I agree; but what is it that separates them?"

"The principles."

"What principles?"

"There are no others; the principles."

"But Aquirás is a title, not a principle; Ibiapaba is also a title."

"There are more accumulations between heaven and earth than your vain philosophy dreams of..."[8]

"It may be, but this still doesn't explain to me the reason for this mix or swap of groups. It would be better that they merge with former opponents all at once. Don't you think so?"

"I think that the princess is coming."

We ran to the window; we saw that she was not coming; we continued the dialogue, the "interview," the American way, to inform my readers of things and people. My interlocutor, seeing that it wasn't the princess, was looking at me, waiting. With little or no interest in his eyes; but it's an old saying, the face is no index to the heart. A certain growing boredom. A beginning of mistrust as if I'm commanded by the devil. A vague gesture of crosses...[9]

"Há os Rodrigues, os Paulas, os Aquirases, os Ibiapabas; há os..."

"Agora creio que é a princesa. Estas trombetas... É ela mesma; adeus, sou da deputação... Apareça aqui pelo Senado... No Senado, não há dúvidas..."

Mas eu pegava-lhe na mão, e não vinha embora sem alguns esclarecimentos. Tudo perdido, por causa de uma coriza. Coriza dos diabos, agora ou nunca, chegaríamos a entender aqueles grupos; e perde-se esta ocasião única, por tua causa, infame catarro, monco pérfido!... Tuah! Vou meter-me na cama.

BOAS NOITES.

Publicação Original: Rio de Janeiro: *Gazeta de Notícias*, 04.05.1888, N.125, p.2.

"There are the Rodrigues, the Paulas, the Aquirases, the Ibiapabas; there are the..."

"Now I think it's the princess. These trumpets... It's her indeed; goodbye, I'm with the deputation... Come by the Senate... In the Senate, there are no doubts..."

But I would grab his hand, and I wouldn't leave without some clarifications. All lost, because of a coryza. Devilish coryza, it was now or never that we would get to understand those groups; and this unique occasion is lost, because of you, infamous phlegm, perfidious mucus!... Argh! I'm going to get into bed.

GOOD NIGHTS.

Original publication: Rio de Janeiro: *Gazeta de Notícias*, 04.05.1888, N.125, p.2.

6

*Esta crônica traz uma crítica à grande quantidade de
alforrias aos escravos antes da aprovação da Lei Áurea ,bem
como à falta de uma opinião formada sobre o assunto .O
narrador também analisa a complexa situação que emergia
da abolição da escravatura ,tendo em vista as dificuldades
de inserção dos escravos no mercado de trabalho brasileiro.*

11 de maio de 1888

BONS DIAS!

Vejam os leitores a diferença que há entre um homem de olho
alerta, profundo, sagaz, próprio para remexer o mais íntimo das
consciências (eu em suma), e o resto da população.

Toda a gente contempla a procissão na rua, as bandas e bandeiras,
o alvoroço, o tumulto, e aplaude ou censura, segundo é abolicionista
ou outra coisa, mas ninguém dá a razão desta coisa ou daquela coisa;
ninguém arrancou aos fatos uma significação, e, depois, uma opinião.
Creio que fiz um verso.

Eu, pela minha parte não tinha parecer. Não era por indiferença; é
que me custava a achar uma opinião. Alguém me disse que isto vinha
de que certas pessoas tinham duas e três, e que naturalmente esta
injusta acumulação trazia a miséria de muitos; pelo que, era preciso
fazer uma grande revolução econômica, etc. Compreendi que era um
socialista que me falava, e mandei-o à fava. Foi outro verso, mas vi-
me livre de um amolador. Quantas vezes me não acontece o contrário!

Não foi o ato das alforrias em massa dos últimos dias, essas

6

*This chronicle brings criticism to the large scale of
manumissions occurring before the approval of the Lei
Aurea (Golden Law) on May 13, 1888, as well as the lack
of a formed opinion about the subject. The narrator also
analyzes the complex situation emerging from the abolition
of slavery due to the difficulties in inserting the slaves into
the Brazilian labor market.*

May 11, 1888

GOOD DAYS!

Dear readers, notice the difference between a man of alert, deep, sagacious eyes, fit to stir the innermost consciousness (I, in short), and the rest of the population.

Everybody contemplates the procession on the street, the bands and flags, the uproar, the tumult, and applause or censure, according to being abolitionist or something else, but nobody gives the reason of this thing or that thing. No one drew a meaning from the facts, and, then, an opinion. I think I made a rhyme.[1]

I, on my part, had no opinion. It wasn't out of indifference. It's just that I could hardly find an opinion. Someone told me that this was because certain people had two and three, and that of course this unjust accumulation brought misery for many; so that it was necessary to make a great economic revolution, etc. I understood that it was a socialist who spoke to me, and I told him to get lost. This was another rhyme, but I saw myself free of a pest. How many times the opposite has not happened to me!

alforrias *incondicionais*, que vêm cair como estrelas no meio da discussão da lei da abolição. Não foi; porque esses atos são de pura vontade, sem a menor explicação. Lá que eu gosto da liberdade, é certo; mas o princípio da propriedade não é menos legítimo. Qual deles escolheria? Vivia assim, como uma peteca (salvo seja), entre as duas opiniões, até que a sagacidade e profundeza de espírito com que Deus quis compensar a minha humildade, me indicou a opinião racional e os seus fundamentos.

Não é novidade para ninguém que os escravos fugidos, em Campos, eram alugados. Em Ouro Preto fez-se a mesma coisa, mas por um modo mais particular. Estavam ali muitos escravos fugidos. Escravos, isto é, indivíduos que, pela legislação em vigor, eram obrigados a servir a uma pessoa; e fugidos, isto é, que se haviam subtraído ao poder do senhor, contra as disposições legais. Esses escravos fugidos não tinham ocupação; lá veio, porém, um dia em que acharam salário, e parece que bom salário.

Quem os contratou? Quem é que foi a Ouro Preto contratar com esses escravos fugidos aos fazendeiros A, B, C? Foram os fazendeiros D, E, F. Estes é que saíram a contratar com aqueles escravos de outros colegas, e os levaram consigo para as suas roças.

Não quis saber mais nada; desde que os interessados rompiam assim a solidariedade do direito comum, é que a questão passava a ser de simples luta pela vida, e eu, em todas as lutas, estou sempre do lado do vencedor. Não digo que este procedimento seja original, mas é lucrativo. Alguns não me compreenderam (porque há muito burro neste mundo); alguém chegou a dizer-me que aqueles fazendeiros fizeram aquilo, não porque não vissem que trabalhavam contra a própria causa, mas para pregar uma peça ao Clapp. Imagina-se bem se arregalei os olhos.

Good Days!

It wasn't the act of the large scale manumissions of the last days, these unconditional manumissions,[2] which fall like stars in the midst of the discussion of the law of abolition. It wasn't that; because these acts come from pure will, without the slightest explanation. Of course I like freedom, that's certain; but the principle of ownership is no less legitimate. Which one would you choose? I lived like a plaything (bless me), between the two opinions, until the wit and depth of spirit with which God chose to compensate my humility, showed me the rational opinion and its foundations.

It's no news to anyone that runaway slaves in Campos[3] were rented. In Ouro Preto[4] the same thing happened, but in a more particular way. Many runaway slaves were there. Slaves—that is, individuals who, by law, were obliged to serve a person—and fugitives—that is, who had escaped the power of the lord, against the legal provisions. These runaway slaves had no occupation; but there came a day when they got a salary, and it seems like a good salary.

Who hired them? Who went to Ouro Preto to hire these escaped slaves from farmers A, B, and C? It was the farmers D, E, and F. They were the ones hiring those slaves from other colleagues and took them to their farms.

I didn't want to know anything else. Since the interested parties thus broke the solidarity of the common law, the question became one of a simple struggle for life, and I, in all struggles, am always on the side of the winner. I'm not saying that this procedure is original, but it's profitable. Some didn't understand me (because there are so many dunces in this world). Someone even told me that those farmers didn't because they didn't see that they worked against their own cause, but to play a trick on Clapp.[5] You can imagine if my eyes popped out.

"Yes sir. Know that Clapp had made a plan to go to Ouro Preto to

"Sim, senhor. Saiba que o Clapp tinha o plano feito de ir a Ouro Preto pegar os tais escravos e restituí-los aos senhores, dando-lhes ainda uma pequena indenização do seu bolsinho, e pagando ele mesmo a sua passagem da estrada de ferro. Foi por isso que…"

"Mas então quem é que está aqui doido?"

"É o senhor; o senhor é que perdeu o pouco juízo que tinha. Aposto que não vê que anda alguma coisa no ar."

"Vejo, creio que é um papagaio."

"Não, senhor; é uma república. Querem ver que também não acredita que esta mudança é indispensável?"

"Homem, eu, a respeito de governo, estou com Aristóteles, no capítulo dos chapéus. O melhor chapéu é o que vai bem à cabeça. Este, por ora, não vai mal."

"Vai pessimamente. Está saindo dos eixos; é preciso que isto seja, senão com a monarquia, ao menos com a república, aquilo que dizia o *Rio-Post* de 21 de junho do ano passado. Você sabe alemão?"

"Não."

"Não sabe alemão?"

E dizendo-lhe eu outra vez que não sabia, ele, imitando o médico de Molière, dispara-me na cara esta algaravia do diabo:

"Es dürfte leicht zu erweisen sein, dass Brasilien weniger eine konstitutionelle Monarchie als eine absolute Oligarchie ist."

"Mas que quer isto dizer?"

"Que é deste último tronco que deve brotar a flor."

"Que flor?"

"As"

BOAS NOITES.

Publicação Original: Rio de Janeiro: *Gazeta de Notícias*, 11.05.1888, N.132, p.2.

take those slaves and return them to their masters, giving them a small indemnity from his pocket, and paying their train ticket from his own pocket. That's why…"

"But then, who's crazy here?"

"It's you, sir; you have lost what little judgment you had. I bet you don't see anything in the air."

"I see, I think it's a parrot."

"No sir; it's a republic. Is it possible that you also don't believe that this change is indispensable?"

"Man, about government, I'm with Aristotle, in the chapter on hats.[6] The best hat is the one which fits on the head. This one, for now, is not bad."

"It's lousy. It's spinning out of control. It's necessary that this be, if not with the monarchy, at least with the republic, what the *Rio-Post*[7] said on June 21 of last year. Do you know German?"

"No."

"Don't you know German?"

And telling him again that I didn't know, he, imitating Moliere's doctor,[8] throws this devil's gibberish in my face:

"*Es dürfte leicht zu erweisen sein, dass Brasilien weniger eine konstitutionelle Monarchie als eine absolute Oligarchie ist.*"[9]

"But what does that mean?"

"That it is from this last trunk that the flower might sprout."

"What flower?"

GOOD NIGHTS.

Original publication: Rio de Janeiro: *Gazeta de Notícias*, 11.05.1888, N.132, p.2.

7

*Nesta crônica, escrita seis dias depois da sanção da Lei
Áurea, o narrador afirma ter sido o primeiro a abolir um
de seus escravos, chamado Pancrácio. A crônica segue
descrevendo a nova situação laboral do rapaz, como uma
maneira de refletir sobre a problemática inserção dos
escravos em um contexto pós-abolição.*

19 de maio de 1888

BONS DIAS!

Eu pertenço a uma família de profetas *après coup, post factum, depois do gato morto*, ou como melhor nome tenha em holandês. Por isso digo, e juro se necessário for, que toda a história desta lei de 13 de maio estava por mim prevista, tanto que na segunda-feira, antes mesmo dos debates, tratei de alforriar um molecote que tinha, pessoa de seus dezoito anos, mais ou menos. Alforriá-lo era nada; entendi que, perdido por mil, perdido por mil e quinhentos, e dei um jantar.

Neste jantar, a que meus amigos deram o nome de banquete, em falta de outro melhor, reuni umas cinco pessoas, conquanto as notícias dissessem trinta e três (anos de Cristo), no intuito de lhe dar um aspecto simbólico.

No golpe do meio (*coup du milieu*, mas eu prefiro falar a minha língua) levantei-me eu com a taça de *champagne* e declarei que, acompanhando as ideias pregadas por Cristo, há dezoito séculos, restituía a liberdade ao meu escravo Pancrácio; que entendia que

7

In this chronicle, written six days after the sanctioning of the Lei Áurea (Golden Law), the narrator claims he was the first to free one of his slaves, named Pancrário. The chronicle goes on to describe the new working situation of the boy as a way to reflect about the problematic insertion of the slaves in a post-abolition context.

May 19, 1888

GOOD DAYS!

I belong to a family of *après coup*,[1] *post factum*,[2] after-the-cat's-dead prophets, or whatever better name it has in Dutch. That's why I say, and I swear, if necessary, that the whole history of this May 13 law was foreseen by me, so much so that on Monday,[3] even before the debates, I saw to the freeing of a young lad I had, a person more or less eighteen years old. Freeing him wasn't enough: I understood that in for a penny, in for a pound, and threw a dinner party.

At this dinner, which my friends called a banquet, in the absence of a better word, I gathered some five people, although the news said thirty-three (Christ's years), in order to give it a symbolic aspect.

In the middle of it (*coup du milieu*,[4] but I prefer to speak my language) I stood up with the champagne glass and declared that, following the ideas preached by Christ, eighteen centuries ago, I was giving freedom back to my slave Pancrácio;[5] that I thought that the whole nation should follow the same ideas and imitate my example;

a nação inteira devia acompanhar as mesmas ideias e imitar o meu exemplo; finalmente, que a liberdade era um dom de Deus, que os homens não podiam roubar sem pecado.

Pancrácio, que estava à espreita, entrou na sala, como um furacão, e veio abraçar-me os pés. Um dos meus amigos (creio que é ainda meu sobrinho), pegou de outra taça, e pediu à ilustre assembleia que correspondesse ao ato que acabava de publicar, brindando ao primeiro dos cariocas. Ouvi cabisbaixo; fiz outro discurso agradecendo, e entreguei a carta ao molecote. Todos os lenços comovidos apanharam as lágrimas de admiração. Caí na cadeira e não vi mais nada. De noite, recebi muitos cartões. Creio que estão pintando o meu retrato, e suponho que a óleo.

No dia seguinte, chamei o Pancrácio e disse-lhe com rara franqueza:

"Tu és livre, podes ir para onde quiseres. Aqui tens casa amiga, já conhecida e tens mais um ordenado, um ordenado que..."

"Oh! meu senhô! Fico!"

"... Um ordenado pequeno, mas que há de crescer. Tudo cresce neste mundo; tu cresceste imensamente. Quando nasceste, eras um pirralho deste tamanho; hoje estás mais alto que eu. Deixa ver; olha, és mais alto quatro dedos....."

"Artura não qué dizê nada, não, senhô..."

"Pequeno ordenado, repito, uns seis mil réis: mas é de grão em grão que a galinha enche o seu papo. Tu vales muito mais que uma galinha."

"Eu vaio um galo, sim, senhô."

"Justamente. Pois seis mil réis. No fim de um ano, se andares bem, conta com oito. Oito ou sete."

Pancrácio aceitou tudo; aceitou até um peteleco que lhe dei no

finally, that freedom was a gift of God, which men couldn't steal without sin.

Pancrácio, who was looking on, came into the room like a hurricane and embraced my feet. One of my friends (I believe he's also my nephew), took another glass and asked the illustrious assembly to correspond to the act I had just announced, toasting for the first of the cariocas.[6] I listen with my head down. I made another speech thanking him, and handed the letter to the young lad. All the impassioned handkerchiefs caught the tears of admiration. I fell into the chair and didn't see anything else. At night I received many cards. I believe they are painting my portrait, and I suppose it's an oil.

The next day I summoned Pancrácio and told him with rare frankness:

"You are free, you can go wherever you want. Here you have a friendly house that you already know, and you have another stipend, a stipend that..."

"Oh! My massa! I stay!"

"... A small stipend, but which will grow. Everything grows in this world. You grew immensely. When you were born, you were a brat of this size; today you're taller than me. Let me see; look, you're two inches taller..."

"Size doesn't mean anything, no, massa..."

"A small stipend, I repeat, about six thousand *réis*:[7] but look after the pennies and the pounds will look after themselves. You're worth so much more than a penny."

"I'm worth a pound, yes, massa."

"Right. So six thousand *réis*. At the end of a year, if you manage it well, you will have eight. Eight or seven."

Pancrácio accepted everything. He even accepted a little fillip

dia seguinte, por me não escovar bem as botas; efeitos da liberdade. Mas eu expliquei-lhe que o peteleco, sendo um impulso natural, não podia anular o direito civil adquirido por um título que lhe dei. Ele continuava livre, eu de mau humor; eram dois estados naturais, quase divinos.

Tudo compreendeu o meu bom Pancrácio; daí para cá, tenho-lhe despedido alguns pontapés, um ou outro puxão de orelhas, e chamo-lhe besta, quando lhe não chamo filho do diabo; coisas todas que ele recebe humildemente, e (Deus me perdoe!) creio que até alegre.

O meu plano está feito; quero ser deputado, e, na circular que mandarei aos meus eleitores, direi que, antes, muito antes de abolição legal, já eu, em casa, na modéstia da família, libertava um escravo, ato que comoveu a toda a gente que dele teve notícia; que esse escravo tendo aprendendo a ler, escrever e contar, (simples suposição) é então professor de filosofia no Rio das Cobras; que os homens puros, grandes e verdadeiramente políticos, não são os que obedecem à lei, mas os que se antecipam a ela, dizendo ao escravo: és livre, antes que o digam os poderes públicos, sempre retardatários, trôpegos e incapazes de restaurar a justiça na terra, para satisfação do céu.

BOAS NOITES.

Publicação Original: Rio de Janeiro: *Gazeta de Notícias*, 19.05.1888, N.139, p.2.

I gave him the next day because he didn't brush my boots well; the effect of the freedom. But I explained to him that the fillip, being a natural impulse, couldn't annul the civil right acquired by a title that I gave him. He was still free, I in a bad mood; these were two natural, almost divine states.

My good Pancrácio understood everything. Since then, I have kicked him a few times, slaps on the wrist here and there; and I call him a beast when I don't call him son of the devil. All things which he receives humbly, and (God forgive me!) I believe even cheerfully.

My plan is made; I want to be a deputy [i.e. congressional representative], and in the newsletter that I will send to my constituents, I will say that before, long before the legal abolition, I, at home, in the modesty of the family, freed a slave, an act that moved everyone who received the news. I will say that this slave, having learned to read, write and count, (simple supposition) is then professor of philosophy in the Rio das Cobras.[8] I will say that pure, great and truly political men aren't those who obey the law, but those who anticipate it, telling the slave, to the satisfaction of heaven: you are free, before the public authorities, always laggards, shaky and incapable of restoring righteousness on earth, say it.

GOOD NIGHTS.

Original publication: Rio de Janeiro: *Gazeta de Notícias*, 19.05.1888, N.139, p.2.

8

Nesta crônica, o narrador parodia a Bíblia a fim de criticar a situação política envolvendo a Abolição da escravatura, sugerindo que a Lei Áurea teria sido uma maneira de esconder problemas políticos e econômicos muito mais complexos do que a própria abolição.

21 de maio de 1888

BONS DIAS!

Algumas pessoas pediram-me a tradução do evangelho que se leu na grande missa campal do dia 17. Estes meus escritos não admitem traduções, menos ainda serviços particulares; são palestras com os leitores e especialmente com os leitores que não têm que fazer. Não obstante, em vista do momento, e por exceção, darei aqui o evangelho em vernáculo, que é assim:

1. No princípio era Cotegipe, e Cotegipe estava com a Regente, e Cotegipe era a Regente.

2. Nele estava a vida, com ele viviam a Câmara e o Senado.

3. Houve então um homem de São Paulo, chamado Antônio Prado, o qual veio por testemunha do que tinha de ser enviado no ano seguinte.

4. E disse Antônio Prado: O que há de vir depois de mim é o preferido, porque era antes de mim.

5. E, ouvindo isto, saíram alguns sacerdotes e levitas e perguntaram-lhe: Quem és tu?

8

*In this chronicle, the narrator parodies the Bible in order to
criticize the political situation surrounding the Abolition of
Slavery, suggesting that the Lei Áurea law of emancipation
was a way to hide problems that were more complex than
slavery itself.*

May 21, 1888

GOOD DAYS!

Some people have asked me to translate the gospel which was read
in the outdoor mass on the 17th. These writings of mine don't admit
translations, let alone private services; they're lectures with readers,
and especially with readers who don't have anything to do. Never-
theless, in view of the moment, and by exception, I will put here the
gospel in the vernacular, which is thus:

1. In the beginning there was Cotegipe,[2] and Cotegipe was with
the Regent,[3] and Cotegipe was the Regent.

2. Life was in him, the Chamber and the Senate lived with him.

3. There was a man from São Paulo called Antônio Prado,[4] who
came as a witness of what had to be sent the following year.

4. And Antonio Prado said: "Who is to come after me is the
chosen, because he was prior to me."

5 And when they heard this, some priests and Levites went out
and said to him: "Who are you?"

6. "Art thou, Rio Branco?"[5] And he said, "I am not." "Art thou a

6. És tu, Rio Branco? E ele respondeu: Não o sou. És tu profeta? E ele respondeu: Não. Disseram-lhe então: Quem és tu logo, para que possamos dar resposta aos chefes que nos enviaram?

7. E disse-lhes: Eu sou a voz que clama no deserto. Endireitai o caminho do poder, porque aí vem o João Alfredo.

8. Estas coisas passaram-se no Senado, da banda de além do Campo da Aclamação, esquina da Rua do Areal.

9. No dia seguinte, viu Antônio Prado a João Alfredo, que vinha para ele, depois de guardar o chapéu no cabide dos senadores, e disse: Eis aqui o que há de tirar os escravos do mundo. Este é o mesmo de quem eu disse: Depois de mim virá um homem que me será preferido, porque era antes de mim.

10. Passados meses, aconteceu que o espírito da Regente veio pairar sobre a cabeça de João Alfredo, e Cotegipe deixou o poder executivo, e o poder executivo passou a João Alfredo.

11. E João Alfredo, indo para a Galiléia, que é no caminho de Botafogo, mandou dizer a Antônio Prado, que estava perto da Consolação: Vem, que é sobre ti que edificarei a minha igreja.

12. Depois, indo a uma cela de convento, viu lá um homem por nome Ferreira Vianna, o qual descansava de uma página de Agostinho, lendo outra de Cícero, e disse-lhe: Deixa esse livro e segue-me, que em breve te farei outro Cícero, não de romanos, mas de uma gente nova; e Ferreira Vianna, despindo o hábito e envergando a farda, seguiu a João Alfredo.

13. Em caminho achou João Alfredo a Vieira da Silva, e perguntou-lhe: És tu maçom? E ele respondeu: Sou, mas posso dizer-te, pelo que tenho visto, que maçom e ministro de ordem terceira é a mesma pessoa. Disse-lhe então João Alfredo: Vem comigo; serás ministro da ordem primeira, e trabalharás pelo Céu.

prophet?" And he said, "No." So they said to him, "Who art thou, so that we may tell the leaders who sent us?"

7. And he said unto them: "I am the voice crying in the wilderness. Straighten the path of power, because here comes João Alfredo."[6]

8. These things happened in the Senate, of the band from beyond Campo da Aclamação,[7] corner of Rua do Areal.

9. The next day Antônio Prado saw João Alfredo, who came to him, after putting his hat on the senators' hanger, and said, "It is this that is going to take away the slaves of the world." This is the same of whom I said: "After me shall come a man that shall be chosen unto me, for he was prior to me."

10. After months, it happened that the spirit of the Regent came to hover over the head of João Alfredo, and Cotegipe left the executive power, and the executive power passed to João Alfredo.

11. And João Alfredo, going to Galilee,[8] which is on the way to Botafogo,[9] sent to Antônio Prado, who was close to Consolação:[10] "Come, because it is upon you that I will build my church."

12. Then, going to a convent cell, he saw a man named Ferreira Vianna,[11] who rested from reading Augustine[12] by reading Cicero,[13] and said to him: "Leave this book and follow me, that soon I will make you another Cicero, not of Romans, but of a new people;" and Ferreira Vianna, taking off his habit and putting on his uniform, followed João Alfredo.

13. On the way João Alfredo found Vieira da Silva[14] and asked him: "Are you a Freemason?" And he replied: "I am, but I can tell you, from what I have seen, that the third person is the same person." João Alfredo said to him, "Come with me; you will be a minister of the first class, and you will work for Heaven."

14. Then, seeing a man passing by, said João Alfredo: "Come

14. Depois, vendo um homem que passava, disse João Alfredo: Vem aqui: não és Rodrigo Silva, que agricultavas a terra no tempo de Cotegipe? E Rodrigo respondeu: Tu o disseste. E tornou João Alfredo: Onde vai agora que parece abandonar-me? Vem comigo, e lavrarás a terra, e tratarás com os gentios, ao mesmo tempo, porque Antônio Prado vai a São Paulo, onde padecerá e donde voltará mais robusto.

15. Depois, vendo Tomás Coelho, o homem justo, da tribo de Campos, disse: O Senhor Deus dos Exércitos manda que sejas ministro da Guerra. E descobrindo Costa Pereira: Este é o que esteve comigo em 1871, eu o conheço; vem, serás também meu discípulo.

16. Unidos os sete, disse João Alfredo: Sabeis que vim libertar os escravos do mundo, e que esta ação nos há de trazer glória e amargura; estais dispostos a ir comigo?

17. E respondendo todos que sim, disse um deles por parábola, que no ponto em que estavam as coisas, melhor era cortar a perna que lavar a úlcera, pois a úlcera ia corrompendo o sangue.

18. Mas, ficando João Alfredo pensativo, disseram os outros entre si: Que terá ele?

19. Então o mestre, ouvindo a pergunta, disse: Prevejo que há de haver uma consulta de sacerdotes e levitas, para ver se chegam a compor certo unguento, que os levitas aplicarão na úlcera; mas não temais nada, ele não será aplicado.

20. E como perguntassem alguns qual era a composição desse unguento, o discípulo Vianna, mui lido nas escrituras disse:

21. Está escrito no livro de *Elle Haddebarim*, também chamado *Deuteronômio*, que quando o escravo tiver servido seis anos, no sétimo ano o dono o deixe ir livre, e não com as mãos abanando, senão com um alforje de comida e bebida. Este é de certo o unguento lembrado, menos talvez o alforje e os seis anos.

here, art thou not Rodrigo Silva,[15] who farmed the land in Cotegipe's time?" And Rodrigo answered: "Thou hast said it." And João Alfredo: "Where are you going now, you seem to abandon me? Come with me and you will plow the land, and you will deal with the gentiles at the same time, because Antônio Prado will go to São Paulo, where he will suffer, and from which he will come back more robust."[16]

15. Then, seeing Tomás Coelho,[17] the righteous man of the tribe of Campos,[18] he said: "The Lord, God of hosts commands that you be Minister of War." And finding Costa Pereira:[19] "This is the one who was with me in 1871, I know him; Come, you will also be my disciple."

16. The seven having united, João Alfredo said: "You know that I have come to free the slaves of the world, and that this action will bring us glory and bitterness; are you willing to go with me?"

17. And all saying yes, one said as a parable that the way things were, it was better to cut off the leg than to clean the sore, for the ulcer, because the ulcer was tainting the blood.

18. But, becoming João Alfredo thoughtful, the others said among themselves: "What's with him?"

19. Then the master, overhearing the question, said: "I foresee that there shall be a consultation of priests and Levites, to see if an ointment may be made,[20] which the Levites shall apply to the ulcer; but fear nothing, it shan't be applied."

20. And as some asked what the composition of this ointment was, the disciple Vianna, greatly read in the scriptures, said:

21. "It is written in the book of *Elle Haddebarim*, also called *Deuteronomy*, that when the slave has served six years, in the seventh year the owner should let him go free, and not with his hands empty, but with a saddlebag of food and drink. This is surely the ointment remembered, perhaps less the saddlebag, and the six years."[21]

22. E acudiu João Alfredo: Tu o disseste: três anos bastam aos levitas e sacerdotes, mas a úlcera é que não espera.

23. Ora pois vinde e falemos a verdade aos homens.

24. E, tendo a Regente abençoado a João e seus discípulos, foram estes para as câmaras, onde apresentaram o projeto de lei, que, depois de algumas palavras duras e outras cálidas de entusiasmo, foi aprovado no meio de flores e aclamações.

25. A Regente, que esperava a lei nova, assinou com sua mão delicada e superna.

26. E toda a terra onde chegava a palavra da Regente, de João Alfredo e dos seus discípulos, levantou brados de contentamento, e os próprios senhores de escravos a ouviam com obediência.

27. Menos no Bacabal, província do Maranhão, onde alguns homens declararam que a lei não valia nada, e, pegando no azorrague, castigaram os seus escravos cujo crime nessa ocasião era unicamente haver sido votada uma lei, de que eles não sabiam nada; e a própria autoridade se ligou com esses homens rebeldes.

28. Vendo isto, disse um sisudo de Babilônia, por outro nome Carioca: Ah! Se estivessem no Maranhão alguns ex-escravos daqui, que depois de livres, compraram também escravos, quão menor seria a melancolia desses que são agora duas coisas ao mesmo tempo, ex-escravos e ex-senhores. Bem diz o *Eclesiastes*: Algumas vezes tem o homem domínio sobre outro homem para desgraça sua. O melhor de tudo, acrescento eu, é possuir-se a gente a si mesmo.

BOAS NOITES.

Publicação Original: Rio de Janeiro: *A Imprensa Fluminense*, 21.05.1888, N.67, p.1.

22. And João Alfredo said: "Thou hast said it: three years are enough for the Levites and the priests, but the ulcer doesn't wait."

23. And now let us go and tell the truth to men.

24. And the Regent having blessed João and his disciples, they went to the Chambers, where they presented the bill, which, after some harsh words and some warm enthusiastic words, was approved amid flowers and acclamations.

25. The Regent, who waited for the new law, signed it with her delicate and superior hand.

26. And throughout the land wherever the word of the Regent, of João Alfredo, and his disciples reached, acclamations of joy arose, and the slave masters themselves heard it with obedience.

27. Except in Bacabal, province of Maranhão,[22] where some men declared that the law was worthless, and, taking the whip, punished their slaves whose crime on that occasion was only a law having been approved, of which they knew nothing; and authority itself became attached to these rebellious men.

28. And when he saw this, said one of the judicious men of Babylon,[23] the so-called Carioca: "Ah! If there were some ex-slaves here in Maranhão, who, after being freed, also bought slaves, how much less would be the melancholy of those who are now two things at the same time, ex-slaves and ex-masters. Well says *Ecclesiastes*:[24] 'Sometimes man has dominion over another man to his misfortune.'" Best of all, I add, is to own oneself.

GOOD NIGHTS.

Original publication: Rio de Janeiro: *A Imprensa Fluminense*, 21.05.1888, N.67, p.1.

9

*A crônica se refere ao meteorito Bendegó, que caiu na
província da Bahia em 1784, para discutir as consequências
da Abolição, bem como o surgimento da República, e os
conflitos entre as oligarquias e o federalismo. A abolição dos
escravos durante a Guerra da Secessão nosEstados Unidos
é citada para reforçar a mistificação criada pela Abolição
brasileira.*

27 de maio de 1888

BONS DIAS!

Cumpre não perder de vista o meteorólito de Bendegó. Enquanto toda a nação bailava e cantava, delirante de prazer pela grande Lei da Abolição, o meteorólito de Bendegó vinha andando, vagaroso, silencioso e científico, ao lado do Carvalho.

- Carvalho, dizia ele provavelmente ao companheiro de jornada, que rumores são estes ao longe?

E ouvindo a explicação, não retorquira nada, e pode ser até que sorrisse, pois é natural que nas regiões donde veio, tivesse testemunhado muitos cativeiros e muitas abolições. Quem sabe lá o que vai pelos vastos intermúndios de Epicuro e seus arrabaldes?

Vinha andando, vagaroso, silencioso, científico, ao lado do Carvalho.

- Carvalho, perguntou ainda, falta muito para chegar ao Rio de Janeiro? Estou já aborrecido, não da sua companhia, mas da

9

This chronicle refers to the meteorite Bendegó, which fell in the province of Bahia in 1784, to discuss the consequences of Abolition as well as the rise of the Republic and the conflicts between oligarchies and federalism. The Abolition of slavery during War of Secession in the United States is cited to reinforce the mystification created by the Brazilian Abolition.

May 27, 1888

GOOD DAYS!

We must not lose sight of the meteorite Bendegó.[1] While the whole nation danced and sang, delirious with pleasure at the great Law of Abolition, the meteorite Bendegó was wandering, sluggish, silent and scientific, beside Carvalho.[2]

"Carvalho," it was probably saying to his traveling companion, "what rumors are these from afar?"

And hearing the explanation, he wouldn't retort anything, and may even be smiling, for it's natural that in the regions where he came from he had witnessed heaps of slavery and many abolitions. Who knows what goes on through the vast space between worlds of Epicurus[3] and its peripheries?

It was wandering, sluggish, silent, scientific, beside Carvalho.

"Carvalho," it also asked, "how much farther to get to Rio de Janeiro? I am already bored, not from your company, but from the

caminhada. Você sabe que nós, lá em cima, andamos com a velocidade de mil raios; aqui nestas ridículas estradas de ferro, a jornada é de matar. Mas espera, parece que estou vendo uma cidade...

- É a Bahia, a capital da província.

Chegaram à capital, onde um grupo de homens corria para uma casa, com ar espantado, preocupado, ou como melhor nome haja em fisionomia, que não tenho tempo de ir ao dicionário. Esses homens eram os vereadores. Iam reunir-se extraordinariamente, para saber se embargariam ou não a saída do meteorólito.

Até então não trataram do negócio, por um princípio de respeito ao governo central. O governo central ordenara o transporte e as despesas; a Câmara Municipal, obediente, ficou esperando. Logo, porém, que o meteorólito chegou à capital, interveio outro princípio—o do direito provincial. Reuniu-se a Câmara e examinou o caso.

Parece que o debate foi longo e caloroso. Uns disseram provavelmente que o meteorólito, tendo caído na Bahia, era da Bahia; outros, que vindo do céu, era de todos os brasileiros. Tal foi a questão controversa. Compreende-se bem que era preciso resolver primeiro esse ponto, para entrar na questão de saber se os meteorólitos entravam na ordem das atribuições reservadas às províncias. O debate foi afinal resumido e o voto da maioria contrário ao embargo; apenas dois vereadores votaram por este, segundo anunciou um telegrama.

E o meteorólito foi chegando, vagaroso, silencioso, científico, ao lado do Carvalho.

"Carvalho," disse ele, "os que não quiserem embargar a minha saída são uns homens cruéis. Mas por que é que aqueles dois votaram pelo embargo?"

"Questão de federalismo..."

E o nosso amigo explicou o sentido desta palavra, e o movimento

wandering. You know that we, up there, wander with the speed of a thousand lightning bolts; here on these ridiculous railways, the journey is enough to kill. But wait, I seem to be seeing a city..."

"It's Bahia, the capital of the province."

They arrived in the capital, where a group of men ran to a house, with a look of surprise, worry, or whatever better describes their physiognomy; I haven't got time to go to the dictionary. These men were the city's councilmen. They were going to meet extraordinarily, to see whether or not they would embargo the departure of the meteorite.

Until then, they hadn't dealt with the business, as a matter of respect for the central government. The central government ordered the transport and the expenses; the Municipal Chamber, obedient, waited. As soon as the meteorite arrived in the capital, however, another principle intervened—that of the provincial right. The Chamber met and examined the case.

It seems that the debate was long and hot. Some probably said that the meteorite, having fallen in Bahia, belonged to Bahia; others that, coming from the sky, it belonged to all Brazilians. Such was the controversial question. It's well understood that this point had to be settled first, in order to enter into the question of whether the meteorites were in the order of the assignments reserved for the provinces. The debate was finally resumed and the majority voted against the embargo; only two councilors voted for it, a telegram announced.

And the meteorite was approaching, sluggish, silent, scientific, beside Carvalho.

"Carvalho," it said, "those who don't wish to embargo my departure are cruel men. But why did those two men vote for the embargo?"

"It's a matter of federalism..."

And our friend explained the meaning of this word and the

federalista que se está operando em alguns lugares do Império. Mostrou-lhe até alguns projetos discutidos agora, para o fim de adotar a Constituição dos Estados Unidos, sem fazer questão do chefe de Estado, que pode ser presidente ou imperador...

Aqui o meteorólito, sempre vagaroso e científico, piscou o olho ao Carvalho.

"Carvalho," disse ele, "eu não sou doutor constitucional nem de outra espécie, mas palavra que não entendo muito essa constituição dos Estados Unidos com um imperador..."

Cheio de comiseração, explicou-lhe o nosso amigo que as invenções constitucionais não eram para os beiços de um simples meteorólito; que a suposição de que o sistema dos Estados Unidos não comporta um chefe hereditário resulta de não atender à diferença do clima e outras. Ninguém se admira, por exemplo, de que lá se fale inglês e aqui português. Pois é a mesma coisa.

Entretanto, confessou o nosso amigo que, por algumas cartas recebidas, sabia que o que está na boca de muitas pessoas é um rumor de república ou coisa que o valha, que esta ideia anda no ar...

"*Noire? Aussi blanche qu'une autre.*"

"*Tiens! Vous faites de calembours?*"

"Que queria você que eu fizesse," retorquiu o meteorólito, "metido naquelas brenhas de onde você me foi arrancar? Mas vamos lá, explique-me isso pelo miúdo."

E o nosso amigo não lhe ocultou nada; confiou-lhe que andam por aí ideias republicanas, e que há certas pessoas para quem o advento da República é certíssimo. Chegou a ler-lhe um artigo da *Gazeta Nacional*, em que se dizia que, se ela já estivesse estabelecida, acabada estaria há muitos anos a escravidão...

Nisto o meteorólito interrompeu o companheiro, para dizer que

federalist movement that is operating in some places of the Empire.[4]
He even showed it some projects which are being discussed now,
with the purpose of adopting the Constitution of the United States,
without any concern about the head of state, who may be president or
emperor...

At this point the meteorite, always sluggish and scientific, winked
at Carvalho.

"Carvalho," it said, "I'm not a constitutional lawyer or any other
kind, but I swear I don't understand this Constitution of the United
States with an emperor..."

Full of commiseration, our friend explained to it that constitutional
inventions weren't something for a mere meteorite; that the assumption
that the United States system doesn't include a hereditary head
results from failing to account for the difference in climate and other
things. No one wonders, for example, that they speak English there
and Portuguese here. Well, it's the same thing.

In the meantime, our friend confessed that by some letters
received, he knew that what is in the mouths of many people is a
rumor of a republic or something that is worth it, that this idea is in
the air...

> *"Noire? Aussi blanche qu'une autre."*
> *"Tiens! Vous faites de calembours?"*[5]

"What did you want me to do," retorted the meteorite, "tucked
into those depths where you took me from? But come on, explain it to
me in detail."

And our friend hid nothing from it; he confided to it that there are
republican ideas going around; and that there are people for whom
the advent of the Republic is a certainty. He even managed to read it

as duas coisas não eram incompatíveis; porque ele antes de ser meteorólito fora general nos Estados Unidos,—e general do Sul, por ocasião da Guerra de Secessão, e lembra-se bem que os Estados Confederados, quando redigiram a sua constituição, declararam no preâmbulo: "A escravidão é a base da Constituição dos Estados Confederados." Lembra-se também que o próprio Lincoln, quando subiu ao poder, declarou logo que não vinha abolir a escravidão...

"Mas é porque lá falam inglês," retorquiu o nosso amigo Carvalho; "a questão é essa."

O meteorólito ficou pensativo; daí a um instante:

"Carvalho, que barulho é este?"

"É a visita do Portela, presidente da província."

"Vamos recebê-lo," acudiu o meteorólito, cada vez mais vagaroso e científico.

BOAS NOITES.

Publicação Original: Rio de Janeiro: *Gazeta de Notícias*, 27.05.1888, N.147, p.2.

an article from the *Gazeta Nacional*, which said that if it had already been established, slavery would have been extinguished many years ago...

At this the meteorite interrupted its companion to say that the two things weren't incompatible; because before it had been a meteorite it had been a general in the United States,—and a general of the South, during the American Civil War, and it remembers well that the Confederate States, when drafting their constitution, declared in the preamble: "Slavery is the base of the Constitution of the Confederate States." It also recalls that Lincoln himself, when he came to power, immediately declared that slavery hadn't been abolished...

"But it's because they speak English there," retorted our friend Carvalho; "that's the thing."

The meteorite was thoughtful; then in a flash:

"Carvalho, what is this noise?"

"It's the visit of Portela,[6] president of the province."

"Let's welcome him," the meteorite readily replied, ever more sluggish and scientific.

GOOD NIGHTS.

Original publication: Rio de Janeiro: *Gazeta de Notícias*, 27.05.1888, N.147, p.2.

10

*Nesta crônica, o narrador critica a aplicação questionável
do financiamento do governo no processo de Abolição da
Escravatura, bem como as pessoas que viram Abolição como
uma grande festa onde seus nomes devem aparecer mesmo
que não tenham feito nada para colaborar.*

1 de junho de 1888

BONS DIAS!

Agora fale o senhor, que eu não tenho nada mais que lhe dizer.
Já o saudei, graças à boa criação que Deus me deu, porque isto
de criação, se a natureza não ajuda, é escusado trabalho humano. Eu,
em menino, fui sempre um primor de educação. Criou-me uma ama,
escrava; e, apesar de escrava e ama, nunca lhe pus a boca no seio
para mamar, que não pedisse licença. Não estava em mim; às vezes,
dizia comigo:

"Mas, Policarpo, tu tens direito a ser aleitado, e depois é obrigação
da escrava alugada." Em vão: chorava, a Florinda corria, desabotoava
o corpinho, punha o seio de fora, e eu, por mais fome que tivesse, não
lhe pegava sem pedir licença. Pedia por gesto; parece que era um
gesto de olhos...

Aos cinco anos (era em 1831), como já sabia ler, davam-nos no
colégio A *Pátria*, pouco antes fundada pelo Sr. Carlos Bernardino de
Moura, com as mesmas doutrinas políticas que ainda hoje sustenta. A

10

In this chronicle the narrator criticizes the questionable application of government funding in the Slavery Abolition process, as well as the people who saw Abolition as a great party where their names should appear even though they haven't done anything to collaborate.

June 1, 1888

GOOD DAYS!

Now you speak, sir, because I have nothing more to say to you. I have already saluted you, thanks to the good manners that God has given me, because this matter about being raised, if nature doesn't help, is useless human labor. I, as a boy, always had great manners. I was raised by a wet-nurse, a slave; and, although she was a slave and a wet-nurse, I never put my mouth to her breast without asking permission. I wasn't that way; sometimes I would tell myself:

"But, Policarpo, you have the right to be breastfed, and it's the duty of the hired slave." It was in vain: when I cried, Florinda would unbutton her bodice, take her breast out, and I, no matter how hungry I was, wouldn't take it without asking. I asked by gesturing; it seems it was a gesture with my eyes...

At the age of five (that was in 1831),[1] as I already knew how to read, they gave us *A Pátria*,[2] recently founded by Mr. Carlos Bernardino de Moura,[3] with the same political doctrines that he still supports today. My soul, which has never got along with politics, slept like a baby; but

minha alma, que nunca se deu com política, dormia que era um gosto; mas os olhos não, esses iam por ali fora, risonhos, aprobatórios.

Agora mesmo, lendo naquela folha que o governo é que deu o dinheiro com que os jornais fizeram as festas abolicionistas, pensam que, se tivesse de explicar-me, fá-lo-ia como a comissão da imprensa? Não; seria grosseiro. Nunca se deve desmentir ninguém. Eu diria que sim, que era verdade, que o governo tinha pago tudo, as festas e uns aluguéis atrasados da casa do Souza Ferreira, que para isso mesmo é que fora contratado o último empréstimo em Londres, que o Serzedello, à custa do mesmo dinheiro, tinha reformado o pau moral; que as botinas novas do Pederneiras não tinham outra origem; e que o nosso amigo e chefe José Telha precisando de uma casaca para ir ao Coquelin, é que se meteu naquelas manifestações. O redator ouvia tudo satisfeito, e no dia seguinte começava assim o editorial: "Conforme havíamos previsto" (o resto como em 1844).

Podia citar casos honrosíssimos, como prova de boa criação. Um, deles nunca me há de esquecer, e é fresquinho.

Estando há dias a almoçar com alguns amigos, percebi que alguma coisa os amargurava. Não gosto de caras tristes, como não gosto delas alegres:—um meio-termo entre o Caju e o Recreio Dramático é o que vai comigo. Senão quando, com um modo delicado, perguntei o que é que tinham. Calaram-se; eu, como manda a boa criação, calei-me também e falei de outra coisa. Foi o mesmo que se os convidasse a pôr tudo em pratos limpos. Tratando-se de meu almoço, era condição primordial.

Um dos convivas confessou que no meio das festas abolicionistas não aparecia o seu nome, outro que era o dele que não aparecia, outro que era o dele, e todos que os deles. Aqui é que eu quisera ser um homem malcriado. O menos que diria a todos, é que eles tanto

my eyes didn't, they were out there, smiling, approving.

Right now, reading in the news that it was the government that gave the money with which the newspapers organized the abolitionist festivities, do you think that if you had to explain it to me, would you do it like the Press Committee?[4] No; it would be rude. You should never contradict anyone. I would say yes, that it was true, that the government had paid for everything, the festivities and the back rents of Souza Ferreira's[5] house, the very reason why the last loan from London[6] had been contracted; that Serzedello,[7] at the expense of the same money, had reformed the moral stick; that Pederneiras's[8] new boots had no other origin; and that our friend and chief José Telha,[9] needing a coat to see Coquelin,[10] got involved in those demonstrations. The editor listened to everything, pleased, and the following day the editorial began: "As we had anticipated" (the rest is like in 1844).[11]

I could mention the most honorable cases as proof of good manners. One of them I'll never forget, and it's brand new.

Having had lunch with friends some days ago, I realized that something was embittering them. I don't like sad faces, as much as I don't like them happy—halfway between Caju and Recreio Dramático[12] is what goes with me. Then, in a delicate way, I asked what happened to them. They fell silent; I, as good manners dictate, also kept quiet and spoke of something else. It was the same as if I and invited them to get everything out in the open. Being lunch time, it was a prime condition.

One of the guests confessed that his name didn't appear in the midst of the abolitionist festivities, another that said that it was his name that didn't appear, another that it was his, and everyone else that theirs didn't. This is where I wanted to be an ill-mannered man. The least I'd say to all of them is that they worked as much for the

trabalharam para a abolição dos escravos, como para a destruição de Nínive, ou para a morte de Sócrates... Eu, com uma sabedoria só comparável à deste filósofo, respondi que a história era um livro aberto, e a justiça a perpétua vigilante. Um dos convivas, dado a frases, gostou da última, pediu outra e um cálice de Alicante. Respondi, servindo o vinho, que as reparações póstumas eram mais certas que a vida, e mais indestrutíveis que a morte. Da primeira vez fui vulgar, da segunda creio que obscuro; de ambas sublime e bem criado.

Em linguagem chã, todos eles queriam ir à Glória sem pagar o *bond*; creio que fiz um trocadilho. De mim, confesso que lá iria, se pudesse, com a mesma economia; mas, não havendo outro meio, pago o tostãozinho, e paro à porta do Club Beethoven, que anda agora em tais alturas, que já foi citado pela boca de eminente cidadão... Hão de concordar que este período vai um pouco embrulhado, mas não devo desembrulhá-lo; seria constipar a minha ideia.

Podia citar outros muitos casos de boa criação, realmente exemplares. Nunca dei piparotes nas pessoas que não conheço, não limpo a mão à parede, não vou bugiar, que é ofício feio, e ando sempre com tal cautela, que não piso os calos aos vizinhos. Tiro o chapéu, como fiz agora ao leitor; e dei-lhe os *bons dias* do costume. Creio que não se pode exigir mais. Agora, o leitor que diga alguma coisa, se está para isso, ou não diga nada, e

BOAS NOITES.

Publicação Original: Rio de Janeiro: *Gazeta de Notícias*, 01.06.1888, N.152, p.1.

100

abolition of slaves as for the destruction of Nineveh[13] or for the death of Socrates... I, with wisdom comparable only to that philosopher's, answered that history is an open book, and justice the perpetual watcher. One of the guests, given to expressions, liked the last, asked for another, and ordered a chalice from Alicante.[14] I answered, serving the wine, that the posthumous reparations were more certain than life, and more indestructible than death. The first time I was vulgar, the second I think I was obscure; in both I was sublime and well-bred.

In plain language, they all wanted to go to Glória[15] without paying for the trolley; I think I made a pun. Myself, I confess that I would go there, if I could, with the same thrift; but with no other means, I pay the little penny, and I get out at the door of the Club Beethoven,[16] which is now at such heights, that it has already been quoted by the mouth of an eminent citizen... You have to agree that this period is somewhat confusing, but I mustn't disentangle it; that would constipate my idea.

I could mention many other cases of good upbringing, really exemplary. I've never flicked at anyone I don't know; I don't clean my hand against the wall; I'm not going to bug anyone, because it's a bad thing; and I always go round with such caution not to step on my neighbors' toes. I take off my hat, as I have now done for the reader; and I gave him the old *good days*. I don't think we can ask for more. Now, let the reader say something, if you are there for it, or don't say anything, and

GOOD NIGHTS.

Original Publication: Rio de Janeiro: *Gazeta de Notícias*, 01.06.1888, N.152, p.1.

11

Nesta crônica, o narrador se refere à atitude de Federico III, da Alemanha, para criticar a atribuição de títulos de Excelência no Brasil. Ele também critica a importação da cultura clássica grega e latina nos nome de alguns deputados, sugerindo que eles eram menos importantes do que os seus nomes.

11 de junho de 1888

BONS DIAS!

Valha-me Deus! Frederico III acaba de conceder a um alto funcionário do Estado o tratamento de Excelência... Valha-me Deus!

Que seja preciso um Imperador para conceder lá aquilo que aqui concede qualquer pessoa! Decretos, formalidades, direitos de chancelaria, para uma coisa tão simples, quase um direito natural. Realmente, é autocracia, é feudalismo em excesso. De maneira que esse homem é boa pessoa, ou menos má! cumprimenta os vizinhos, tem outras qualidades apreciáveis, recebe o ordenado ou os aluguéis, é secretário de Estado, como o Sr. Puttkamer, e não pode receber Excelência...

Eu cá, no tempo que tinha relojoaria aberta, distribui Excelência que foi um gosto. Às vezes, até de animação e alívio ao freguês. Entrava-me algum carrancudo, assim como quem receia ser enganado. Eu, sem decreto, sem nada, zás, Excelência. Em geral, a carranca

11

*In this chronicle, the narrator refers to the attitude of
Frederick III in Germany to criticize the attribution of
Excellency titles in Brazil. He also criticizes the importation
of classic Greek and Latin culture in the names of some
deputies, by suggesting that they were less important than
their namesakes were.*

June 11, 1888

GOOD DAYS!

Good heavens! Frederick III[1] has just granted a high official of the State the status of Excellency... Good heavens!

May it take an Emperor there to grant what anyone grants here! Decrees, formalities, chancellorship, for such a simple thing, almost a natural right. Indeed, it's autocracy, it's feudalism in excess. So this man is a good person, or less bad! He greets the neighbors, has other appreciable qualities, receives a salary or rents, is State Secretary, like Mr. Puttkamer,[2] and cannot receive the status of Excellency...

Here, when I had a watchmaker's shop, I distributed Excellence like mad. Sometimes it even worked as an excitement and relief for the customer. If a frowny person entered the shop, as someone who feared being deceived, I, without a decree, without anything, boom: Excellency. In general, the frown diminished, we talked laughingly, heart on sleeves, and there were cases of a man buying a watch for more money than on the price tag.

diminuía, falávamos risonhos, coração nas mãos, e caso houve em que o homem comprava o relógio por mais dinheiro que o mercado.

E fiquem sabendo que também eu recebia Excelências, e agora recebo-as ainda mais; é certo, porém, que nunca me custaram dinheiro, porque eu não chamo dinheiro pagar o *bond* a uma pessoa que me trata bem, ou um sorvete, ou ainda um almoço. Isso paga-se até a pessoas mal-educadas.

Há só um caso em que me parece que não se deve dar Excelência, nem a reles Senhoria, nada, absolutamente nada; é o de certos nomes antigos, que devem ser tratados à antiga. Para não ir mais longe, há em Mato Grosso, na assembleia provincial, dois deputados, um chamado Cícero, outro Virgílio. Com que dor de coração li no resumo dos debates, dando apartes a um orador, o Sr. Virgílio, e principalmente o Sr. Cícero! Lembra-se que em 1834, (há sempre um precedente de 1834) havia aqui na Câmara dos Deputados um Alcibíades, que era inscrito assim, grotescamente: o Sr. Alcibíades. Romanos e gregos, sede romanos e gregos. Tu, Cícero, tu, Virgílio, por que consentis que taquígrafos sem história, sem estética e sem pudor, vos dêem um tratamento que vos diminui? Tu, principalmente, Cícero. Não sentes que os manes do grande orador, teu avô, hão de padecer, quando souberem que o seu nome, feito para as familiaridades eternas, perdeu o uso antigo, e traz hoje um triste senhor, além da gravata que provavelmente há de trazer a pessoa a que lho deram?

Falei de Alcibíades de 1834. Temos agora, na Câmara dos Deputados, um César, mas não usa o César; usa só o sobrenome Zama, que não é de gente, embora seja antigo; acho que este não está no caso dos primeiros. Por falar em Zuma (vejam a minha arte de transições), sabem que esse ilustre deputado reclamou há dias uns duzentos mil

And know that I was also given Excellencies, and now I receive them even more; it's certain, however, that they have never cost me money, because I don't call 'money' paying for the trolley for a person who treats me well, or an ice cream, or even lunch. That one pays even to people who are rude.

There is only one instance in which it seems to me that one shouldn't give Excellency, not even a poor lordship, anything, absolutely anything; it's that of certain ancient names, which must be treated in the old-fashion way. To go no further, there are in Mato Grosso, in the provincial assembly, two deputies, one named Cicero, another named Virgilio. With what pain of heart I read in the summary of the debates, giving side-remarks to a speaker, Mr. Virgilio, and especially Mr. Cicero! Remember that in 1834 (there is always an 1834 precedent) there was an Alcibiades here in the Chamber of Deputies who was grotesquely inscribed thus: Mr. Alcibiades. Romans and Greeks, be Romans and Greeks. You, Cicero, you, Virgilio, why do you accept that stenographers without history, without aesthetics and without modesty, give you a treatment that diminishes you? You, especially, Cicero. Don't you feel that the words of the great orator, your grandfather, will suffer when they learn that his name, made for eternal familiarity, has lost its ancient use, and today bears a sad lord, besides the tie the person you gave it to is likely to wear?

I spoke of 1834 Alcibiades. We now have, in the Chamber of Deputies, a César, but he doesn't use César; he uses only the surname Zama,[4] which is not for people, although it's old; I think this isn't the same case as the former. Speaking of Zuma (notice my art of transitions), you know that this illustrious deputy claimed some two hundred thousand *réis*[5] days ago that he wasn't paid; he only received

réis que lhe não pagaram; recebeu apenas um conto e trezentos mil réis. Francamente, eu não reclamava; eu, se amanhã me pagarem, já não digo um conto e trezentos, mas um simples conto de réis, não me zango, e a razão é clara, creio que entenderam, é porque ganho menos. Quando eu vejo uma pessoa zangar-se porque recebeu só um conto e trezentos, parece-me que ouço falar árabe. Outro deputado declarou na mesma ocasião que já recebeu de menos, uma vez, oitocentos mil réis. É verdade que esse roeu calado,—ou não roeu, que é mais verdadeiro.

Toda a questão é ter o Sr. Zuma chegado no dia 9, prestado juramento e tomado assento nesse dia. Entendeu a mesa que não lhe devia pagar os dias anteriores. Acho que teve a razão; mas não entendi o precedente de 1857. Esse precedente é que o deputado não reconhecido, uma vez que esteja aqui, embora seja reconhecido no fim do mês, recebe o subsídio do mês inteiro, em que não arredou o pé, não votou, não discutiu, não faltou sequer às sessões. Creio que foi isto que li. Não juro que fosse, porque a coisa é tão extraordinária, que por mais que os olhos a mostrem, a razão recusa-se a admiti-la. Provavelmente é o que está acontecendo ao leitor. Eu, no caso da mesa, cumpria também o precedente, vsito que eles regulam a vida parlamentar; não sendo da mesa, nem da Câmara, acho que o negócio é a um tempo precedente e presente.

Com esta, vou-me embora. Queria falar-lhes de uma porção de coisas, das cinquenta cédulas do Senado, e outros sucessos, mas é tarde... nem falo como desejava, de um homem que achei... É verdade, achei um homem, mais feliz que Diógenes, e tão feliz como Napoleão, que o achou em Goethe. Não falo dele, até porque nunca o vi; aparentemente, só achei um quiosque, mas o quiosque é do

one *conto* and three hundred thousand *réis*. Frankly, I wouldn't complain; if they paid me tomorrow, I'm not even saying one *conto* and three hundred, but a mere *conto de réis*, I won't be angry, and the reason is clear, I believe you understood—it's because I earn less. When I see a person being angry because he has received only one *conto* and three hundred, it seems to me that I hear Arabic. Another deputy said on the same occasion that he, once, received eight hundred thousand *réis*. It's true that he gnawed in silence,—or didn't gnaw, which is truer.

The whole point is that Mr. Zuma arrived on the 9th,[6] took an oath and took a seat on that day. The board understood that they shouldn't have paid him for the previous days. I think they were right; but I don't understand the precedent of 1857.[7] This precedent is that the unavowed deputy, once he is here, although he's avowed at the end of the month, receives the allowance of the whole month, in which he didn't step foot, didn't vote, didn't discuss, didn't even miss the sessions. I think that's what I read. I don't swear it was so, because the thing is so extraordinary, that no matter how much the eyes show it, reason refuses to admit it. Probably that's happening to the reader. I, in the case of the board, also followed the precedent, since they regulate parliamentary life; not belonging to the board, nor the Chamber, I think that the business is precedent and present.

With this, I take my leave. I wanted to tell you a lot of things, the fifty Senate ballots,[8] and other successes, but it's late... I don't even talk as I wanted to, about a man I found... It's true, I found a man, happier than Diogenes,[9] and as happy as Napoleon, who found him in Goethe.[10] I don't talk about him, because I have never seen him; apparently, I only found a kiosk, but the kiosk belongs to the man, and

homem, e pelo quiosque é que vejo o homem. É sabido que todos esses estabelecimentos vendem bilhetes de loteria, e têm títulos atraentes, afirmando cada um, que ali é que está a fortuna e a boa sorte. Pois o meu homem pôs no seu quiosque este título fulminante: *Ao puro acaso.*

Realmente, é único. Ó tu, quem quer que sejas, autor dessa lembrança, posto que eu te anuncie desde já que, em menos de seis meses, estás quebrado, deixa-me dizer-te que és um homem. Quando toda esta cidade, e eu com ela, traz na algibeira o elixir da certeza e da infabilidade, tu vens mostrar ingenuamente ao povo a orelha do casual e do incerto; tu dizes-lhe: "Compre-me, se quer, estes papelinhos, mas não juro que valham alguma coisa. Pode ser que valham, pode ser que não; saia o que sair. Talvez o papel nem sirva para cigarros, por causa da tinta…" Homem único, manda-me o teu retrato.

Vou-me embora. Não quero falar do novo projeto adotado em um congresso de São Paulo, porque é assunto superior à minha capacidade. Já aqui dei opinião do aerólito de Bendegó, acerca da constituição dos Estados Unidos com chefe hereditário, coisa que ele afirma que é o mesmo que pôr o chefe de Estado em terra. Agora adotou-se o mesmo projeto, com esta cláusula: que continuará o sistema parlamentar. Quando li isto a um amigo, vi-o ficar de boca aberta, e não entendi o motivo; agora mesmom que ele me explicou o negócio, confesso que estou *in albis.* Diz ele (jurou-me por Deus nosso senhor) que a característica principal da constituição dos Estados Unidos é ser justamente o avesso do sistema parlamentar; a união dos dois parece-lhe uma cobra casada com um rato, segundo disse um poeta. Depois releu a primeira notícia, releu a segunda, mirou as duas, e suspirou isto que não sei o que é:

it's through the kiosk that I see the man. It's well known that all these establishments sell lottery tickets and have attractive names, each claiming that that's where fortune and good luck are. So my man he has put on his kiosk this fulminant title: *By pure chance.*

It really is unique. Oh you, whoever you are, author of remembrance, I tell you right away that in less than six months you are broken, let me tell you that you are a man. When this whole city, and I with it, brings in its pocket the elixir of certainty and infallibility, you come to naively show people the ear of the casual and uncertain; you say to them: "Buy me, if you like, these little papers, but I can't swear they're worth anything. They might be worth it, they might not; whatever the result is. Maybe the paper isn't even good for cigarettes, because of the ink..." Unique man, send me your picture.

I'm leaving. I don't want to talk about the new project adopted by a congress in São Paulo, because it's beyond my capacity. I already gave my opinion here about the Bendegó aerolite;[11] about the United States constitution with the hereditary head, which he says is the same as putting the head of state on Earth. Now the same project has been adopted, with this clause: that the parliamentary system will continue. When I read this to a friend, I saw him open-mouthed, and I didn't understand the reason; now even though he explained the business to me, I confess that I am *in albis*.[12] He says (he swore by God our Lord) that the main characteristic of the United States constitution is to be just the reverse of the parliamentary system; the union of the two looks like a snake married to a mouse, a poet has said. Then he re-read the first news, re-read the second, looked at both, and sighed this, which I don't know what it is:

Bons Dias!

Après l'Agésilas,
Hélas!
Mais après l'Attila,
Holà!

BOAS NOITES.

Publicação Original: Rio de Janeiro: *Gazeta de Notícias*, 11.06.1888, N.162, p.2.

Good Days!

*Après l'*Agésilas,*[13]*
Hélas!
Mais après l'Attila,
Holà![14]

GOOD NIGHTS.

Original Publication: Rio de Janeiro: *Gazeta de Notícias*, 11.06.1888, N.162, p.2.

12

*Nesta crônica ,Machado descreve ironicamente a vida
cotidiana do servidor público no Brasil ,o que é interessante
se considerarmos que ele próprio era um servidor público.
Podendo ,portanto ,ser interpretada como autobiográfica.*

16 de junho de 1888

BONS DIAS!

Recebi um requerimento, que me apresso em publicar com o despacho que lhe dei:

Aos pés de V. Exa. vai o abaixo-assinado pedir a coisa mais justa do mundo.

Rogo me preste atenção por alguns instantes; não quero tomar o precioso tempo de V. Exa.

Não ignora V. Exa. que, desde que nasci, nunca me furtei ao trabalho. Nem quero saber quem me chama, se é pessoa idônea ou não; uma vez chamado, corro ao serviço. Também não indago do serviço; pode ser político, literário, filosófico, industrial, comercial, rural, seja o que for , uma vez que é serviço, lá estou. Trato com ministros e amanuenses, com bispos e sacristães sem a menor desigualdade.

Cheguei até (e digo isto para a mostrar atestados de tal ou qual valor que tenho), cheguei a fazer aposentar alguns colegas, que, antes

12

*In this chronicle Machado ironically describes the everyday
life of public servers in Brazil, which is interesting if we
consider that he was himself a public server. It can thus be
interpreted as autobiographical.*

June 16, 1888

GOOD DAYS!

I received a request which I hasten to publish with the ruling I ex-
pedited it:

At Your Excellency's feet herein is the petition asking
for the fairest thing in the world.

I beg you to pay attention for a moment; I don't want to
take Your Excellency's precious time.

Your Excellency is not unaware that, since I was born,
I have never wriggled out of work. I don't care who's calling
me, whether he's an honest person or not; once called, I
run to the job. I also don't inquire about the job; it might be
political, literary, philosophical, industrial, commercial,
rural, whatever, as long as it's a job, there I am. I deal with
ministers and scribes, with bishops and sacristans without
the least dissimilarity.

I even got (and I say this to show proof of the worth I have), I even
got some colleagues into retirement, who, prior to me, distributed

de mim, distribuíam o trabalho entre si, *distinguindo-se* um, outro *sobressaindo*, outro *pondo em relevo* alguma qualidade particular. Não digo que houvesse injustiça na aposentação: estavam cansados, esta é a verdade. E para a gente de minha classe a fadiga estrompa e até mata.

Ficando eu com o serviço de todos, naturalmente tinha muito que acudir, e repito a V. Exa. que nunca faltei ao dever. Não tenho presunção de bonito, mas sou útil, ajusto-me às circunstâncias e sei explicar as ideias.

Não é o trabalho mas o excesso de trabalho que me tem cansado um pouco, e receio muito que me aconteça o que se deu com os outros. Isto de se fiar uma pessoa no carinho alheio, e na generalidade dos afetos é erro grave. Quando menos espera, lá se vai tudo; chega alguma pessoa nova e (deixe V. Exa. lá falar o João) ambas as mãos da experiência não valem um dedinho só da juventude.

Mas vamos ao pedido. O que eu impetro da bondade de V. Exa. (se está na sua alçada) é uma licença por dois meses, ainda que seja sem ordenado; mas com ordenado seria melhor, porque há despesas a que acudir, a fim de ir às águas de Caxambu. Seria melhor, mas não faço questão disso; o que me importa é a licença, só por dois meses; no fim deles verá que volto robusto e disposto para tudo e mais alguma coisa.

Peço pouco; apenas um pouco de descanso. Deus, feito o mundo, descansou no sétimo dia. Pode ser que não fosse por fadiga, mas para ver não era melhor converter a sua obra ao caos; em todo o caso a Escritura fala de descanso, e é o que me serve. Se o Supremo Criador não pôde trabalhar, sem repousar um dia depois de seis, quanto mais este criado de V. Exa.?

Não faltará quem conclua (mas não será o grande espírito de V.

the work among themselves, some *distinguishing* themselves, others *standing out*, others *calling attention* to some particular quality. I don't say that there was injustice in the retirement: they were tired, this is the truth. And to the people of my class, fatigue wears one out and even kills.

Having everyone else's work for myself, I naturally had much to attend to; and I repeat to Your Excellency that I have never failed in my duties. I'm not presumptuous about my beauty, but I'm useful, I adjust to the circumstances and I can explain ideas.

It's not the work but the excess of it that has been tiring me a little, and I'm very afraid that what has happened to the others will happen to me. It's a serious mistake to confide in someone else's fondness and in the commonness of affections. When one least expects, everything is gone; some new person arrives and (Your Excellency let João speak), both hands of experience aren't worth even a small finger of youth.

But let's talk about the request. What I plead from Your Excellency's kindness (if it's in your competence) is for a two-month leave, even if it's unpaid, but with wages it would be better, because there are expenses to take care of, in order to go to the waters of Caxambu.[1] It would be better, but I don't mind. What matters to me is the leave, only for two months. At the end of them you'll see that I come back robust and ready for everything and more.

I ask for little; just a little rest. God, having made the world, rested on the seventh day. It might be that it wasn't out of fatigue, but maybe not to convert his work to chaos. In any case the Scripture speaks of rest and that's what suits me. If the Supreme Creator couldn't work without resting one day after six, let alone this servant of Your Excellency!

There will be plenty of people who infer (but that won't be Your

Exa.) que, se eu algum direito tenho a uma licença, maiores e infinitos têm outros colegas, cujo trabalho é constante, ininterrupto e secular. Há aqui um sofisma, que se destrói facilmente. Nem eu sou da classe da maior parte de tais companheiros, verdadeira plebe, para quem uma lei de Treze de Maio seria a morte da lavoura (do pensamento); nem os da minha categoria têm a minha idade, e, de mais a mais, revezam-se a miúdo, ao passo que eu suo e tressuo, sem respirar.

Contando receber mercê, subscrevo-me, com elevada consideração, de V. Exa. admirador e obrigado verbo *Salientar.*

O despacho foi este:

Conquanto o suplicante não junte documentos do que alega, é, todavia, de notoriedade pública o seu zelo e prontidão em bem servir a todos. A licença, porém, só lhe pode ser concedida por um mês, embora com ordenado, porque, trabalhando as câmaras legislativas, mais que nunca é necessária a presença do suplicante, cujo caráter e atividade, legítima procedência e brilhante futuro folgo em reconhecer e fazer públicos. Se tem trabalhado muito, é preciso dizer, por outro lado, que o trabalho é a lei da vida e que sem ele o suplicante não teria hoje a posição culminante que alcançou e na qual espero que se conservará honrosamente por longos anos, como todos havemos mister. Lavre-se portaria, dispensados os emolumentos.

BOAS NOITES.

Publicação Original: Rio de Janeiro: *Gazeta de Notícias*, 16.06.1888, N.167, p.1.

Excellency's great spirit) that, if I have any right for a leave, other colleagues whose work is constant, uninterrupted and secular have greater and infinite rights. There is a sophism here, which can be easily destroyed. I'm not from the class of most of such companions, a true plebe for whom the Thirteenth of May Law[2] would be the death of the profession (of thinking); nor are those in my category my age, and, moreover, they take turns frequently, whilst I sweat and sweat again, without taking a breath.

Counting on receiving mercy, I sign below, with high consideration an admirer of Your Excellency's and thankful with the verb *To Emphasize*.

This was the ruling:

Although the supplicant doesn't gather documents of what he claims, it is, nonetheless, public that he is zealous and ready to serve all. The leave, however, can only be granted for a month, though with wages, because, working for the legislative chambers, more than ever the presence of the supplicant, whose character and activity, legitimate origin and bright future I am happy to recognize and make public, is necessary. If he has worked hard, it must be said, on the other hand, that work is the law of life, and without it the supplicant wouldn't have today the high position that he has achieved, and which I hope he'll keep honorably for many years, as we all need. Let the decree be drafted, dispensing the emoluments.

GOOD NIGHTS.

Original Publication: Rio de Janeiro: *Gazeta de Notícias*, 16.06.1888, N.167, p.1.

13

Esta crônica descreve sarcásticamente os arranjos financeiros envolvendo escravos após o fim da escravidão, sugerindo que a liberdade e a escravidão eram vistas como tendo valor financeiro, o que é ironicamente problematizado pelo narrador com o exemplo da narrativa de Gogol, e o comportamento questionável que ele diz que adotaria nessa situação.

26 de junho de 1888

BONS DIAS!

Eu, se tivesse credito na praça, pedia emprestados a casamento uns vinte contos de réis, e ia comprar libertos. Comprar libertos não é expressão clara; por isso continuo.

Conhece o leitor um livro do célebre Gogol, romancista russo, intitulado *Almas Mortas*? Suponhamos que não conhece, que é para eu poder expor a somente da minha ideia. Lá vai em duas palavras.

Chamam-se *almas* os campônios que lavram as terras de um proprietário, e pelos quais, conforme o número, paga este uma taxa ao Estado. No intervalo do lançamento do imposto, morrem alguns campônios e nascem outros. Quando há *déficit*, como o proprietário tem de pagar o número registrado, primeiro que se faça outro recenseamento, chamam-se *almas mortas* os campônios que faltam.

Tchitchikof, um espertalhão da minha marca, ou talvez maior, lembra-se de comprar as *almas mortas* de vários proprietários. Bom

13

This chronicle sarcastically describes financial arrangements involving slaves after the end of slavery ,suggesting that both freedom and slavery were seen as having financial value, which is ironically problematized by the narrator with the example of Gogol's narrative and the questionable behavior he says he would adopt in this situation.

June 26, 1888

GOOD DAYS!

If I had a credit history, I would borrow some twenty *contos de réis*[1] on a risk-sharing loan, and I would buy freedmen. Buying freedmen isn't a clear expression; that's why I'll continue.

Does the reader know of a book by the famous Gogol, a Russian novelist, entitled *Dead Souls*?[2] Let us suppose that you don't know, so it's up to me to be able to explain the seed of my idea. Here it goes in two words.

Souls are the peasants who cultivate the land of an owner, and for which, according to the number, he pays a fee to the state. In the interval between tax periods, some peasants die and others are born. When there is a *deficit*, as the owner has to pay for the registered number before another census is made, the missing peasants are called *dead souls*.

Tchitchikof, a smart-ass of my category, or perhaps greater,

negócio para os proprietários, que vendiam defuntos ou simples nomes, por dez réis de mel coado. Tchitchikof, logo que arranjou umas mil *almas mortas*, registrou-as como vivas pegou dos títulos do registro, e foi ter a um Monte de Socorro, que, à vista dos papéis legais, adiantou ao suposto proprietário uns 200.000 rublos; Tchitchikof meteu-os na mala e fugiu para onde a polícia russa o não pudesse alcançar.

Creio que entenderam; vejam agora o meu plano, que é tão fino como esse, e muito mais honesto. Sabem que a honestidade é como a chita, há de todo o preço, desde meia pataca.

Suponha o leitor que possuía duzentos escravos no dia 12 de maio, e que os perdeu com a lei de 13 de maio. Chegava eu ao seu estabelecimento, e perguntava-lhe:

"Os seus libertos ficaram todos?"

"Metade só; ficaram cem. Os outros cem dispersaram-se; consta-me que andam por Santo Antônio de Pádua."

"Quer o senhor vender-mos?"

Espanto do leitor; eu, explicando:

"Vender-mos todos, tanto os que ficaram, como os que fugiram."

O leitor assombrado:

"Mas, senhor, que interesse pode ter o senhor..."

"Não lhe importe isso. Vende-mos?"

"Libertos não se vendem."

"É verdade, mas a escritura de venda terá a data de 29 de abril; nesse caso, não foi o senhor que perdeu os escravos, fui eu. Os preços marcados na escritura serão os da tabela da lei de 1885; mas e realmente não dou mais de dez mil réis por cada um."

Calcula o leitor:

"Duzentas cabeças a dez mil-réis são dois contos. Dois contos por sujeitos que não valem nada, porque já estão livres, é um bom

remembers to buy the *dead souls* from several owners. Good business for the owners, who sold a dead person or just names, for peanuts. Tchitchikof, as soon as he got a thousand *dead souls*, he recorded them as living, took the titles from the registrar, and went to a *Monte de Socorro*,[3] which, in view of the legal papers, advanced to the alleged owner some 200,000 rubles.[4] Tchitchikof tucked the money in his suitcase and fled to a place where the Russian police couldn't catch him.

I believe you understood. Now see my plan, which is as fine as this, and much more honest. They know that honesty is like chintz,[5] there are all sorts of prices, starting from half a *pataca*.[6]

The reader has to suppose he had two hundred slaves on May 12, and that he lost them with the 13th of May Law. I'd go to his establishment and ask him:

"Are all the freedmen gone?"

"Only half are gone; a hundred stayed. The other hundred scattered around; I was told that they are all around Santo Antônio de Pádua."[7]

"Do you want to sell them to me, sir?"

Reader's amazement; I, explaining:

"Sell them all to me, both those who remain and those who fled."

The reader, haunted:

"But, sir, what do you care about…"

"Don't worry about that. Sell them to me?"

"Freedmen don't sell themselves."

"It's true, but the deed of sale will be dated April 29; in which case, it wasn't you who lost the slaves, it was I. The prices marked in the deed will be those of the table of the 1885 law; but I really don't pay more than ten thousand *réis* for each one."

negócio."

Depois refletindo:

"Mas, perdão, o senhor leva-os consigo?"

"Não, senhor: ficam trabalhando para o senhor; eu só levo a escritura."

"Que salário pede por eles?"

"Nenhum, pela minha parte, ficam trabalhando de graça. O senhor pagar-lhes-á o que já paga."

Naturalmente, o leitor, à força de não entender, aceitava o negócio. Eu ia a outro, depois a outro, depois a outro, até arranjar quinhentos libertos, que é até onde podiam ir os cinco contos emprestados; recolhia-me à casa, e ficava esperando.

Esperando o quê? Esperando a indenização, com todos os diabos! Quinhentos libertos, a trezentos mil réis, termo médio, eram cento e cinqüenta contos; lucro certo: cento e quarenta e cinco.

Porquanto, isto de indenização, dizem uns que pode ser que sim, outros que pode ser que não; é por isso que eu pedia o dinheiro a casamento. Dado que sim, pagava e casava (com a leitora, por exemplo); dado que não, ficava solteiro e não perdia nada, porque o dinheiro era de outro. Confessem que era um bom negócio.

Eu até desconfio que há já quem faça isto mesmo, com a diferente de ficar com os libertos. Sabem que no tempo da escravidão, os escravos eram anunciados com muitos qualificativos honrosos, perfeitos cozinheiros, ótimos copeiros, etc. Era, com outra fazenda, o mesmo que fazem os vendedores, em geral: superiores morins, lindas chitas, soberbos cretones. Se os cretones, as chitas e os escravos se anunciassem não poderiam fazer essa justiça a si mesmos.

Ora, li ontem um anúncio em que se oferece a aluguel, não me lembra em que rua,—creio que na do Senhor dos Passos,—uma *insigne*

The reader calculates:

"Two hundred heads at ten *mil réis* are two *contos*. Two *contos* for people who are worthless, because they are already freed, is a good deal."

Then reflecting:

"But, I beg your pardon; do you take them with you, sir?"

"No, sir, they keep working for you; I just take the deed."

"What wage do you ask for them?"

"None, for me, they keep working for free. You will pay them what you already pay."

Naturally, the reader, by dint of not understanding, would accept the deal. I'd go to another, then to another, then to another, until I got five hundred freedmen, which is how far the five *contos* could go; I would go home, and wait.

Waiting for what? Waiting for compensation, goddammit! Five hundred freedmen, at three hundred thousand *réis* each, on average, were worth one hundred and fifty *contos*. Guaranteed profit: one hundred and forty-five percent.

Because, this thing of indemnity, some say that it might happen, others that it might not happen; That's why I asked for the money on a risk-sharing loan. Being given a yes, I'd get paid and married (with the reader, for example); if given a no, I'd stay single and lose nothing, because the money belonged to someone else. Admit that it was a good deal.

I even suspect that there is already someone who does this, with the difference of being with the freedmen. You know that at the time of slavery, slaves were advertised having many qualitative honors, as perfect cooks, great butlers, and so on. It was, with another fabric, the same as other sellers do, in general: superior madras, beautiful

engomadeira. Se é falta de modéstia, eis aí um dos triste frutos da liberdade, mas se é algum sujeito que já se me antecipou... Larga, Tchitchikof de meia tigela! Ou então vamos fazer o negócio a meias.

BOAS NOITES.

Publicação Original: Rio de Janeiro: *Gazeta de Notícias*, 26.06.1888, N.177, p.2.

chintz, superb cretonnes. If cretonnes, chintz, and slaves advertised themselves, they couldn't do this justice to themselves.

Well! Yesterday I read an advertisement where they offer rent, I don't remember in which street—I believe it to be at Senhor dos Passos—a renowned female presser. If it's lack of modesty, here it is one of the sad fruits of freedom, but if it's some guy who has already anticipated me... Come on, you two-bit Tchitchikof! Or let's share the business.

GOOD NIGHTS.

Original Publication: Rio de Janeiro: *Gazeta de Notícias*, 26.06.1888, N.177, p.2.

14

Nesta crônica, o narrador discute a possível existência de um senado para cada uma das províncias do Brasil, sugerindo, ao final da crônica, que os politicos brasileiros deveriam pedir conselhos aos Americanos, pois os Estados unidos tinham mais experiência com este tipo de arranjo politico.

6 de julho de 1888

BONS DIAS!

Está o Sr. Comendador Soares no Senado. Dou-lhe os meus sinceros parabéns.

Na qualidade de comerciante, como eu na de relojoeiro, o Sr. Senador Soares deve ignorar profundamente o latim. Mas não será tanto, que não conheça um famoso trecho de Lucrécio, que dizia que é sempre coisa muito agradável, estando em terra firme, ver de longe o naufrágio dos outros. O Sr. Senador Soares está na mais firme das terras deste mundo, tão firme e tão vasta, que pega com o continente da morte e da eternidade. *Suave, mari magno... Suave, mari magno...* De lá, da glória eterna, esquina do Campo da Aclamação, olha o Sr. Soares tranquilamente para o vale das lágrimas da Rua da Misericórdia. Com os olhos saudosos o vão ver sair dali os que, como ele, choravam e choram na terra, onde ficam padecendo as consequências da culpa do primeiro homem! O novo senador é magro; mas vai parecer muito mais gordo que o mais gordo dos seus ex-colegas da Câmara, e que era até há tempos o Sr. Castrioto. Hoje creio que é o Sr. Alves de Araújo;

14

*In this chronicle, the narrator discusses the possible existence
of a Senate for each of the provinces of Brazil, suggesting,
at the end of the chronicle, that Brazilian politics should
ask Americans for advice, as the United States had more
experience with this kind of political arrangement.*

July 6, 1888

GOOD DAYS!

Mr. Comendador Soares[1] is in the Senate. I give him my sincere congratulations.

As a businessman, like me, a watchmaker, Mr. Senator Soares must not know Latin profoundly. But it won't be so much that he doesn't know a famous passage of Lucretius,[2] who said that it's always a very pleasant thing, being on solid ground, to see from a distance the shipwreck of others. Senator Soares is in the firmest of the lands of this world, so firm and so vast that he covers the continent from death to eternity. *Suave, mari magno... Suave, mari magno...*[3] From there, from the eternal glory, on the corner of the Campo da Aclamação,[4] Mr. Soares looks calmly to the valley of tears of Rua da Misericórdia.[5] With wistful eyes you will see him taking his leave from those who, like him, wept and weep on the earth, where they are suffering the consequences of the guilt of the first man! The new senator is slim; but he's going to look a lot fatter than the fattest of his former colleagues in the Chamber,[6] who was Mr. Castrioto[7] until recently. Today I believe

minto, é o Sr. Góes. Tão certo é que não há gordos nem magros; há fatos subjetivos.

Notemos que citei justamente três nomes que, mais tarde ou mais cedo acabam na estatística senatorial. Mas, quantos, Deus de misericórdia, quantos não estão ali que nunca hão de sair! Não cito nomes, para não vexar ninguém; mas as consciências dirão, lá fundo, que sim, que é isto mesmo...

Pois bem, trago a esses desesperados uma espererança... Não me sufoquem: ouçam-me; sosseguem; deixem-me falar... Ouçam.

Hão de ter lido que se trata de federalizar o Brasil; não faltam projetos nem programas a este respeito. Ainda agora apareceu o programa do Partido Liberal do Pará, estabelecendo as cláusulas da reforma, e uma delas é que cada província tenha o seu Senado especial.

Aí está o remédio. Quem não puder entrar no Senado geral, entra no provincial. Não é um Senado de primeira ordem, um Senado (como se diz na relojoaria) de patente, um cronômetro; mas é um senadozinho de prata dourada, afiançado por quatro anos, que é o prazo marcado no programa do Pará.

Pior! Lá cai a viseira aos meus amigos. Mas, meus amigos, isto de quatro anos é um modo de falar; há meio de cumprir a lei e ficar vitalício; é a reeleição. Portem-se bem os senadores provinciais, dêem-se uns com os outros, não puxem brigas, ajudem-se, e, quando mal cuidarem, estão vitalícios. Ouro é o que o ouro vale.

Creio até (é um palpite) que de toda a federação que anda no ar, se ficar um só artigo; há de ser este, o Senado privincial. Há dúvidas sobre os outros, divergências daqui e dali; os próprios autores talvez os rejeitem, quando houverem de votar. Mas o Senado é dessas ideias simples, que se metem pelos olhos dentro; traz naturalmente

it's Mr. Alves de Araújo;[8] I'm lying, it's Mr. Góes.[9] Sure thing is that there is no fat or slim; there are subjective facts.

Note that I mentioned just three names that, sooner or later, end up in the senatorial statistics. But how many, God of mercy, how many aren't there that will never leave! I don't mention names so that I don't vex anyone; but people's conscience will say, deep down, that yes, that's it...

Very well, I bring hope to the despairing... Don't choke me: listen to me; calm down; let me speak... Listen.

You must have read that it's a question of federalizing Brazil. There are no projects or programs missing in this regard. Recently the program of the Liberal Party of Pará has appeared, establishing the clauses of the reform, and one of them is that each province has its special Senate.

That's the remedy. Anyone who cannot enter the general Senate, will enter the provincial. It's not a Senate of the first order, a high-ranking Senate (as we say in the watch-making shop), a chronometer; but it's a little senate of golden-plated silver, guaranteed for four years, which is the term assigned in the program of Pará.[10]

Worse! My friends will become sulky. But, my friends, this four years thing is a way of speaking. There is a way to keep the law and stay for life; it's called re-election. Provincial senators behave well, get along with each other, don't quarrel, help each other, and when they least expect, they stay for life. Gold is what gold is worth.

I even believe (it's a hunch) that of all the federation that is in the air, if one single item remains; it must be this: the provincial Senate. There are doubts about the others, divergences here and there; the authors themselves may reject them when they have to vote. But the Senate is one of these simple ideas, which is blindly obvious, that

equilíbrio à legislatura.

E, além das vantagens políticas, há outras de certa ordem. Quem me impede a mim, se for Senador do Espírito Santo, quem me impede de mandar imprimir cartões: *Fulano de tal, Senador?* Ou então: *O Senador Fulano de tal*, sem mais nada? Podem confundir-me, é verdade, com os Senadores do império; mas que tenho eu com as confusões dos outros? Posso responder pela lucidez do espírito alheio? Hei de mandar pôr o meu retrato nos cartões? etc., etc.

A única objeção que se pode fazer ao Senado provincial, é tornar ainda mais ininteligível a política do Ceará. Quando os paula-aquirases e os ibiapaba-pompeus tiverem outro campo de divisão, certamente o problema ficará mais complexo. Mas, francamente, coração nas mãos. Há alguém que presuma decifrar aquilo no estado atual? Deixem-se de fumaças. Dobradas as dificuldades, subdivididos os partidos em ibia-pom-las, e peu-aqui-pabas, fica o mesmo *volapuk*, com a diferença que, por ora, ainda há gente que queima as pestanas para ver se percebe o que é; quando vierem o Senado e a subdivisão, deixaremos o caso aos americanistas de ofício.

BOAS NOITES.

Publicação Original: Rio de Janeiro: *Gazeta de Notícias*, 06.07.1888, N.187, p.2.

brings balance to the legislature.

And, besides the political advantages, there are others of a certain order. Who prevents me, if I am a Senator from Espírito Santo,[11] who prevents me from sending cards: *So-and-so, Senator*? Or: *The Senator So-and-so*, with nothing else? They may mistake me, it's true, for the Senators of the empire; but what have I to do with the confusions of others? Can I answer for the lucidity of the spirit of others? Shall I put my picture on the cards? Etc., etc.

The only objection that can be made to the provincial Senate is that it makes the policy of Ceará[12] even more unintelligible. When the paula-aquirases and the ibiapaba-pompeus[13] have another field division, the problem will certainly become more complex. But frankly, sick at heart, is there anyone who presumes to decipher it in its present state? Don't be vain. After the difficulties were curbed, the parties subdivided into ibia-pom-las and peu-aqui-pabas,[14] the same volapuk[15] remained, with the difference that, for the time being, there are still people burning the midnight oil to see if they perceive what it is about; when the Senate and the subdivision come, we will leave the case to the Americanists[16] on-duty.

GOOD NIGHTS.

Original Publication: Rio de Janeiro: *Gazeta de Notícias*, 06.07.1888, N.187, p.2.

15

Nesta crônica, o narrador critica a imitação de hábitos britânicos na Câmara dos Deputados brasileira, que não tem sessões aos sábados como forma de imitar a Câmara dos Comuns inglesa.

15 de julho de 1888

BONS DIAS!

Não gosto de ver censuras injustas.

Há dias, um eminente Senador disse que a Câmara dos Deputados era a câmara de dois domingos, e disse a verdade, porque ali um sábado e um domingo são a mesma coisa. Não a censurou por isso, entretanto, mas por adiar para o sábado os requerimentos, isto é, mandar-lhes o laço de seda com que eles se enforquem logo.

Sejamos justos. A Câmara, não fazendo sessão aos sábados, obedece a um alto fim político: imitar a Câmara dos Comuns ingleses, que nesse dia também repousa. Deste modo, aproxima-nos da Inglaterra, *berço das liberdades parlamentares*, como dizia um mestre que tive e que me ensinou as poucas ideias com que vou acudindo as misérias da vida. Dele é que herdei a *espada rutilante da injustiça*,—o *timeo Danaos*,—o *devolvo-lhe intacta a injúria*, e outros vinténs mais ou menos magros.

Dir-me-ão que os comuns ingleses descansam no sábado, porque ficam estafados das sessões de oito, nove e dez horas, que é o tempo

15

In this chronicle, the narrator criticizes the imitation of British habits in the Brazilian House of Representatives, which does not have sessions on Saturdays as a way to imitate the English House of Commons.

July 15, 1888

GOOD DAYS!

I don't like to see unfair censures.

Some days ago, an eminent Senator said that the House of Representatives was the two Sundays house, and he told the truth, because a Saturday and a Sunday are the same thing there. He didn't criticize it for this, however, but for postponing the applications to Saturday, that is, sending them the silk noose with which they'll soon hang themselves.

Let's be fair. The House, not sitting on Saturdays, obeys a high political purpose: to imitate the English House of Commons, which also rests on that day. This way it draws us closer to England, *cradle of parliamentary freedoms*, as a teacher I had said and who taught me the few ideas with which I go through the miseries of life. It's from him that I have inherited the *gleaming sword of injustice,*—the *timeo Danaos*,[1]—*I return his injury unharmed*, and other more or less meager bits.

People will tell me that the English House of Commons rests

que elas duram nos demais dias.

É verdade; mas cumpre observar que os comuns começam a trabalhar de tarde e vão pela noite dentro, depois de terem gasto a primeira parte do dia nos seus próprios negócios. Deste modo estão livres e prontos para ir até a madrugada, se preciso for. Trabalham com a fresca, despreocupados, tranquilos. Não acontece o mesmo conosco. As nossas sessões parlamentares começam ao meio-dia, hora de calor, sem dar tempo a fazer alguma coisa particular; e depois o clima é diferente. Nem já agora é possível tornar aos sábados. O Sr. Barão de Cotegipe disse que desde 1826 dormem projetos de lei nas pastas das comissões do Senado, com os requerimentos da Câmara deve acontecer a mesma coisa, mas suponhamos que só começam em 1876...

Censuras não faltam. Já ouvi censurar um dos nossos costumes parlamentares, que justamente mais me comovem; refiro-me ao de levantar a sessão, quando morre algum dos membros da casa. A notícia é dada por um deputado ou senador, que faz um discurso, pondo em relevo as qualidades do finado. Às vezes o defunto não prestou ao Estado o menor serviço; não importa, essa é justamente a beleza do sistema democrático e de igualdade que deve reger, mais que todos, os corpos legislativos. Para o parlamento, como para a morte, como para a Constituição, todos são legisladores, todos merecem igual cortesia e piedade.

Os censuradores alegam que este uso não existe em parte nenhuma, fora daqui. O argumento Aquiles (como me diria o citado mestre) é que, tendo sido as câmaras inventadas para tratar dos negócios públicos, a morte de um de seus membros deve pesar menos, muito menos, que o dever social. Daí o discurso em que o presidente

on Saturday because they're exhausted from the eight, nine, and ten hours sessions, which is how long they last on other days.

It is true; but it should be noted that the Commons begin to work in the afternoon and go into the night after spending the first part of the day on their own business. This way they're free and ready to work until dawn, if need be. They work fresh, unconcerned, quiet. It's not the same with us. Our parliamentary sessions begin at noon, the peak of the heat, without time to do something private; and also, the weather is different. Even now it's not possible to return to Saturdays. Mr. Barão de Cotegipe[2] said that since 1826, bills have been dormant in the briefcases of the Senate's committees;[3] the same thing might happen with the applications of the House, but let's suppose that they only started in 1876...

There's no lack of criticism. I have heard people criticizing one of our parliamentary wonts, rightly the one which moves me the most; I am referring to the one of canceling the session, when one of the members of the house dies. The news is given by a deputy or senator, who makes a speech, highlighting the qualities of the deceased. Sometimes the deceased didn't render the state the least service; it doesn't matter, this is precisely the beauty of the democratic and egalitarian system that must govern, more than any others, the legislative bodies. For parliament, as for death, as for the Constitution, they're all legislators; they all deserve equal courtesy and mercy.

The critics claim that this use doesn't exist anywhere, outside of here. The Achilles argument (as the aforementioned master would tell me) is that, since the houses were invented to deal with public affairs, the death of one of its members must weigh less, much less, than social duty. Hence the speech in which the president must announce

deve noticiar a morte, com palavras de saudade, e passar à ordem do dia.

Os preconizadores de hábitos peregrinos chegam a citar o que agora mesmo se deu no parlamento de Inglaterra, quando chegou a notícia da morte do genro da rainha, que não era membro da Câmara dos Lords, mas podia sê-lo, se não fosse Imperador da Alemanha. A notícia foi comunicada a ambas as câmaras por um ministro; respondeu-lhe o *leader* da oposição, e continuaram os trabalhos, durante os da Câmara até às duas da madrugada.

Mas quem não vê que nem o exemplo nem o argumento servem ao nosso caso?

Quanto ao exemplo, basta considerar que, posto que o imperador fosse um digno e grande homem, não era membro ele de nenhuma das casas. Fizeram-se mensagens à rainha e à imperatriz.

Além disto, pode ser que, realmente, nesse dia houvesse negócios urgentes. Digo isto, porque o discurso do ministro na Câmara dos Lords, respeitoso e grave, ocupa apenas doze linhas no *Times,* e o da oposição onze. Na dos Comuns, o do ministro tem nove linhas, o da oposição oito. Cabe ainda notar que ninguém mais falou. Finalmente, dali em diante proferiram-se na Câmara dos Comuns, sobre diversos projetos, mais de cinquenta discursos.

Quanto ao argumento, não há nada mais falho. É certo que as câmaras foram criadas para curar principalmente dos negócios públicos; mas onde é que constituições escritas revogaram leis do coração humano? Podem transtorná-las, é certo, como na dura Inglaterra, na França inquieta, na Itália ambiciosa; mas tais são as nossas condições. Demais, a veneração dos mortos cimenta a amizade dos vivos.

the death, with words of *saudade*,[4] and move on into the order of the day.

The preachers of pilgrim habits go so far as to quote what has now taken place in the Parliament of England, when word came of the death of the queen's son-in-law, who was not a member of the House of Lords, but could have been, if he weren't Emperor of Germany.[5] The news was communicated to both houses by a minister; the leader of the opposition replied, and the works continued, the works of the House lasting until two in the morning.

But who cannot see that neither example nor argument serves our case?

As to the example, it's sufficient to consider that, even though the emperor was a great and worthy man, he wasn't a member of any of the houses. Messages were sent to the queen and empress.

Besides, it could well be that there was really urgent business on that day. I say this, because the speech of the minister, respectful and grave, in the House of Lords occupies only twelve lines in the *Times*, and that of the opposition occupies eleven. In the Commons, the minister has nine lines, the opposition eight. It should be noted that no one else spoke. Finally, more than fifty speeches were made, on several projects, in the House of Commons.

As for the argument, there is nothing more flawed. It's true that the houses were created to deal mainly with public affairs; but where have written constitutions revoked laws of the human heart? They can upset them, that's true, like in severe England, in restless France, in ambitious Italy; but such are our conditions. Moreover, the veneration of the dead cements the friendship of the living.

Let us agree. If the House doesn't meet on Saturdays, to

Bons Dias!

Ponhamo-nos de acordo. Se a Câmara não faz sessão aos sábados, para acompanhar a dos Comuns, aqui-d'el-rei. Se não acompanha a dos Comuns, e se vai embora, sempre que morre algum membro, terá igual censura. Ponhamo-nos de acordo.

BOAS NOITES.

Publicação Original: Rio de Janeiro: *Gazeta de Notícias*, 15.07.1888, N.196, p.2.

accompany the Commons, God-save-us. If it doesn't accompany the Commons, and if it leaves, whenever a member dies, it will get the same criticism. Let us agree.

GOOD NIGHTS.

Original Publication: Rio de Janeiro: *Gazeta de Notícias*, 15.07.1888, N.196, p.2.

16

Nesta crônica o narrador está zombando do Espiritualismo, que fez muito sucesso no Brasil devido ao hábito de se imitar tudo o que vinha da França naquela época.

19 de julho de 1888

BONS DIAS!

Quem me não fez bei de Túnis cometeu um desses erros imperdoáveis, que bradam aos céus.

Suponhamos por um instante que eu era bei de Túnis. Antes de mais nada, tinha prazer de viver em Túnis, que é um dos meus mais desenfreados desejos. Depois, não entendia nada do que me dissessem, nem os outros me entendiam, e, para estabelecer relações cordiais, não há melhor caminho. O Sr. Von Stein fez-se amigo dos índios do Xingu, recitando versos de Goethe.

Não perderia o gosto cá do Rio, porque levaria naturalmente assinaturas de jornais; leria tudo, a questão da revista cível n° 10.893, o imortal processo do Bíblia, os debates do parlamento, os manifestos políticos, etc. Quando alguma coisa me parecesse dita ou escrita em dialeto barbaresco, teria o meu colégio de intérpretes, que me explicaria tudo.

Não indo mais longe, acabo de ler no discurso do Sr. Senador Leão Velloso uma frase, que, se eu estivesse em Túnis, não lhe perderia o sentido. S. Exa. declarou que a vitaliciedade do cargo não o segregou

16

*In this chronicle the narrator is mocking Spiritualism, which
was very successful in Brazil given the habit of imitating
everything that came from France at that time.*

July 19, 1888

GOOD DAYS!

Whoever hasn't made me bey of Tunis[1] has committed one of those unforgivable mistakes, which cries out to the heavens.

Let us suppose for a moment that I was bey of Tunis. First of all, I was happy to live in Tunis, which is one of my most unbridled desires. Then, I wouldn't understand anything of what they said to me, nor did the others understand me, and, to establish cordial relations, there is no better way. Mr. Von den Stein[2] made friends with the Xingu Indians reciting verses from Goethe.

I wouldn't miss the taste of Rio, because I'd naturally take newspaper subscriptions; I'd read everything, the issue of the civil appeal N. 10.839,[3] the eternal process of Custódio Bíblia,[4] the debates of the parliament, the political manifestos, etc. When something seemed to be said or written in a barbarian dialect, I would have my group of interpreters, who would explain everything to me.

Not going any further, I have just read in Senator Leon Velloso's speech[5] a phrase which, if I were in Tunis, wouldn't lose its meaning. His Excellency stated that the lifelong aspect of the post didn't

daqueles que o elegeram. Ora, os que o elegeram vão morrendo e hão de ir morrer todos, como já devem ter morrido os que elegeram o Sr. Visconde do Serro Frio. Como é que não há segregação! Há e é uma das vantagens da instituição. Se em 1871 os Srs. Silveira Martins e Barão de Mauá fossem vitalícios, não haveria o recurso aos eleitores, que pôs o Sr. Mauá fora da Câmara. Quando o primeiro desafiasse o segundo a irem pleitear ante os eleitores liberais o procedimento de ambos, responderia o Sr. Mauá:

"Mas, meu caro colega, os meus eleitores estão mortos. Há dois dias vivia o Bandeira, de Pelotas; pois morreu, aqui está o telegrama, que recebi agora mesmo da família. Sabe que somos velhos conhecidos...

Entretanto, aquela frase, que em português dá este resultado, talvez possa ser explicada pelo arábico, mas eu não sou bei de Tunes.

Outras muitas coisas me explicará o colégio de intérpretes. Não as digo todas; mas aqui vai mais uma.

Os espiritistas brasileiros acabam de dar um golpe de mestre. Apareceu por aqui um médium, Dr. Slade é o seu nome, com a fama de ser prodigioso. A Federação Espírita Brasileira nomeou uma comissão para estudar os fenômenos de escritura direta sobre ardósias e outros efeitos físicos produzidos com o médium. Pois, senhores, não achou que o homem valesse a fama; declarou que os trabalhos ficaram muito abaixo do que esse mesmo médium conseguiu na Inglaterra, França, Alemanha, Estados Unidos e Austrália. É verdade que a própria Federação explica a diferença: "Todos os que estudam os fenômenos espirísticos (diz ela) conhecem que as mediunidades estão sujeitas a esses eclipses." E noutro lugar: "Sabem todos que os invisíveis não estão servilmente à nossa disposição."

Ora tudo isto, que parece algaravia, sendo lido do por um espiritista, é como a língua de Voltaire, pura, límpida, nítida, e fácil:

segregate him from those who elected him. Well, those who elected him are going to die and all will die, like those who elected Mr. Visconde do Serro Frio[6] might have died already. How come there is no segregation! There is, and it's one of the advantages of the institution. If in 1871 Messrs. Silveira Martins and Barão de Mauá[7] were there for life, there would be no way out for the electors, who took Mr. Mauá out of the House.[8] When the former challenged the latter to plead before the liberal voters the procedure of both, Mr. Mauá would have answered:

"But, my dear colleague, my constituents are dead. Two days ago Bandeira,[9] from Pelotas,[10] was alive. So he died, here is the telegram, which I received just now from the family. You know we're old acquaintances..."

However, that phrase, which in Portuguese has this result, can perhaps be explained in Arabic, but I am not bey of Tunis.

There are many other things that the college of interpreters will explain to me. I'm not saying them all; but here's another one.

The Brazilian spiritualists have just performed a master stroke. A medium has appeared here, Dr. Slade[11] is his name, with the reputation of being prodigious. The Brazilian Spiritist Federation appointed a commission to study the phenomena of direct writing on slates and other physical effects produced through the medium. So, gentlemen, it didn't think the man was worthy of fame; and stated that the work was far below what the same medium in England, France, Germany, the United States and Australia. It's true that the Federation itself explains the difference: "Everybody who studies spiritualistic phenomena (it says) knows that mediums are subject to these eclipses." And elsewhere: "They all know that the invisible aren't servilely at our disposal."

"Os invisíveis não estão servilmente à nossa disposição!" Não falo do enriquecimento da língua com a palavra mediunidade, que é nova, sem ser esbelta.

Fosse eu bei de Tunes, e o meu colégio me explicaria tudo isso e mais isto: "Somente lamentamos que nesses eclipses da sua faculdade, o *medium*, sem dúvida por sugestões malignas, busque simular os fenômenos que obtém nas condições normais..."

Ao que parece, o *medium* não só foi (com perdão da palavra) apenas *minimum*, mas até procurou embaçar a Federação. Não andou bem; e a Federação cumpriu o seu dever desvendando as sugestões malignas. Nem pareça que isto mesmo foi sugestão de despeito; a Federação conclui francamente aquele período: "... fato aqui plenamente verificado."

Valha-me Nossa Senhora! Que porção de coisas abstrusas, que eu nunca hei de entender! E daí, quem sabe? Schopenhauer chegou a crer nas *mesas que giram*; há quem acredite no casamento da constituição americana com o sistema parlamentar. Não é muito acreditar nos motivos do eclipse do Dr. Slade, mesmo sem entendê-los... Ah! porque não me fazem bei de Túnis!

BOAS NOITES.

Publicação Original: Rio de Janeiro: *Gazeta de Notícias*, 19.07.1888, N.200, p.2.

All this, which seems gibberish, being read by a spiritualist, is like Voltaire's language, pure, clear, sharp, and easy: "The invisible aren't servilely at our disposal!" I don't speak of the enrichment of the language by the word mediumship, which is new, without being elegant.

If I were bey of Tunis, my college would explain all this to me and also this: "We only regret that in these eclipses of his faculties, the medium, no doubt by malignant suggestions, seeks to simulate the phenomena he obtains under normal conditions..."

Apparently, the medium wasn't only (with pardon of the word) minimum, but even sought to obscure the Federation. He didn't do well; and the Federation fulfilled its duty by unveiling the evil suggestions. Nor does this seem to be a suggestion of spite; the Federation frankly concludes that period: "... fact here fully verified."

Dear me, Our Lady! What a lot of abstruse things, which I will never understand! So, who knows? Schopenhauer[12] came to believe in the revolving tables; there are those who believe in the marriage of the American constitution to the parliamentary system. It's not much to believe in the motives of Dr. Slade's eclipse, even without understanding them... Ah! Why don't they make me bey of Tunis!

GOOD NIGHTS.

Original Publication: Rio de Janeiro: *Gazeta de Notícias*, 19.07.1888, N.200, p.2.

17

*Nesta crônica Machado comenta o fato de que um poeta
perdeu as eleições na Câmara dos Deputados, o narrador
zomba da tendência brasileira a ter poetas e escritores
eleitos politicos, citando José de Alencar e José Bonifácio de
Andrada e Silva como exemplos.*

29 de julho de 1888

BONS DIAS!

Antes de mais nada, deixem-me dar um abraço no Luiz Murat, que
acaba de não ser eleito deputado pelo 12º distrito do Rio de Janeiro. Eu já tinha escovado a casaca e o estilo para o enterro do poeta
e o competente necrológio; ninguém está livre de uma vitória eleitoral.
Escovei-os e esperei as notícias.

Vieram elas, e não lhe digo nada: dei um salto de prazer. Cheguei
à janela; vi que as rosas,—umas grandes rosas encarnadas que Deus
me deu,—vi que estavam alegres e até dançavam, a música era um
bater de asas de pássaros brancos e azuis, que apareceram ali vindos
não sei donde, nem como.

Sei que eram grandes, que batiam as asas, que as rosas bailavam
e que as demais plantas pareciam exalar os melhores cheiros. Umas
vozes surdas diziam rindo: Murat, derrotado, Murat, derrotado.

E que bonita derrota, Deus de misericórdia! Podia perder a
eleição por vinte ou trinta votos; seria então um meio desastre, porque
abria novas e fundadas esperanças. Mas, não, senhor, a derrota foi

17

*In this chronicle Machado comments on the fact that a
poet lost the elections in the House of Representatives, the
narrator mocks the Brazilian tendency of having writers and
poets elected as politicians, citing José de Alencar and José
Bonifácio de Andrada e Silva as examples.*

July 29, 1888

GOOD DAYS!

First of all, let me give a hug to Luiz Murat,[1] who has just not been elected deputy for the 12th district of Rio de Janeiro. I had already brushed dress-coat and style for the burial of the poet and the competent eulogy; no one is free of an electoral victory. I brushed them off and waited for the news.

They came, and I tell you nothing else: I jumped with pleasure. I went to the window; I saw that the roses,—the large red roses that God gave me,—I saw that they were happy and even danced, the music was a flutter of white and blue birds that appeared there, I don't know from where or how.

I know they were big, they flapped their wings, the roses danced, and the other plants seemed to exude the best odors. Deafening voices said laughing: Murat, defeated, Murat, defeated.

And what a beautiful defeat, God of mercy! He could lose the election by twenty or thirty votes; it would then be a half-disaster, because it opened new and well-founded hopes. But, no, sir, the defeat

completa; nem cinquenta votos. Por outros termos, é um homem liberto; teve a sua lei de 13 de maio: "Art. 1º Luiz Murat continuará a compor versos. Art. 2º. Ficam revogadas as disposições em contrário."

Não é que seja mau ter um lugar na Câmara. Tomara eu lá estar. Não posso; não entram ali relojoeiros. Poetas entram, com a condição de deixar a poesia. Votar ou poetar. Vota-se em prosa, qualquer que seja, prosa simples, ruim prosa, boa prosa, bela prosa, magnífica prosa, e até sem prosa nenhuma, como o Sr. Dias Carneiro, para citar um nome. Os versos, quem os fez, distribui-os pelos parentes e amigos e faz uma cruz às musas. Alencar, (e era dos audazes) tinha um drama no prelo, quando foi nomeado ministro. Começou mandando suspender a publicação; depois fê-lo publicar sem nome de autor. E note-se que o drama era em prosa...

Suponhamos que Luiz Murat saía eleito, e que seu rival, o Augusto Teixeira é que ficava com os quarenta votos. Com certeza, os versos de Murat não passavam a ser feitos pelo Teixeira, e era talvez, uma vantagem. Em todo caso, ficávamos sem eles. Onde estão os do Dr. Afonso Celso? José Bonifácio, se os fazia, enterrava-os na chácara... Podia citar outros, mas não quero que a Câmara brigue comigo.

Vá lá outro abraço, e adeus. Agora é arrazoar de dia no escritório de advogado, e versejar de noite. Não fazem mal as musas aos doutores, disse um poeta; podem fazê-lo aos deputados.

Antes de mais nada, disse eu a princípio; mas francamente não vi se tinha mais alguma coisa que dizer. Prefiro calar-me, não sem comunicar aos leitores uma notícia de algum interesse.

Os leitores pensam com razão que são apenas filhos de Deus, pessoas, indivíduos, meus irmãos (nas prédicas), almas (nas estatísticas), membros (nas sociedades), praças (no exército), e nada mais. Pois são ainda uma certa coisa,—uma coisa nova, metafórica,

was complete: not even fifty votes. In other words, he is a freed man; he had his May 13 law: "Art. 1, Luiz Murat will continue to compose verses. Art. 2, The opposite provisions are revoked."

It's not as if it's bad to have a seat in the House.[2] God grant me I'd be there. I cannot; watchmakers don't get there. Poets get, on the condition of leaving poetry. To vote or to poetize. One votes in prose, whatever it is, simple prose, bad prose, good prose, beautiful prose, magnificent prose, and even without prose, like Mr. Dias Carneiro,[3] to name a name. The verses, whoever makes them, distributes them to relatives and friends and crosses the muses. Alencar,[4] (and he was one of the audaciou ones) had a drama in the press when he was appointed minister. He began by having the publication suspended; then had it published without the author's name. And notice that the drama was a prose...

Let's suppose Luiz Murat was elected, and that his rival, Augusto Teixeira,[5] was the one who had the forty votes. Certainly, Murat's verses wouldn't be written by Teixeira, and it was perhaps an advantage. In any case, we would be left without them. Where are those of Dr. Afonso Celso?[6] José Bonifácio,[7] if he wrote them, buried them in the house... I could mention others, but I don't want the House fighting with me.

Here goes another hug, and goodbye. Now it's time to reason in the lawyer's office, and versify at night. The muses don't harm the doctors, said a poet; but may do so to the deputies.

First of all, I said at first; but frankly I didn't see if I had anything else to say. I'd rather shut up, not without telling the readers news of some interest.

Readers rightly think that they are only children of God, people, individuals, my brothers (in preaching), souls (in statistics), members

original.

Ontem indo eu no meu *bond* das tantas horas da tarde para (não digo o lugar), ao entrarmos no Largo da Carioca, costeamos outro *bond*, que ia enfiar pela Rua de Gonçalves Dias. O condutor do meu *bond* falou ao do outro para dizer que na viagem que fizera da estação do Largo do Machado até a cidade, trouxe um só passageiro. Mas não contou assim, como aí fica; contou por estas palavras: "Que te dizia eu? Fiz uma viagem à toa; apenas pude apanhar um carapicu…"

Aí está o que é o leitor: um carapicu. Um carapicu este seu criado; carapicus os nossos amigos e inimigos. Aposto que não sabia desta? Carapicu… Como metáfora, é bonita; e podia ser pior.

BOAS NOITES.

Publicação Original: Rio de Janeiro: *Gazeta de Notícias*, 29.07.1888, N.210, p.2.

(in societies), soldiers (in the army), and nothing more. For they're still a certain thing,—a new, metaphorical, original thing.

Yesterday I went on my trolley of such hours in the afternoon to (I don't say the place), when we entered Largo da Carioca,[8] we took another trolley, which was going to drive through Rua Gonçalves Dias.[9] The driver of my trolley spoke to the other to say that on the trip he had made from Largo do Machado[10] station to the city, he brought only one passenger. But he didn't tell it like that; he said: "What did I tell you? I made a trip for nothing; just couldn't get a *carapicu*..."[11]

Here's what the reader is: a *carapicu*. A *carapicu* this servant of yours; *carapicus* our friends and enemies. I bet you didn't know this one? *Carapicu*... As a metaphor, it's beautiful; and it could be worse.

GOOD NIGHTS.

Original Publication: Rio de Janeiro: *Gazeta de Notícias*, 29.07.1888, N.210, p.2.

18

O narrador critica a foco excessivo no crime passional da Rua Uruguaiana ,pelo fato de que este estava desviando a atenção do público em relação a outro crime ocorrido na cidade do Bananal ,São Paulo ,crime este que refletia as tensões abolicionistas entre fazendeiros no interior do Brasil.

7 de agosto de 1888

BONS DIAS!

A pesar desta barretada e da minha usual cortesia, fiquem saben-do que ando armado; trago aqui uma pistola, para meter uma bala na cabeça do primeiro que me falar ainda em Maria das Dores, Umbelino, Ramos, Villar, e o mais que se prende ao crime da Rua da Uruguaiana.

Crimes, em se tornando longos, aborrecem; os próprios crimes políticos perdem o sabor, com o tempo; mas, enfim, vão vivendo. Olhem o caso do Bananal; esse está ainda fresco, cheio de interesse e significação. Trata-se de família dividida por política, um sobrinho, um tio, alguns tiros, assassinato; é a primeira feição; segunda feição: pelos depoimentos se conclui que uma das causas recentes do ato foi haver passado o comando superior da Guarda Nacional, do tio (Comendador Nogueira) para o sobrinho (Coronel Ramos). Tudo isto vale mais que trinta delitos da Rua da Uruguaiana.

Há ainda uma terceira feição no processo do Bananal. Uma das testemunhas depôs que a vida do Coronel Ramos e a de outras

18

*The narrator criticizes the excessive focus on the passionate
crime of Rua da Uruguaiana, because it was deviating
the public's attention from another crime that occurred in
the city of Bananal, a crime that reflected the abolitionist
tensions between landowners in the countryside of Brazil.*

August 7, 1888

GOOD DAYS!

Despite this doffing and my usual courtesy, know that I'm armed; I have a pistol here to put a bullet in the head of the first one who still speaks to me of Maria das Dores, Umbelino, Ramos, Villar,[1] and everything else which is linked to the crime of Rua Uruguaiana.[2]

Crimes, in the long-term, annoy. Political crimes themselves lose their flavor over time; but, in the end, go on living. Look at the Bananal case;[3] this one is still fresh, full of interest and meaning. It's about a family divided by politics, a nephew, an uncle, some shots, murder; this is the first aspect; the second aspect: from the testimonies it's concluded that one of the causes of the act was the passing of the superior command of the National Guard,[4] from the uncle (Comendador Nogueira)[5] to the nephew (Colonel Ramos).[6] All this is worth more than thirty crimes on Rua Uruguaiana.

There is also a third aspect in the Bananal process. One of the witnesses testified that Colonel Ramos' and other people's lives were *em quitanda*.[7] This feature is purely language and style. We see here

pessoas andavam *em quitanda*. Esta feição é puramente de língua e de estilo. Vemos aqui uma expressão nova,—ao menos para mim,—nova e brasileira, genuinamente brasileira; expressão da roça, que bem merece direito de cidade. Estar com a vida *em quitanda*, pôr a vida *em quitanda*... Até por isto há mais interesse no crime do Bananal.

Não falarei das duas primeiras. A segunda principalmente é muito significativa. Esse rancor deixado ou acrescido com a troca de um posto de comandante superior da Guarda Nacional há de atrapalhar (ou quem sabe se esclarecer em muitos casos?) o historiador futuro. Terrível Guarda Nacional! Tu és mansa, tu és pacífica, tu chegas mesmo a não existir; mas quão funestos são os ódios que deixas! Verdade é que costumas consolar também. Possuo um retrato de mil oitocentos e sessenta e tantos; é de um varão, agora defunto, e que por esse tempo já não era nada; quero dizer, era isto que se lê por baixo da litografia da casa Sisson: *"Ao Ilustríssimo Senhor Fulano, ex-major do batalhão de reserva, oferecem, etc..."*

Ex-major e da reserva! Tão pouca coisa consolava o homem, e até lhe dava certo orgulho, porque a figura é altiva, e marcial. Ex-major e da reserva!

Há de haver algum mistério nessa instituição. Eu, ainda rapaz, já achava esquisito que os liberias de outros países a quisessem, e que os do nosso falassem sempre em exntingui-la. Concluí que não era a mesma coisa; mas então o que era? Agora mesmo, para complicar mais o problema, o indiciado Nogueira (do Bananal) é paralítico; estado que parece impedir qualquer comando superior ou inferior. Não entendo; duvido que alguém chegue a entendê-lo nunca.

Há outra espécie de crimes, que, não se tendo dado, são mais interessantes que o da Rua da Uruguaiana. Não há muito, em discurso na Câmara dos Deputados, declarou o Sr. Zama que tivera

a new expression—at least for me—new and Brazilian, genuinely Brazilian; An expression of the countryside, which deserves a right to the city. To have one's life *em quitanda*, to put one's life *em quitanda*... For this reason there is more interest in the Bananal crime.

I won't speak of the first two. The second, mainly, is very significant. This grudge left over by the exchange of a post of commander-in-chief of the National Guard will hinder (or perhaps clarify in many cases?) the future historian. Terrible National Guard! You are meek, you are peaceful, you even do not exist; but how hideous are the hatreds that you leave! Truth is that you usually console yourself too. I have a portrait of one thousand six hundred and sixty-one; it is of a man, now defunct, and who by that time was already nothing; I mean, this is what is read under the lithograph of the Sisson[8] house: "To the Most Illustrious Mr. So-and-so, former major of the reserve battalion, they offer..." etc.

A former major and of the reserve! It consoled the man so little and even gave him a certain pride, because the figure is haughty, and martial. Former major and of the reserve!

There has to be some mystery in this institution. I, as a young man, already thought it strange that the liberals of other countries wanted it, and that those of ours always spoke of extinguishing it. I concluded that it wasn't the same thing; but then what was it? Right now, to further complicate the problem, the indicted Nogueira (of Bananal) is paralytic; a state that seems to prevent any upper or lower command. I don't understand; I doubt that anyone will ever understand it.

There are other varieties of crimes, which, if not happening, are more interesting than the one of Rua da Uruguaiana. Not long ago in a speech in the Chamber of Deputies, Mr. Zama[9] stated that he had had three cases on his back, one of them for murder; and Mr. Barão

três processos às costas, sendo um deles por crime de morte; e o Sr. Barão de Geremoado respondeu, em aparte, que fora processado igual número de vezes, sendo uma vez por assassinato. Contaram isso, ninguém se admirou, ninguém lhes negou a mão, tomaram café com os colegas, e lá estão nos seus lugares; a razão é que toda a gente sabe que são crimes supostos; se morte houve, não houve assassinato. São truques políticos.

Outro gênero de crimes, que não deixa de ser curioso, é o crime de *resistência*. Um ex-deputado, há tempos, dissolvida uma câmara, disse-me que não ia pleitear a eleição no distrito, à vista da agitação política. Se lá fosse, era preso, *resistia*, e ficava morto na luta.

"Pois não resista," disse-lhe eu.

"Ah! Isso é impossível; ainda que eu vá tranquilo, rezando comigo, obediente, hei de *resistir* por força; o meu distrito é assim. *Resiste-se*, morre-se na luta.

Ora, digam-me se qualquer de tais crimes não é muito mais interessante do que o da Rua da Uruguaiana. Este não tem o sabor dos outros, nem envolve os mesmos problemas... Portanto, repito, trago aqui uma pistola e estou pronto a disparar sobre quem me vier falar de Maria das Dores... É verdade que, se tal caso se der, será justamente a parte interessante do crime da Rua da Uruguaiana, não só pelas qualidades que me exornam, como porque será a última vez que lhes dê as minhas

BOAS NOITES.

Publicação Original: Rio de Janeiro: *Gazeta de Notícias*, 07.08.1888, N.219, p.1.

de Geremoado[10] replied, in an incidental remark, that he had been tried the same number of times, once for murder. That said, no one was surprised, no one withheld him a hand, they had coffee with their colleagues, and there they were in their places. The reason is that everyone knows they are supposed crimes; If death happened, there was no murder. These are political tricks.

Another type of crime, which is curious, is the crime of *resistance*. A former deputy, some time ago, the chamber being dissolved, told me that he wouldn't run for the election in the district, in the face of political unrest. If he went there, he would be arrested; he would *resist*, and be killed in the fight.

"Well, don't resist," I said.

"Oh! This is impossible; even if I go there quietly, praying to myself, obedient, I will *resist* by force; my district is like that. One *resists*, one dies in the fight.

Now, tell me if any of these crimes aren't much more interesting than the one of Rua da Uruguaiana. This one doesn't have the taste of the others, nor does it involve the same problems... So, I repeat, I have a pistol here and I'm ready to shoot anyone who talks to me about Maria das Dores... It's true that, if such case happens, it'll be exactly the interesting part of the crime of Rua da Uruguaiana, not only because of the qualities that appeal to me, but because it'll be the last time I give you my

GOOD NIGHTS.

Original Publication: Rio de Janeiro: *Gazeta de Notícias*, 07.08.1888, N.219, p.1.

19

O narrador usa a moderna geologia para criticar a estagnação política sentida na época, quado o imperador D. Pedro II voltou de uma longa viagem pela Europa, durante a qual a escravidão foi abolida por sua filha, Princesa Isabel.

26 de agosto de 1888

BONS DIAS!

Agora que tudo está sossegado, aqui venho de chapéu na mão e dou-lhes os *bons dias* de costume. Como passaram do outro dia para cá? Eu bem. Vi a chegada do Imperador, as manifestações públicas, as ilustrações, e gostei muito. Dizem que houve na Rua do Ouvidor uns petelecos e não sei até se algum sangue; mas, como eu não piso na Rua do Ouvidor desde 1834 não tenho sequer este delicioso prazer de saber que escapei de boa. Não escapei de nada.

Estou a ver aqui a cara do leitor, os olhos curiosos que estica em mim, afim de adivinhar o que vai acontecer nestes seis meses mais próximos, em relação à política. Bate a ruim porta, meu amigo. Eu, se pudesse saber alguma coisa, compunha um *almanack*, gênero Ayer, anunciando as tempestades ou simples aguaceiros. Mas não sei nada, coisa nenhuma. Moram aqui perto um deputado e um senador, com quem me dou; mas parece que também não sabem nada. A única coisa positiva é que a primavera começa em setembro e que a semana dos quatro domingos ainda não está anunciada. É verdade que, tendo um

19

*The narrator uses modern geology to criticize the political
stagnation felt at that time, when D. Pedro II returned from
a long trip to Europe, during which slavery was abolished by
his daughter, Princess Isabel.*

August 26, 1888

GOOD DAYS!

Now that everything is quiet, I come here with my hat in my hand
and give you the usual *good days*. How are you since the other
day? I'm well. I saw the arrival of the Emperor, the public demonstrations, the illustrations, and I really enjoyed them.[1] They say that there
were some tiffs at Rua do Ouvidor,[2] and I don't know if even some
blood;[3] But as I haven't been at Rua do Ouvidor since 1834, I don't
even have this delightful pleasure to know that I had a narrow escape.
I haven't escaped anything.

I can see the reader's face here, the curious eyes that he stretches
out on me, in order to guess what will happen in the next six months,
regarding politics. You knock at a bad door, my friend. I, if I could
know anything, would write an almanac, Ayer's style,[4] announcing the
storms or simple downpours. But I don't know anything, nothing at all.
A deputy and a senator, with whom I get along well, live nearby; but
it seems they also know nothing. The only positive thing is that Spring
starts in September, and that the week of the four Sundays hasn't been
announced yet. It's true that, having a modern geologist calculate that

geólogo moderno calculado que a duração da terra vai a mais de um milhão de séculos, há tempo de esperar alguma coisa, ainda quando o milhão de séculos deva ter um grande desconto, para a nova vida, desde que se apague o sol, isto é, daqui há dez milhões de anos.

O que me agrada particularmente nos mestres da Astronomia são os algarismos. Como essa gente joga os milhões e bilhões! Para eles, umas mil léguas representam pouco mais que de Botafogo ao Catete... Creio que é Catete que ainda se diz; avisem-me quando for João Alves... E o tempo? Quem não tiver cabeça rija cai por força no chão; dá vertigens todo esse turbilhão de números inumeráveis. Ainda não vi astrônomo que, metendo a mão no bolso, não trouxesse pegados aos dedos uns dez mil anos pelos menos. Como lhes devem parecer ridículas as nossas semanas! A própria moeda nacional, inventada para dar estímulo e grandeza à gente, os seiscentos, os oitocentos mil réis, que tanto assombram o estrangeiro novato, para os astrônomos valem pouco mais que coisa nenhuma. Falem-lhes de milhões para cima.

Se eu tivesse vagar ou disposição, puxava os colarinhos à filosofia e diria naquele estilo próprio do assunto que esta nossa deleitação a respeito dos trilhões astronômicos é um modo de consolar a brevidade de nossos dias e do nosso tamanho. Parece-nos assim que nós é que inventamos os tempos e os espaços; e não somente as dimensões e os nomes. Uma vez que os inventamos, é que eles estavam em nós.

Muita gente ficará confusa com o milhão dos séculos de duração da terra. Outras dirão que, se isto não é eterno, não vale a pena escrever nem esculpir ou pintar. Lá eterno, como se costuma dizer, não é; mas aí uns dez séculos, ou mesmo cinco, é o que se pode chamar (com perdão da palavra) um retalho de eternidade.

Nem por isso os nosso políticos escreverão as suas memórias,

the age of the Earth is more than a million centuries,[5] there is time to expect something, even when the million centuries should have a great discount, for the new life, since the sun gets extinguished, that is, ten million years from here.

What I especially like about the masters of Astronomy are the figures. How these people play the millions and billions! For them, some thousand leagues represent little more than going from Botafogo to Catete...[6] I believe we still say Catete; let me know when it's João Alves...[7] What about time? Those who aren't obstinate fall on the ground; all this whirlwind of innumerable numbers provokes vertigo. I haven't yet seen an astronomer who, putting his hand in his pocket didn't bring out at least ten thousand years in his fingers. How ridiculous our weeks must seem for them! The national currency itself, invented to stimulate and magnify us, the six hundred, the eight hundred thousand *réis*,[8] which haunt the foreign novice, to the astronomers is worth little more than nothing. Talk to them about millions upwards.

If I had spare time or disposition, I would grab philosophy by the collar and say in that style proper to the subject that this delight of ours for the astronomical trillions is a way of solacing the brevity of our days and of our size. That way it seems to us that we invented times and spaces; and not just dimensions and names. Once we invented them, it was then that they were in us.

Many people will be confused by Earth's million centuries. Others will say that if something isn't eternal, it's not worth writing or sculpting or painting it. Eternal as such, as they say, it's not; but then some ten centuries, or even five, is what we can call (with pardon to the word) a shred/snips/scrap of eternity.

Not even then will our politicians write their memoirs, as Senator

como desejara o Sr. Senador Belisário. Há muitas causas para isto. Uma delas é justamente a falta de sentimento da posteridade. Ninguém trabalharia, em tais casos, para efeitos póstumos. Polêmica, vá; folhetos para distribuir, citar, criticar, é mais comum. Memórias pessoais para um futuro remoto, é muito comprido. E quais sinceras? Quais completas? Quais trariam os retratos dos homens, as conversações, os acordos, as opiniões, os costumes íntimos, e o resto? Que era bom, era; mas, se isso acaba antes de um milhão de séculos?

BOAS NOITES.

Publicação Original: Rio de Janeiro: *Gazeta de Notícias*, 26.08.1888, N.238, p.3.

Belisário[9] wished. There are many reasons for this. One is precisely the lack of feeling of posterity. No one would work, in such cases, for posthumous effects. Controversy, yes; leaflets to distribute, quote, criticize, is more common. Personal memories for a remote future, it's too long. And which are sincere? Which are complete? Which would bring portraits of men, conversations, agreements, opinions, intimate customs, and the rest? It would be good, yes; but if it ends before a million centuries?

GOOD NIGHTS.

Original Publication: Rio de Janeiro: *Gazeta de Notícias*, 26.08.1888, N.238, p.3.

20

Baseado na ideia de plágio, retirada das obras de escritores portugueses, entre eles Eça de Queirós, seu competidor nas publicações da Gazeta de Notícias, *o narrador compara os sistemas do Senado e da Câmara dos Deputados, que seria muito mais direta em seus assuntos.*

6 de setembro de 1888

BONS DIAS!

Não é pelo gosto de imitar o Fradique Mendes, que uso tomar nota de algumas frases parlamentares. Nem o conhecia ainda, quando já praticava este salutar costume. Nunca o disse a ninguém; digo-o agora, para que, quando morrer, se aparecer no meu espólio um livro assim, não me atribuam qualquer ideia de plágio.

Ainda semana passada lá deixei uma nota, um pequeno aparte do Sr. Senador Siqueira Mendes: "Eu fui quem falou a ele." Referia-se a um presidente de província; mas podia referir-se a três, que tinha a mesma graça. "E fui quem falou a ele."

Escrevendo isto, não trago a menor intenção de me meter na questão entre aquele nobre senador e o Sr. Barão de Cotegipe; menos ainda na revelação dos estatutos que o Sr. Deputado A. Penna descobriu e leu na Câmara. Demais, este último caso é velho, e ninguém mais lembra dele. *Où sont les neiges d'autan?* Tão somente os observadores de gabinete poderão ir acumulando esse e outros sintomas para estudos sociais; mas, cá fora, onde a gente vive e respira, não há tempo, os dias andam mais depressa, pela medida dos anos de Horácio.

Nova, nova, temas uma coisa; o anúncio de que o Sr. Senador

20

Based on the idea of plagiarism, taken from the works of
Portuguese writers, including Eça de Queirós, his competitor
in the publications of the newspaper Gazeta de Notícias, *the*
narrator compares the systems of the Senate and the Chamber
of Deputies, which would be more direct in its matters.

September 6, 1888

GOOD DAYS!

It is not for the pleasure of imitating Fracique Mendes[1] that I often take notes of some parliamentary phrases. I didn't even know him when I was practicing this salutary custom. I never told anyone; I say it now, so that when I die, if a book like that appears in my estate, people don't attribute to me any idea of plagiarism.

Just last week I left a note, a little aside from Senator Siqueira Mendes:[2] "I was the one who spoke to him." He was referring to a provincial president; but he could refer to three, which would do the same job. "And I was the one who spoke to him."

Writing this, I have no intention of meddling in the issues between that noble senator and Mr. Barcn of Cotegipe;[3] even less in the revelation of the statutes that Mr. A. Pena[4] discovered, and read in the Chamber. Moreover, the latter case is old, and no one else remembers it. *Où sont les neiges d'antan?*[5] Only cabinet observers will be able to accumulate this and other symptoms for social studies; but outside, where we live and breathe, there is no time, the days go faster, measured in Horace's years.[6]

News, news, fear one thing; the announcement that Mr. Senator

Ávila vai tomar parte no concurso de tiro do Club de Esgrima. Se o Sr. Ávila quer um conselho de amigo, não se meta nisso; pelo menos, se ainda tem desejo de ser ministro; e, quando tenham pode ser obrigado a sê-lo, que para isso está na política. Dado até que nem o queira nem o seja, é prudente não ir ao concurso. Vou dizer-lhe por quê.

Em absoluto, não há nada mau em atirar ao alvo; ao contrário, é um exercício aprovado e louvável; mas todas as coisas dependem do meio. Os tiros que o Sr. Ávila disparar no concurso, hão de cair-lhe em cima. Tem de ouvir epigramas, por-lhe-ão uma alcunha, pedir-lhe-ão a espingarda. Não faltará quem pense que S. Exa. nesse dia rebaixou o Senado até a vil competência de um exercício sem dignidade. Quando ministro, dir-lhe-ão a rir: "O tiro de V. Exa. não chegou ao alvo."

Tome o meu conselho; dispare um desaforo, que é melhor. Um parlamentar de espingarda na mão, ninguém ainda concebe nem admite. Dispare uns documentos, lidos de fio a pavio, como fez agora, mas guarde a espingarda para caçar no mato, ou atirar à toa, no fundo da chácara.

E por falar em documentos, S. Exa., ao ler agora alguns, referiu-se à regra estabelecida no regimento do Senado, que não permite a inserção de nenhum no discurso do orador, desde que não seja lido. Ora, valha-me Deus! Pois não é muito melhor a regra da Câmara! Na Câmara, o orador refere-se a documentos que traz, e, se lhe não convém lê-los, declara com esta simplicidade:

"Não os leio, para não fatigar a Câmara, mas incluí-los-ei no meu discurso."

À primeira vista, parece que só se pode imprimir oficialmente aquilo que a Câmara ouviu, e cuja publicação consente em silêncio; é o fundamento da disposição do Senado. Mas, atentando bem, vê-se que não. A boa regra é que o discurso de um orador pertence-lhe; que

Ávila[7] will take part in the shooting contest of the Fencing Club. If Mr. Ávila wants the advice of a friend, don't get into it; at least if he still has a desire to be a minister; and, when he doesn't have it, he may be obliged to do so, for what he is in politics. Given that he doesn't even want to have or be one, it's prudent not to go to the contest. I'll tell you why.

Absolutely, there's nothing wrong with shooting at the target; on the contrary, it's an approved and praiseworthy exercise. But all things depend on the environment. The shots that Mr. Ávila will fire at the contest will fall on him. He has to listen to epigrams, they'll give him a nickname, they'll ask him for the shotgun. There will be no lack of those who think that His Excellency downgraded the Senate to the vile competence of an exercise without dignity on that day. When he's a minister, they'll tell him, laughing: "Your Excellency's shot didn't reach the target."

Take my advice; shoot an insult, which is better. A parliamentarian with a shotgun in hand, no one still conceives of or admits to. Shoot some documents, read from cover to cover, as you did now, but keep the shotgun for hunting in the bush, or to shoot aimlessly at the far end of the farm.

And speaking of documents, Your Excellency, when reading some now, you referred to the rule established in the Senate regiment, which doesn't allow the insertion of anything in the speaker's speech, as long as it's not read. Oh, my God! Well, the rule of the Chamber isn't much better! In the Chamber, the speaker refers to documents that he brings, and if he doesn't want to read them, he declares in this simplicity:

— I won't read them, so not to tire the Chamber, but I shall include them in my speech.

ele pode fazer dele o que quiser, trocá-lo, ampliá-lo ou *amenizá-lo*, como dizia há dias na Câmara o Sr. Barão de Geremoabo, protestando contra uma expressão do Sr. Mesquita. Logo, ele pode lá meter o que quiser, um documento, vinte documentos, cartas particulares, o Evangelho de São Marcos, ou as belezas de Chateaubriand. Se a constituição garante a propriedade das minhas calças, que estão fora de mim, como não há de garantir a propriedade do meu pensamento? É ideia velha e invulnerável.

Que o Senado é superior em muitas outras coisas, não há dúvida; e é por isso que, se algum desejo me mata, é de não poder morrer lá. A Câmara pode arranjar crises, deitar ministérios abaixo, mas o Senado é que compõe os novos; e quando a Câmara é dissolvida, o Senado chega às janelas para vê-la passar e ouvi-la repetir o que aprendeu na escola: *Morituri te salutant*. Pois bem, naquele ponto, acho melhor que o sistema da Câmara. A gente inclui o que quer; se teve dares e tomares com algum rival do distrito, põe tudo em letra oficial, sem gastar tempo em ler cartas anônimas ou artigos de jornais. Já não falo na economia...

Creio que tenho ainda alguma coisa que dizer, mas não me lembro. Não era o Liceu, não eram as letras falsas, não era o fogo de Botafogo... seja lá o que for,

BOAS NOITES.

Publicação Original: Rio de Janeiro: *Gazeta de Notícias*, 06.09.1888, N.249, p.1.

Good Days!

At first glance, it seems that one can only officially print what the Chamber has heard, and whose publication it consents to in silence; it's the foundation of the Senate's disposition. But, paying close attention, it's not. The good rule is that a speaker's speech belongs to him; that he can make it what he wants, change it, amplify it, or *ameliorate* it, as Mr. Baron of Jeremoabo[8] said in the Chamber days ago, protesting against an utterance from Mr. Mesquita.[9] Hence, he can then put whatever he wants in it, a document, twenty documents, private letters, the Gospel of Saint Mark, or the beauties of Chateaubriand.[10] If the constitution guarantees the ownership of my trousers, which are outside of me, how can it not guarantee the ownership of my thought? It's an old and invulnerable idea.

That the Senate is superior in many other things, there is no doubt. And that's why, if any desire kills me, it's the one of not being able to die there. The Chamber can fix crises, take down ministries, but it's the Senate that writes the new ones. And when the Chamber is dissolved, the Senate comes to the windows to see it passing by and hear it repeating what it learned at school: *Morituri te salutant.*[11] Well, at that point, I think it's better than the Chamber's system. People include what they want; if they had givings and takings with some rival of the district, they put everything in official letter, without spending time reading anonymous letters or newspaper articles. I don't speak of economics anymore...

I think I still have something to say, but I don't remember. It wasn't about the Lyceum,[12] it wasn't about the false letters, it wasn't about the fire of Botafogo...[13] whatever it was,

GOOD NIGHTS.

Original Publication: Rio de Janeiro: *Gazeta de Notícias*, 06.09.1888, N.249, p.1.

21

Nesta crônica o narrador zomba da importação de peças
europeias no teatro brasileiro ,mais especificamente as peças
de William Shakespeare ,devido ao monopólio francês na
cultura brasileira do período .Ele também zomba do uso
do fonógrafo para supercar as dificuldades encontradas no
teatro.

16 de setembro de 1888

BONS DIAS!

Venho de um espetáculo longo, em parte interessante, em parte aborrecido, organizado em benefício do incidente Manso.

Começou por uma comédia de Musset: *Il faut qu'une porte soite ouverte ou fermée*. Não confundam com o drama de grande espetáculo *Fechamento das Portas*, representado há dias no Lyceu com alguma aceitação. Não: a peça de Musset é um atozinho gracioso e límpido. Trata-se de um conde, que vai visitar uma marquesa, e não acaba de sair nem de ficar, até que a dama conclui por lhe dar a mão de esposa. Clara alusão ao incidente Manso.

No dia seguinte, tivemos um drama extenso e complicado, Cujos atos contei enquanto me restaram dedos; mas primeiro acabaram-se-me os dedos que os atos. Cuido que não passariam de vinte, talvez dezenove. Boa composição, lances novos, cenas de efeito, diálogos bem travados. Um dos papéis, escrito em português e latim, produziu

21

*In this chronicle the narrator mocks the importation of
European plays in Brazilian theatre, more specifically the
plays by William Shakespeare, due to the French monopoly
in Brazilian culture at that time. He also mocks the use
of the phonograph as a way to overcome some difficulties
found in the theatre.*

September 16, 1888

GOOD DAYS!

I come from a long spectacle, partly interesting, partly boring, organized for the benefit of the Manso incident.[1]

It began with a comedy from Musset:[2] *Il faut qu'une porte soite ouverte ou fermée.*[3] Don't mistake it with the drama of the great spectacle *Closure of the Doors*, played for days at the Liceu with some acceptance. No: Musset's play is a graceful and clear little act. It's about a count who visits a marquise and doesn't leave or stay until the lady ends up giving him her hand as a wife. Clear allusion to the Manso incident.

The next day we had a long and complicated drama whose acts I counted while I had fingers to count. But the fingers were gone before the acts. I can say that they were only twenty, maybe nineteen. Good composition, new themes, scenic effects, well-engaged dialogues. One of the roles, written in Portuguese and Latin, produced an enormous

enorme sensação pelo inesperado. Dizem que a inovação vai ser empregada cá fora, por alguns autores dramáticos, cansados de escrever em uma só língua, e, às vezes, em meia língua. Os monólogos, os diálogos, que eram vivíssimos, e os coros foram, se assim se pode dizer de obra humana, irrepreensíveis.

Essa peça, começada no segundo dia, durou até o terceiro, porque o espetáculo, para em tudo ser interessante, imitou esse uso das representações japonesas, que não se contentam com quatro ou cinco horas. Não bastando o drama, deram-nos ainda uma comédia de Shakespeare, *As You Like It,*–ou, como diríamos em português *Como Aprouver a Vossa Excelência.* Posto que inteiramente desconhecida do público, pareceu agradar bastante. Dois outros espectadores aplaudiram por engano umas cenas, em vez de outras; mas a culpa foi dos amadores, que não pronunciaram bem o inglês.

Como acontece sempre, algumas pessoas, para se mostrarem sabidas dos teatros estrangeiros, disseram que era preferível dar outra comédia do grande inglês: Muito Barulho Para Nada. Mas esta opinião não encontrou adeptos.

Pela minha parte, achei o defeito da extensão. Espetáculos daqueles não devem ir além de duas ou três horas. Verdade é que, sendo numerosos os amadores, todos quereriam algum papel, e para isso não bastava esse ato de Musset. Bem; mas para isso mesmo tenho eu o remédio, se me consultassem.

O remédio era o fonógrafo, com os aperfeiçoamentos últimos que lhe deu o famoso Edison. Fez-se agora a experiência em Londres, onde por meio do aparelho se ouviram palavras, cantigas e risadas do próprio Edison, como se ele ali estivesse ao pé. Um dos jornais daquela cidade escreve que o fonógrafo, tal qual está agora aperfeiçoado, é instrumento de duração quase ilimitada. Pode conservar tudo.

sensation for being unexpected. They say that the innovation is going to be employed outside, by some playwrights, tired of writing in just one language, and, sometimes, in half a language. The monologues, the dialogues, which were very lively, and the choruses were, if we may say of the human work, irreproachable.

This play, begun on the second day, lasted until the third, because the spectacle, in order to be interesting, imitated this use of Japanese representations, which are not satisfied with four or five hours. The drama not being enough, we were given a Shakespeare comedy, *As You Like It*,[4]—or, as we would say in Portuguese *Como Aprouver a Vossa Excelência*.[5] Though entirely unknown to the public, it seemed quite pleasing. Two other spectators mistakenly applauded some scenes instead of others; but it was the fault of the amateurs who didn't pronounce English well.

As it always happens, some people, in order to show themselves versed in foreign theaters, said it was preferable to be given another comedy of the great Englishman: *Much Ado About Nothing*.[6] But this opinion found no followers.

For my part, I found defect in the extension. Spectacles like those shouldn't go beyond two or three hours. It's true that, amateurs being so many, everyone would want some role, and this act of Musset wasn't enough for that. Well; but for that I have the remedy, if they'd consulted me.

The remedy was the phonograph, with the latest improvements the famous Edison[7] gave it. The experience was done in London now; where through the apparatus Edison's own words, songs and laughter were heard, as if he were standing there. One of the newspapers in that city writes that the phonograph, as it's now perfected, is an instrument of almost unlimited duration. You can preserve everything. Exactly

Justamente o nosso caso.

Acabada a representação, em pouco tempo, segundo convinha à urgência e gravidade do assunto e do momento, se ainda houvesse amadores que quisessem um papel qualquer, grande ou pequeno, o diretor faria distribuir fonógrafos, onde cada um daquele depositaria as suas ideias; podiam ajustar-se três ou quatro para os diálogos.

A reprodução de todas as palavras ali recolhidas podia ser feita, não à vontade do autor, mas vinte e cinco anos depois. Ficavam só as belezas do discurso; desapareciam os inconvenientes.

E, reparando bem, está aqui o remédio a um dos males que afligem o regímen parlamentar: o abuso da palavra. Não é fácil, mas é possível. Basta fazer uma escolha de oradores, um grupo para cada negócio, por ordem; os restantes confiariam ao fonógrafo os discursos que a geração futura escutaria.

No ano de 1913, por exemplo, abriam-se os fonógrafos, eram as formalidades necessárias, e os nossos filhos ouviriam a própria voz de algum orador atual discutir o orçamento da receita geral do Império: "E, perguntarei ao nobre ministro, sabe que faleceu o tabelião de Ubatuba! Esse homem padecia de uma afecção cardíaca, mas ia vivendo; tinha mulher e quatro filhos,–o mais velho dos quais não passava de sete anos. Note S. Exa. que o tabelião nem era filho da província; nasceu em Cimbres, e de uma família respeitável; um dos irmãos foi capitão do 7º Regimento de Cavalaria, e esteve em Itororó; a sua fé de ofício é das mais honrosas que conheço; lê-las-á daqui a pouco; mas, como dizia, o tabelião de Ubatuba ia vivendo, com a sua afecção cardíaca e dois dedos de menos, circunstância esta que lhe tornava ainda mais penoso escrever, mas à qual se acomodava pela necessidade. A perda dos dois dedos originou-se de um fato doméstico, com o qual nada tem esta Câmara, posto que, ainda aí se possa ver um

our case.

Once the performance was finished, in a short time, behooved to the urgency and gravity of the subject and the moment, if there were still amateurs who wanted any role, big or small, the director would distribute phonographs, where each one of them would deposit his ideas; they could set up three or four for the dialogues.

The reproduction of all the words collected there could be made, not to the will of the author, but twenty-five years later. There would be only the beauties of the speech; the inconveniences would disappear.

And, thinking better, here is the remedy to one of the evils which afflicts the parliamentary regime: the abuse of the word. It's not easy, but it's possible. Just make a choice of speakers, one group for each business, in an order; the rest would entrust to the phonograph with the speeches that the future generation would listen to.

In 1913, for example, the phonographs would be opened, these were the necessary formalities, and our children would hear the voice of some present-day speaker discussing the budget of the general revenue of the Empire: ... "And, I will ask the noble minister, do you know that the notary of Ubatuba[8] has passed away! This man suffered from a heart condition, but he was living; had a wife and four children, the oldest of whom was no more than seven years old. Note, Your Excellency, that the notary wasn't a son of the province; he was born in Cimbres,[9] and of a respectable family. One of the brothers was Captain of the 7th Cavalry Regiment, and was in Itororó.[10] His service records are among the most honorable I know; he will read them in a moment. But, as I said, the notary of Ubatuba[11] was living, with his cardiac affection and two fingers less; a circumstance that made it even more arduous to write, but to which he accommodated by necessity. The loss of the two fingers originated from a domestic

exemplo, não direi raro, mas precioso, das virtudes daquele homem. Chovia, uma das cunhadas do tabelião... Mas eu prefiro chegar ao caso principal, a entrada do Alferes Tobias. Senhores, este alferes...

E deste modo, discursos que hoje não se lêem, chegariam à posteridade com a frescura da própria cor do orador. Os jornais do tempo os reproduziriam, os sociologistas viriam lê-los e analisá-los, e assim os linguistas, os cronistas, e outros estudiosos, com vantagem para todos, começando talvez por nós,–ingratos!

BOAS NOITES.

Publicação Original: Rio de Janeiro: *Gazeta de Notícias*, 16.09.1888, N.259, p.2.

fact, with which this Chamber has nothing to do, although, even there an example can be seen, I won't say rare, but precious, of the virtues of that man. It was raining, one of the notary's sisters-in-law... But I prefer to get to the main case, the entrance of Second Lieutenant Tobias. Sirs, this second lieutenant..."

And so, discourses that aren't read today would come to posterity with the freshness of the speaker's own color. The newspapers of the time would reproduce them, sociologists would read them and analyze them, and so would the linguists, the chroniclers, and other scholars, to the advantage of all, perhaps beginning with us,—ingrates!

GOOD NIGHTS.

Original Publication: Rio de Janeiro: *Gazeta de Notícias*, 16.09.1888, N.259, p.2.

22

Nesta crônica, o narrador afirma que estava doente e começa a discutir algumas novidades de forma sarcástica. Ele encerra a crônica criticando o banquete dado pela embaixada papal brasileira aos bispos italianos, sugerindo que a unificação da Itália não foi bem-sucedida devido à tradição católica estabelecida em Roma.

6 de outubro de 1888

BONS DIAS!

Não me acham alguma diferença? Devo estar pálido, levanto-me da cama, e, se não fosse a Alfaiataria Estrela do Brasil... quero dizer o xarope de Cambará, ainda agora lá estava. Podia contar-lhes a minha doença; para os convalescentes não há prazer mais fino que referir todas as fases da moléstia, as crises, as dores, os remédios; e se o ouvinte vai de *bond*, ruminando alguma coisa, então é que a narração nunca mais acaba. Descansem, que não lhes digo o que foi: limito-me a cumprimentá-los.

E vosmecês, como vão da sua tosse? Provavelmente, não perderam o *pique-nique* (tenho lido esta palavra escrita, ora *pik-nik*, ora *pic-nic*; depois de alguma meditação, determinei-me a escrevê-la como na própria língua dela), nem sessões de câmaras, nem a entrega da Rosa de Ouro a Sua Alteza Imperial. E eu de cama, gemendo, sabendo das coisas pelas folhas. Foi por elas que soube da interpelação do Sr. Zama, a qual deu lugar à *Gazeta de Notícias* proferir uma blasfêmia.

22

*In this chronicle, the narrator claims he was sick and
begins to discuss some news in a sarcastic way. He finishes
criticizing the banquet given by the Brazilian papal embassy
to Italian bishops, suggesting that the unification of Italy
was not succeeded well due to the Catholic tradition
established in Rome.*

October 6, 1888

GOOD DAYS!

D on't you find any difference in me? I must be pale, I get out of
bed, and if it were not for Alfaiataria Estrela do Brasil...[1] I mean
Cambará's syrup,[2] I would still be there now. I could tell you about my
illness; for the convalescent there is no finer pleasure than mentioning
all phases of the disease, the crises, the pains, the remedies; and if the
listener grabs a ride, mulling it over, then the narration never ends.
Relax, I won't tell you what it was: I limit myself to greeting you.

And what about you, how's your cough? You probably haven't
missed the picnic (I have read this word now written *pik-nik*, sometimes
picnic,[3] after some meditation, I have determined to write it as in its
own language), nor Chambers sessions, nor the presentation of the
Golden Rose to Her Imperial Highness.[4] And I'm in bed, groaning,
knowing things through the papers. It was through them that I learned
about the interpolation of Mr. Zama,[5] which gave rise to the *Gazeta
de Notícias* to utter a blasphemy. It said that the right of interpolation

Dizia ela que o direito de interpelação degenera aqui, e chama-lhe válvula.

A *Gazeta* parece esquecer a teoria dos meios, não estudou bem a climatologia, e finalmente não me consultou, porque eu lhe diria que nada degenera e tudo se transforma. Há lugares onde o quiosque é ocupado por uma mulher que vende jornais; aqui é ocupado por um homem que vende o bom café, a bela pinga e o rico bilhete de loteria. Pode-se chamar a isto válvula? Note-se que também ali se vendem jornais,–o que reforça ainda a minha asserção.

Uma hipótese. Pessoa muito entendida em costumes americanos me contou que no congresso e no senado dos Estados Unidos, como o melhor trabalho é feito pelas comissões, os oradores (salvo exceções de estilo) apresentam-se com os discursos na mão, lêem só o exórdio e o final, e mandam para a imprensa nacional os manuscritos. *Time is money.* Os eleitores que os leiam depois. Suponhamos que, transplantado para aqui este costume, os nossos discursos se compusessem só de exórdios e finais, muito compridos ambos; diríamos que era degeneração ou transformação? E, mais que tudo, chamaríamos a isto válvula? Válvula é nome que se diga? Válvula será ela.

Sou assim; não gosto de ver censuras injustas e prefiro os métodos científicos. Há dias, o meu cozinheiro arranjou um prato de mil diabos, e, mandando eu chamá-lo, censurei-o asperamente. Ele sorriu cheio de piedade, e disse-me, com um tom que nunca mais me hei de esquecer:

"V. Exa. fala mal deste arroz, porque não conhece os métodos científicos."

Tanto mais me espantou esta resposta, quanto que sempre o vi a ler um velho romance *Oscar e Amanda*, ou *Amanda e Oscar*; e não é

degenerates here and calls it a valve.

The *Gazeta* seems to forget the theory of the medium, didn't study climatology well, and finally didn't consult me, because I would have told it that nothing degenerates and everything is transformed.[6] There are places where the kiosk is occupied by a woman who sells newspapers; here it's occupied by a man who sells good coffee, nice *aguardente*, and rich lottery tickets. Can we call this a valve? It should be noted that newspapers are sold there as well—which further reinforces my assertion.

I have a hypothesis. An expert on American customs told me that in the Congress and Senate of the United States, as the best work is done by the commissions, the speakers (apart from style exceptions) present themselves with the speeches in hand, only read the exordium and the ending, and send the manuscripts to the national press. Time is money. The voters can read them later. Let's suppose that, having transplanted this custom here, our speeches were composed only of exhortations and endings, both very long; would we say that that was degeneration or transformation? And, above all, would we call this a valve? Is valve a name to mention? A valve it will be.

I'm like this; I don't like to see unjust censorship and I prefer scientific methods. Some days ago, my cook made an awful meal, and, after sending for him, I reproached him harshly. He smiled full of pity and said to me, with a tone that I will never forget:

"Your Excellency speaks ill of this rice, because you don't know the scientific methods."

I was as astonished by this answer as I have been to always see him reading an old novel, *Oscar and Amanda*, or *Amanda and Oscar*;[7] and it's not from there that he gets the methods.

Let's move on, or better, let's get to the end, because just this

dali que ele tira os métodos.

Vamos adiante,—ou melhor, vamos ao fim, porque só este pequeno esforço me está transtornando a cabeça. Assunto não me falta; mas os convalescentes devem ser prudentes, se quiserem rimar consigo. Creio que fiz algumas censuras; aqui vai um elogio. Nem eu sou pessoa que negue a verdade das coisas, quando as vejo bem ajustadas.

Sabem do banquete dado pelo internúncio aos bispos brasileiros e à embaixada pontifícia. Vi escrito no menu que se publicou, entre outros pratos, o *punch à la Romaine*... Oh! Bem cabida coisa! Conheço esse excelente *punch* de outras mesas, em que foi sempre hóspede, por serem elas profanas. Ali, sim, ali é que ele esteve bem, perfeitamente bem. Tudo era ali romano, o internúncio, a embaixada e os bispos católicos. *Punch à la Romaine* calhou. Porque é preciso que lhes diga, e sem ofensa da unidade italiana: quando se fala em Roma, só me lembro da Roma papal; também me lembro da Roma antiga; a Roma do Sr. Crispi é que me não acode logo. Há de acudir mais tarde. Nenhuma Roma se faz num dia.

BOAS NOITES.

Publicação Original: Rio de Janeiro: *Gazeta de Notícias*, 06.10.1888, N.278, p.1.

little effort is upsetting my head. I don't lack subject matter; but the convalescent must be sensible if they want to rhyme with themselves. I think I've done some reproaching; here comes a compliment. I'm not a person who denies the truth of things when I see them fit.

You know of the banquet given by the internuncio[8] to the Brazilian bishops and the papal embassy. I saw written in the menu that was published,[9] among other dishes, the *punch à la Romaine*...[10] Oh! Very fitting thing! I know this excellent *punch* from other tables, at which I was always a guest because they were profane. There, yes, there it went well, perfectly fine. Everything was Roman there, the internuncio, the embassy and the Catholic bishops. The *Punch à la Romaine* went well. Because I have to tell you, and no offense to the Italian unity:[11] when you talk about Rome, I only remember the papal Rome; I also remember ancient Rome; Mr. Crispi's[12] Rome is the one that doesn't come to me right away. It must come later. No Rome is made in one day.

GOOD NIGHTS.

Original Publication: Rio de Janeiro: *Gazeta de Notícias*, 06.10.1888, N.278, p.1.

23

*Nesta crônica ,o narrador mais uma vez zomba do
Espiritualismo ,doutrina francesa importada para o Brasil,
e sua associação com a política ,assim como o status da
Sociologia como ciência e do Positivismo como doutrina.*

14 de outubro de 1888

BONS DIAS!

A União Espírita do Brasil pediu à Sociedade Propagadora das
Belas Artes uma das salas do Liceu de Artes e Ofícios para
fazer três conferências de propaganda. A Propagadora negou a sala,
declarando ser inconveniente "ceder o estabelecimento para assuntos
religiosos e políticos, alheios ao fim da instituição, máxime quando
possam afetar a religião do Estado e os interesses da coroa."

Logo que os médicos me permitam sair, irei cumprimentar a
Sociedade Propagadora. Realmente, há vinte anos que vivo sem achar
no Espiritismo outra coisa mais que uma algaravia ininteligível; mas
a distinta sociedade entendeu-a; é uma religião, tem fins políticos,
e até contrários aos interesses da coroa. Upa! Aqui está o que se
chama sagacidade. Porque, na verdade, eu, que chego a perceber
turco, quando é falado devagar, nunca meti o dente nos escritos do
Espiritismo. Há poucos dias, mostraram-me um número de uma nova
revista estrangeira, destinada a desenvolver a *teosofia*; li algumas
páginas e fiquei atônito; perguntei se era sueco.

"Não," respondeu-me um amigo, "é uma nova revista espírita…"

23

In this chronicle, the narrator once again mocks Spiritualism, a French doctrine imported to Brazil, and its association with politics, as well as the status of Sociology as science and Positivism as a doctrine.

October 14, 1888

GOOD DAYS!

The Spiritist Union of Brazil asked the Fine Arts Propagation Society for one of the rooms of the Lyceum of Arts and Crafts[1] to hold three propaganda conferences. The Society denied the room, declaring that it would be inconvenient to "cede the establishment to *religious and political* matters unrelated to the end of the institution, especially when they may affect the religion of the State and the interests of the crown."

As soon as the doctors allow me to go out, I will congratulate the Propagation Society. Actually, for twenty years I have lived without finding anything more than an unintelligible gibberish on Spiritualism; but the distinct society understood it; it's a religion, has political ends, and is even contrary to the interests of the crown. Wow! Here is what is called sagacity. Because, in fact, I, who understand a bit of Turkish when it's spoken slowly, could never put my finger on the writings of Spiritualism. A few days ago, they showed me an issue of a new foreign magazine designed to develop *Theosophy*; I read a few pages and was astonished; I asked if it was in Swedish.

"Arredai de mim esse cálice amargo," respirei e com tristeza. Nunca o entendi. Ouço que é uma ciência; mas esta palavra anda tão por baixo, que, se não é mais que isso, é bem pouca coisa. Prefiro estudar os costumes parlamentares. Um deputado disse há dias a outro que se portasse com seriedade... Seguiu-se isto:—"Desprezo apartes dessa natureza..."—"Como eu desprezo a pessoa de V. Exa..." São estudos mais terra-a-terra.

Esqueceu-me dizer ao meu amigo que bem sempre a discussão parlamentar toma esse caminho. Casos há, em que se eleva, perdendo de vista o assunto. Há dias, por exemplo, discutia-se na assembleia da província o projeto da força policial; e o debate trepou a estas alturas:

O SR. OLIVEIRA PINTO.–Sr. Presidente, o nobre deputado pelo 4º distrito não precisa da biologia, ele não precisa portanto da sociologia, que S. Exa. não pode conhecer sem o estudo prévio daquela, que é a ciência que tem por objeto as leis da organização. O nobre deputado não conhece talvez Augusto Comte, não conhece os métodos científicos da escola positiva e...

O SR. FRÓES DA CRUZ.–Conheço.

O SR. OLIVEIRA PINTO.–Pois, se conhece, não tem o direito de dizer isso. A sociologia é uma ciência feita, é a filosofia da história da humanidade e das sociedades, é o ápice da pirâmide constituída pela hierarquia científica.

O SR. HOMERO MORETZSOHN.–A sociologia não é ciência feita.

O SR. OLIVEIRA PINTO.–Caminha, progride com a humanidade, com as sociedades de evolucionam...

"No," a friend answered, "it's a new Spiritualistic magazine..."

"Remove this bitter chalice from me," I breathed, and with sadness. I never understood it. I hear it's a science; but this word is in such an all-time low, that if it's not more than that, it's very little more. I prefer to study parliamentary customs. A deputy said to another a few days ago that he should behave seriously... This was what followed: "I despise remarks of this nature..."—"As much as I despise Your Excellency..." These are more mundane studies.

I forgot to tell my friend that the parliamentary discussion always takes this path. There are cases, where it rises, losing sight of the subject. For days, for example, the project of the police force was being discussed at the provincial assembly; and the debate escalated to this point:

> MR. OLIVEIRA PINTO—Mr. President, the noble deputy of the 4th district doesn't need biology, therefore he doesn't need sociology, which Your Excellency cannot know without the prior study of the other, which is the science that has the laws of organization as its object. The noble deputy perhaps doesn't know Auguste Comte,[2] doesn't know the scientific methods of the positive school and...

> MR. FRÓES DA CRUZ—I know.

> MR. OLIVEIRA PINTO—Well, if you know, you have no right to say that. Sociology is a proper science, it's the philosophy of the history of humanity and societies, it's the pinnacle of the pyramid established by the scientific hierarchy.

> MR. HOMERO MORETZSOHN—Sociology is not a

O SR. HOMERO MORETZSOHN.–Mas a sociologia não está constituída.

O SR. OLIVEIRA PINTO.–Ora pelo amor de Deus! Desse modo não há ciência alguma constituída para o nobre deputado. A medicina ou antes o complexo das ciências médicas para o nobre deputado é ciência feita? Sim ou não? Tome o nobre deputado qualquer ciência e nos diga se a considera constituída ou por constituir-se.

O SR. HOMERO MORETZSOHN.–As matemáticas.

O SR. OLIVEIRA PINTO.–Esta é a mais geral e por isso mesmo a menos complexa, ocupando exatamente na hierarquia científica o primeiro lugar.

O SR. HOMERO MORETZSOHN.–Spencer e Littré dizem que estão constituindo a sociologia."

O SR. OLIVEIRA PINTO.–O que eles dizem é que a sociologia não chegou ao estado de perfeição porque esta é antagônica com a natureza humana; a perfectibilidade é o ideal, que seduz e atrai a humanidade, impulsionando-a pelo caminho do progresso; como há de, pois a sociologia–a ciência que estuda os fatos sociais em suas causas e em seus efeitos, estacionar, isto é, tocar à perfeição, se a humanidade caminha sempre e fatalmente? Na hierarquia científica ocupa o primeiro lugar a matemática, a mais geral, a mais simples das ciências; da matemática passa-se à astronomia, menos geral e mais complexa do que a precedente; depois passa-se sucessivamente à física, à química, à biologia, obedecendo essa sucessão ao preceito–

proper science.

MR. OLIVEIRA PINTO—It progresses; it progresses with humanity, with societies which evolve...

MR. HOMERO MORETZSOHN—But sociology is not established.

MR. OLIVEIRA PINTO—For God's sake! In this way there is no established science for the noble deputy. Is medicine, or rather the compound of medical sciences, a proper science for the noble deputy? Yes or no? Let the noble deputy take any science and tell us whether he considers it established or to be established.

MR. HOMERO MORETZSOHN—Mathematics.

MR. OLIVEIRA PINTO—This is the most general and therefore the least complex, occupying exactly the first place in the scientific hierarchy.

MR. HOMERO MORETZSOHN—Spencer[3] and Littré[4] say that they constitute sociology.

MR. OLIVEIRA PINTO—What they say is that sociology didn't reach the state of perfection because it's antagonistic to human nature. Perfectibility is the ideal, which seduces and attracts humanity, propelling it through the path of progress. How can sociology—the science that studies the social facts in their cause and their effects, stop, that is, touch perfection, if humanity always moves on, and fatally? In the scientific hierarchy mathematics, the most general, the simplest of sciences occupies the first place. From mathematics it goes to astronomy, less general

complexidade crescente, generalidade decrescente dos fenômenos–figurando como cúpula do edifício científico a sociologia. Como tal, ela é a mais complexa das ciências.

Tudo isso por causa da força policial... Se não era melhor ficar sem policial! Cada um que se defendesse como pudesse. Não há heresia nisto; o Sr. Senador Ávila aconselhou agora mesmo o uso do pau.

Em todo caso, são estudos que se entendem. A sociologia entende-se, e entende-se também o doesto, e, mais que tudo, o pau. Olhem aquele cético de Molière, que, não afirmando nada, começa a afirmar que lhe doíam as costas quando o pau do interlocutor lhe sacudia o pelo...

Mas o Espiritismo, Deus santíssimo! Quando é que me passou pela cabeça que isso pudesse ser religião, e religião com política?

Já começo a perceber a causa de tantas abstenções na eleição senatorial de Minas.

Não falo nas abstenções pessoais, mas dos numerosos colégios em que não houve eleição por falta de mesários e de eleitores. Lá que os mesários faltem alguma vez, vá; pode explicar-se por uma trinca eleitoral, ou mesmo alguma congestão do fígado; mas os eleitores? Ao ver três chapas, tanta agitação, esperanças, temores, era de supor que ninguém ficasse em casa.

Compreendo agora. O Espiritismo teve também chapa em Minas; chapa ilegível, pura emanação da alma; votou nos colégios em que parece não ter havido eleição. Houve-a; só compareceram sombras. Em cima das mesas impalpáveis colocaram urnas invisíveis; cédulas incoercíveis caíram dentro delas, com os nomes de espíritos que andam por outros mundos. Talvez os mais votados sejam, por

and more complex than the preceding one; then it goes successively to physics, chemistry, and biology, obeying this succession to the precept—ascending complexity, descending generality of phenomena—sociology ranking as the summit of the scientific building. As such, it is the most complex of the sciences.

All this because of the police force... Otherwise it'd be better to be without police! Each one should defend himself as best as he could. There is no heresy in it; Senator Ávila has just advised the use of the stick.

In any case, they're studies that are understood. Sociology is understood, and grievances are also understood, and, most of all, the stick. Look at that skeptic Molière,[5] who, stating nothing, begins to claim that his back ached when the caller's stick shook his skin...

But Spiritualism, all holy God! When did it ever occur to me that this could be a religion, and a religion with politics?

I am already beginning to see the cause of so many abstentions in the senatorial election in Minas.[6]

I am not talking about personal abstention, but about the numerous electoral colleges where there was no election for lack of polling stations and voters. That the poll workers are absent sometimes, it's all right; it can be explained by electoral split, or even some congestion of the liver; but the voters? Seeing three slates, so much agitation, hopes, fears, it was to suppose that nobody stayed at home.

I understand it now. The Spiritualism also had slates in Minas; an illegible slate, a pure emanation of the soul; it voted in jurisdiction where there seems to have been no election. There was; only shadows showed up. On the impalpable tables they placed invisible ballot

enquanto, estes três:

Barrabás.

Parmentier.

José Joaquim Moreira.

Se não é isto, então

BOAS NOITES.

Publicação Original: Rio de Janeiro: *Gazeta de Notícias*, 14.10.1888, N.287, p.2.

boxes; uncountable election ballots fell into them with the names of spirits who walk through other worlds. Perhaps the most voted are, for the time being, these three:

Barabbas.[7]

Parmentier.[8]

José Joaquim Moreira.[9]

If this is not it, then

GOOD NIGHTS.

Original Publication: Rio de Janeiro: *Gazeta de Notícias*, 14.10.1888, N.287, p.2.

24

Nesta crônica o narrador usa a visita do Imperador Guilherme III à cidade de Pompeia para refletir sobre as diferenças entre Brasil e Europa, o que se torna claro na referência ao escritor Raul Pompeia no primeiro parágrafo e à constatação, no último parágrafo, de que há uma significativa distância geográfica entre Brasil e Itália.

21 de outubro de 1888

BONS DIAS!

A Agência Havas acaba de comunicar aos habitantes desta leal cidade, que o Imperador Guilherme II visitou Pompeia, e foi muito aclamado. Não confundam essa Pompeia com o nosso Raul; este, vi-o hoje na Igreja do Sacramento, e com certeza não foi o visitado. A Pompeia do telegrama é a velha cidade que o Vesúvio entupiu em 79, e foi descoberta em 1750.

Singular fortuna, a do atual Imperador da Alemanha! Até os mortos o aclamam. Os esqueletos, se ainda os há, as velhas armas romanas, as trípodes, as colunas, os banheiros, as lâmpadas, as paredes, os mosaicos, tudo o que por lá resto do mundo antigo, compreendeu que ali estava o árbitro dos tempos, e tudo se inclinou e bradou: *Viva o Imperador!* Pode ser que até falassem em alemão.

Bulwer Lytton, como se sabe, escreveu um romance sobre os últimos dias daquela cidade e fez uma bela reconstrução da antiga vida elegante. Os que gostam dessas arqueologias, embora em

24

*In this chronicle the narrator uses the visit of Emperor
William II to the city of Pompeii to reflect upon the
differences between Brazil and Europe, which is clear in
the reference to writer Raul Pompeia in the first paragraph
and to the observation, in the last paragraph, that there is a
significant geographical distance between Brazil and Italy.*

October 21, 1888

GOOD DAYS!

The Havas Agency[1] has just communicated to the inhabitants of this loyal city that the Emperor William II[2] visited Pompeii and was highly acclaimed. Don't confuse this Pompeii with our Raul;[3] this one, I saw today at the Church of the Sacrament,[4] and certainly wasn't the one visited. The Pompeii in the telegram is the old city that Vesuvius engorged in 79, which was discovered in 1750.

Unique fortune, that of the present Emperor of Germany! Even the dead hail him. The skeletons, if there are still any, old Roman weapons, tripods, columns, bathrooms, lamps, walls, mosaics, everything else in the ancient world, understood that there was the arbiter of the times, and all bowed and cried: *Long live the Emperor!* They might even speak German.

Bulwer-Lytton,[5] as is well-known, wrote a novel about the last days of that city and made a beautiful reconstruction of the old elegant life. Those who like these archeologies, albeit in novels, are happy to

romances, relembram com prazer as primeiras e alegres palavras do livro: "Olá. Diomedes, foi bom reencontrar-te! Vais cear hoje à casa de Glaucus?" - "Não, meu querido Claudius; não fui convidado. Por Pólux! Pregou-me uma boa peça! Dizem que as ceias dele são as melhores de Pompeia." E a majestosa Ione! E a linda escrava Nydia! Depois aquele final terrível do Vesúvio...

Têm ido a Pompeia príncipes e reis. O nosso Imperador também lá esteve, creio eu; mas o que era morto, morto ficou. Só um homem na terra teve o condão de restituir a fala ao extinto. Singular fortuna, a do jovem Imperador da Alemanha! Os perfumes que se supunham esvaídos, começaram a desprender-se novamente das caçoulas; e as próprias heras mortas, que eram as Borghi-Mammos daquela sociedade, acharam nos ecos da Campânia as notas da música moderna para saudar o Imperador. *Lebehoch! Lebehoch!*

Bem pode ser que Pompeia supusesse ver nele o antigo Tito. Esse morreu (e Deus o tenha por lá muitos anos sem mim); mas nada consta que o recente e germânico imperador chegue a imitar o antigo latino. Tem força, basta-lhe vontade. Há quem diga que estas duas coisas são sinônimas; não entro na questão; fiquemos na augusta necrópole.

Quer me parecer (a Agência Havas não o disse); quer me parecer que o Imperador Alemão, ouvindo falar a cadeira de bronze em que talvez se sentou Plínio, e o leito em que se estirou Diomedes, contou os seculos passados e mirou o Sr. Crispi, companheiro de Félix Pyat no exílio, agora ministro de um grande Estado, e disse consigo: - "Tudo passa; já lá o dizia um poeta brasileiro, Gonzaga, creio eu; e, antes dele, Horácio, e entre um e outro muitos poetas também lá vão: *Eheu! Fugaces... Minha bela Marília, tudo passa... Delfim, meu caro Delfim, com que ligeiro...* etc., etc."

Saindo aodo reino dos vivos, o imperador deu com os Napoleões

recall the first and joyful words of the book: "Ho. Diomed,[6] well met! Do you sup with Glaucus[7] tonight?" "Alas, no! dear Clodius;[8] he has not invited me... By Pollux! A scurvy trick! They say his suppers are the best in Pompeii." And the majestic Ione! And the beautiful slave Nydia! Then that terrible end of Vesuvius...

Princes and kings have gone to Pompeii. Our Emperor was there too, I believe; but what was dead, stayed dead. Only a man on Earth had the power to restore speech to the extinct. Singular fortune, that of the young Emperor of Germany! The perfumes which were supposed to have evaporated, began to detach again from the censers; and the dead eras themselves, who were the Borghi-Mamos[9] of that society, found in the echoes of the Campania[10] the notes of modern music to greet the Emperor. *Lebehoch! Lebehoch!*[11]

It may well be that Pompeii supposed he saw the old Titus[12] in him. He died (and may God keep him there for many years without me); but there is no evidence that the recent and Germanic Emperor even imitated the ancient Latin. He has strength; all he needs is will power. There are those who say that these two things are synonymous; I won't go into this matter; let us stay in the august necropolis.

It seems to me (the Havas Agency didn't say so); it seems to me that the German Emperor, hearing the bronze chair where Pliny[13] may have sat, and the bed in which Diomed had stretched himself, recounted the centuries past and looked at Mr. Crispi,[14] Félix Pyat's[15] companion in exile, now minister of a great state, and said to himself: "Everything passes; a Brazilian poet had already said it, Gonzaga,[16] I believe; and before him Horace, and among many poets also go this way: *Eheu! Fleeting...*[17] *My beautiful Marília, everything passes...*[18] *Delfim, dear Delfim, with such swift...*[19] etc., etc."

Within the realm of the living, the Emperor was faced with the

brigados, pai e filho, tão cheios de ódio que nem o casamento de uma Bonaparte os uniu por instantes. É assim mesmo, disse ele consigo; viva a razão de Estado!

Pela minha parte, ao contrário dos outros homens, não quisera ser príncipe, menos ainda imperador ou rei. É caro. Primeiramente, causa invejas; depois, obriga a malquerer, quando o pede a felicidade geral da nação. Antes ser flor de mato virgem, tão coberta pela ramagem, que nem a chuva nem o vento a deite em terra... Meu Deus! Como estou poético! As belas imagens saem-me da boca já feitas, à maneira da fotografia instantânea, tudo por causa da Agência Havas.

"Olá, Diomedes, vais cear hoje à casa de Glaucus?"

Traduzido em vulgar:

"Ó Pimenta, vais hoje ao bródio do nosso visconde?"

"Homem, não sei... *Peut-être oui*... Vou, vou... Há madamismo?"

Por Pólux! Parece a mesma coisa mas não é a mesma coisa. No meio está o Vesúvio.

BOAS NOITES!

Publicação Original: Rio de Janeiro: *Gazeta de Notícias*, 21.10.1888, N.294, p.2.

quarreling Napoleons, father and son, so full of hatred that not even the marriage of a female Bonaparte[20] joined them for a moment. That's the way it is, he said; long live the reason of State!

For my part, unlike other men, I didn't want to be a prince, not even an emperor or a king. It's expensive. First, it causes envy; then obliges animosity, when the general happiness of the nation asks for it. Sooner be a flower of a virgin forest, so covered by foliage that neither the rain nor the wind lay it to the ground... My God! How poetic I am! The beautiful images come out of my mouth already wrought, like instant photography, all because of the Havas Agency.

"Hello, Diomede, are you going to supper at Glaucus' house today?"

Translated into vulgar:

"Oh Pimenta, are you going today to the feast of our Viscount?"

"Man, I don't know... *Peut-être oui...*[21] I'll go, I'll go... Is there madamism?"[22]

By Pollux! It looks like the same thing but it's not the same thing. In the middle there is the Vesuvius.

GOOD NIGHTS!

Original Publication: Rio de Janeiro: *Gazeta de Notícias*, 21.10.1888, N.294, p.2.

25

Esta crônica critica a tendência brasileira de imitar o que
vem da Europa, tanto política quanto culturalmente. Há
também comentário crítico ao projeto de imigração, assim
como uma referência a Visconde de Taunay, famoso escritor
e nativista.

28 de outubro de 1888

BONS DIAS!

Viva a galinha com a sua pevide. Vamos nós vivendo com a nossa polícia. Não será superior, mas também não é inferior à polícia de Londres, que ainda não pôde descobrir o assassino e estripador de mulheres. E dizem que é a primeira do universo. O assassino, para maior ludíbrio da autoridade, mandou-lhe cartões pelo correio.

Eu, desde algum tempo, ando com vontade de propor que aposentemos a Inglaterra... Digo, aposentá-la nos nossos discursos e citações. Neste particular, tivemos a princípio a mania francesa e revolucionária; folheiem os *Anais* da Constituinte, e verão. Mais tarde ficou a França constitucional e a Inglaterra: os nomes de Pitt, Russel, Canning, Bolingbrook, mais ou menos intactos, caíram da tribuna parlamentar. E frases! e máximas! Até 1879, ouvi proclamar cento e dezenove vezes este aforismo inglês: "A Câmara dos Comuns pode tudo, menos fazer de um homem uma mulher, ou vice-versa."

"Justamente o que a nossa Câmara faz, quando quer," dizia eu comigo.

25

*This chronicle criticizes the Brazilian tendency of
imitating what comes from Europe, both politically and
culturally. There is also critical commentary on the project
of immigration, as well as the reference to Visconde de
Taunay, a famous writer and nativist.*

October 28, 1888

GOOD DAYS!

Long live the chicken with its arse. We're going on living with our
police. They won't be superior, but also they're not inferior to the
London police, who haven't yet discovered the killer and ripper of
women.[1] And they are said to be the best police in the universe. The
murderer, with the utmost mockery of authority, sent it letters by post.

I have long been willing to propose that we retire England... I
mean, to retire it from our speeches and quotations. In this respect,
we had at first the French and revolutionary mania; leaf through the
Constitutional *Annals*,[2] and you'll see. Later on the constitutional
France and England remained: the more or less intact names of Pitt,
Russel, Canning, Bolingbrook[3] fell from the parliamentary chamber.
And phrases! And maxims! Until 1879 I heard a hundred and
nineteen times this English aphorism being proclaimed: "The House
of Commons can do everything, except make a man a woman, or vice
versa."

"Just what our Chamber does, when it wants," I would say to

Pois bem, aposentemos agora a Inglaterra; adotemos a Itália. Basta advertir que, há pouco tempo, lá estiveram (ou ainda estão) vinte e tantos deputados metidos em enxovia, só por serem irlandeses. Nenhum dos nossos deputados é irlandês; mas se algum vier a sê-lo, juro que será mais bem tratado. E, comparando tanta polícia para pegar deputados com tão pouca para descobrir um estripador de mulheres, folgazão e científico, a conclusão não pode ser senão a do começo: —Viva a galinha com a sua pevide...

Aqui interrompe-me o leitor:—Já vejo que é nativista! E eu respondo que não sei bem o que sou. O mesmo me disseram anteontem, falando-se do projeto do meu ilustre amigo Senador Taunay. Como eu dissesse que não aceitava o projeto, integralmente, alguém tentou persuadir-me que eu era nativista. Ao que respondi:

"Não sei bem o que sou. Se nativista é algum bicho feio, paciência; mas, se quer dizer exclusivista, não é comigo."

Não se pode negar que o Sr. Senador Taunay tem o seu lugar marcado no movimento imigracionista, e lugar iminente; trabalha, fala, escreve, dedica-se de coração, fundou uma sociedade, e luta por algumas grandes reformas.

Entretanto, a gente pode admirá-lo e estimá-lo, sem achar que este último projeto seja inteiramente bom. Uma coisa boa que lá está, é a grande naturalização. Não sei se ando certo, atribuindo àquela palavra o direito do naturalizado a todos os cargos públicos. Pois, senhor, acho acertado. Com efeito, se o homem é brasileiro e apto, por que não será para tudo aquilo que podem ser outros brasileiros aptos? Quem não concordará comigo (para só falar de mortos), que é muito melhor ter como regente, por ser ministro do Império, um Guizot ou um Palmerston, do que um ex-ministro (Deus lhe fale na alma!) que não tinha este olho?

myself.

Well, let us now retire from England; let us adopt Ireland.[4] Suffice to note that a short while ago there were (or still are) twenty-odd Members of Parliament assembled in a dungeon, just because they were Irish.[5] None of our Members is Irish; but if any are, I swear they'll be better treated. And, comparing so many police for catching deputies with so few of them to find a frolicsome and scientific ripper of women, the conclusion can be no other than that of the beginning:— Long live the chicken with its arse…

Here the reader interrupts me: "I see you are nativist!"[6] And I answer that I'm not sure what I am. I was told the same the day before yesterday, talking about the project of my illustrious friend Senator Taunay.[7] As I said I didn't accept the project, one person tried to persuade me that I was a nativist. To which I replied:

"I'm not sure what I am. If a nativist is some ugly beast, what can I do; but if you mean exclusivist, that's not me."

It cannot be denied that Senator Taunay has his place booked in the immigration movement and an imminent place. He works, speaks, writes, he dedicates himself with all his heart; he has founded a society and strives for some great reforms.

However, we can admire and appreciate it without thinking that this last project is entirely good. One good thing that is in there is the great naturalization. I don't know if I am right, attributing to that word the right of the naturalized to all public offices. Yes, sir, I think it's correct. In fact, if a man is Brazilian and fit, why shouldn't he be fit for all other things other fit Brazilians are? Who won't agree with me (just to speak of the dead), who is much better to have as regent, being a minister of the Empire, a Guizot or Palmerston,[8] than a former minister (God save his soul!) who didn't have his eye on it?

Mas o projeto traz outras coisas que bolem comigo, e até uma que bole com o próprio autor. Este faz propaganda contra os chins; mas, não havendo meio legal de impedir que eles entrem no Império aqui temos nós os chins, em vez de instrumentos de trabalho, constituídos em milhares de cidadãos brasileiros, no fim de dois anos, ou até de um. Excluí-los da lei é impossível. Aí fica uma consequência desagradável para o meu ilustre amigo.

Outra consequência. O digno Senador Tannay deseja a imigração em larga escala. Prefeitamente. Mas, se o imigrante souber que, ao cabo de dois anos, e em certos casos ao fim de um, fica brasileiro à força, há de refletir um pouco e pode não vir. No momento de deixar a pátria, ninguém pensa em trocá-la por outra; todos saem para arranjar a vida.

Em suma,—e é o principal defeito que lhe acho,—este projeto afirma de um modo estupendo a onipotência do Estado. Escancarar as portas, sorrindo, para que o estranho entre, é bom e necessário; mas mandá-lo pegar por dois sujeitos, metê-lo à força dentro de casa, para almoçar, não podendo ele recusar a fineza senão jurando que tem outro almoço à sua espera, não é coisa que se pareça com liberdade individual.

Bem sei que ele tem aqui um modo de continuar estrangeiro: é correr, no fim do prazo, ao seu consulado ou à Câmara Municipal, declarar que não quer ser brasileiro, e receber um atestado disso. Mas, para que complicar a vida de milhares de pessoas que trabalham, com semelhante formalidade? Além do aborrecimento, há vexame:— vexame para eles e para nós, se o número dos recusantes for excessivo. Haverá também um certo número de brasileiros por descuido, por se terem esquecido de ir a tempo cumprir a obrigação legal. Esses não terão grande amor à terra que os não viu nascer. Lá diz São Paulo, que

204

But the project brings other things that trouble me, and even one that troubles the author himself. He makes propaganda against the Chinos;[9] but since there is no legal way to prevent them from entering the Empire here we have the Chinos, instead of labor instruments, after two years, or even one, made into thousands of Brazilian citizens. To exclude them from the law is impossible. That's an unpleasant consequence for my illustrious friend.

Another consequence. The worthy Senator Taunay wants immigration on a large scale. Preferably. But if the immigrant knows that after two years, and in certain cases after one, he becomes a Brazilian by force, he will reflect a little and may not come. At the moment of leaving the country, no one thinks of exchanging it for another; everyone goes out to making a living.

In short—and this is the main fault I think he has—this project asserts the omnipotence of the state in a stupendous way. To throw open the doors, smiling, so that the stranger can come in, is good and necessary; but to have him taken by two men, force him into the house for lunch, and him not being allowed to refuse the courtesy except by swearing that he has another lunch waiting for him, is not something that resembles individual liberty.

I know that the foreigner has a way to remain a foreigner here: which is to run, at the end of the term, to his consulate or to the Town Hall, to declare that he doesn't want to be Brazilian, and to receive a certificate for that. But why complicate with such a formality the lives of thousands of people who work? Besides the annoyance, there is the vexation: vexation for them and for us, if the number of recusants is excessive. There will also be a number of inadvertent Brazilians, for having forgotten to go and fulfill the legal obligation in time. These won't have great love for the land they weren't born in. St. Paul[10] says

não é circuncisão a que se faz exteriormente na carne, mas a que se faz no coração.

O Sr. Taunay já declarou em brilhante discurso, que o projeto é absolutamente original. Ainda que o não fosse, e que o princípio existisse em outra legislação, era a mesma coisa. O Estado não nasceu no Brasil; nem é aqui que ele adquiriu o gosto de regular a vida toda. A velha república de Esparta, como o ilustre senador sabe, legislou até sobre o penteado das mulheres; e dizem que em Rodes era vedado por lei trazer a barba feita. Se vamos agora dizer a italianos e alemães, que, no fim de um ou dois anos, não são mais alemães nem italianos, ou só poderão sê-lo com declaração escrita e passaporte no bolso, parece-me isto muito pior que a legislação de Rodes.

Desagravar a naturalização, facilitá-la e honrá-la, e, mais que tudo, tornar atraente o país, por meio de boa legislação, reformas largas liberdades efetivas, eis aí como eu começaria o meu discurso no Senado, se os eleitores do Império acabassem de crer que os meus quarenta anos já lá vão, e me incluíssem em todas as listas tríplices. Era assim que eu começaria o discurso. Como acabaria, não sei; talvez nos braços do meu ilustre amigo.

BOAS NOITES.

Publicação Original: Rio de Janeiro: *Gazeta de Notícias*, 28.10.1888, N.301, p.3.

that circumcision isn't what's done externally to the flesh, but that which is done in the heart.

Mr. Taunay has already stated in a brilliant speech that the project is absolutely original. Even if it weren't, and that the principle existed in other legislation, it was the same thing. The State wasn't born in Brazil; nor is here that it has acquired the taste for regulating the whole life. The old republic of Sparta, as the illustrious senator knows, legislated even on women's hairstyles; and it's said that in Rhodes it was forbidden by law to shave. If we are now to tell Italians and Germans that at the end of a year or two they're no longer German or Italian, or can only be it through a written declaration and a passport in their pockets, this seems to me much worse than the legislation of Rhodes.

To redress naturalization, to facilitate and honor it, and, above all, to make the country attractive by means of good legislation, broad reforms, effective freedoms, that is how I would begin my speech in the Senate, if the voters of the Empire would have thought that I'm in my forties, and would have included me on all three lists.[11] That was how I would begin the speech. How it would end, I don't know; perhaps in the arms of my illustrious friend.

GOOD NIGHTS.

Original Publication: Rio de Janeiro: *Gazeta de Notícias*, 28.10.1888, N.301, p.3.

26

*Esta crônica aborda as discussões políticas e as questões
religiosas envolvendo os feriados no Brasil, bem como a
ideia de liberdade, importada da França e representada
pela Revolução Francesa, e também a Abolição dos
escravos.*

10 de novembro de 1888

BONS DIAS!

Há anos, por ocasião do movimento Esther de Carvalho, aquela
boa atriz que aqui morreu, lembra-me haver lido nos jornais um
pequenino artigo anônimo. Nem se lhe podia chamar artigo; era uma
pergunta nua e seca. O numeroso partido da atriz estava em ação;
havia palmas, flores, versos, longas e brilhantes manifestações públicas. E então dizia a pergunta anônima: "Por que não aproveitaremos
este movimento Esther de Carvalho para ver se alcançamos o fechamento das portas?"

A pergunta tinha um ar esquisito, à primeira vista: mas, era a
mais natural do mundo. Entretanto não se fez nada por dois motivos,
um fácil de entender, que era a absorção do pensamento em um só
assunto. A alma não se divide. A questão do fechamento das portas
era exclusiva, pedia as energias todas, inteiras, constantes, lutando
dia por dia.

A segunda razão é que há anos e há séculos de revoluções e
transformações. Para o caso de que se trata não era preciso o século,
mas o ano era indispensável. Entre a vinda de Jesus e a morte de César
há pouco mais de quarenta anos: e a Revolução Francesa chegou à

26

This chronicle deals with the political discussions and
religious questions involving holidays in Brazil, as well as
with the idea of freedom, which was imported from France
and represented by the French Revolution, and also the
abolition of slavery.

November 10, 1888

GOOD DAYS!

Years ago, on the occasion of the Esther de Carvalho movement,[1] that good actress who died here, I remember having read in the newspapers a little anonymous article. One couldn't even have called it an article; it was a dry, naked question. The actress's numerous party was at work. There were claps, flowers, verses, long and brilliant public demonstrations. And then the anonymous question said: "Why shouldn't we use this Esther de Carvalho movement to see if we can reach the closure of the doors?"[2]

The question looked strange at first glance: but it was the most natural thing in the world. However, nothing is done for two reasons, one easy to understand, which is the absorption of thought into one subject. The soul doesn't split. The question of the closure of the doors was exclusive, it demanded all, whole, constant energies, fighting day by day.

The second reason is that for years and for centuries there have been revolutions and transformations. For the case in question a century wasn't necessary, but a year was indispensable. There was a little more than 40 years between the coming of Jesus and the death

Bastilha depois de feita nos livros e iniciada nas províncias, desde os albores do século XVIII.

Aqui o caso era de um ano, o mesmo que viu a extinção da escravidão. Todas as liberdades são irmãs; parece que, quando uma dá rebate, as outras acodem logo.

Aí temos explicado o movimento atual, que, em boa hora, vai sendo praticado em paz e harmonia. Note-se bem que o movimento outrora tinha um caráter meio duvidoso, pedia-se o fechamento das portas aos domingos. O domingo, só por si, sem mais nada, é um dia protestante; e o movimento, limitando o descanso a esse dia, como que parecia inclinar à igreja inglesa. Daí a frieza do clero católico. Agora, porém, a plataforma (se me é lícito dizer uma palavra que pouca gente entende) abrange os domingos e dias santos. Deste modo não se pede só o dia do Senhor, mas esse e os mais que o rito católico estabelece em honra dos grandes mártires ou heróis da fé, e dos fastos da Igreja desde os primitivos tempos.

Seguramente, há maior número de dias vagos, mas o trabalho dos outros compensará os perdidos; por esse lado, não vejo perigo. Pode dar-se também que a definição das férias se estenda um pouco mas, pelo tempo adiante. Por exemplo, o dia 2 de novembro é feriado ou não? Vimos este ano duas opiniões opostas, a do Senado e a da Câmara. O Senado declarou que era, e não deu ordem do dia; a Câmara entendeu que não era, e deu ordem do dia. Foi o mesmo que se não desse, é verdade, porque lá não apareceu ninguém; mas a opinião ficou assentada. O Senado comemora os defuntos, a Câmara não. Talvez a Câmara não deseje lembrar o próximo fim dos seus dias. O Senado, embalsamado pela vitaliciedade, pode entrar sem susto nos cemitérios. Não é a lei que o há de matar.

Pois bem, ainda nesses casos o acordo é possível entre caixeiros e

of Caesar: and the French Revolution arrived at the Bastille after it was made in books and started in the provinces, from the dawn of the eighteenth century.

Here the case was a year, the same year that witnessed the abolition of slavery. All freedoms are sisters; it seems that when one raises a rebate, the others will soon do the same.

Here we have the current movement explained, which, at the opportune time, is being practiced in peace and harmony. It should be noted that the movement once had a rather dubious character, it requested the doors to be closed on Sundays. Sunday on its own, alone, is a Protestant day; and the movement, limiting the resting to this day, seemed to have a tendency to the English Church. Hence the coldness of the Catholic clergy. Now, however, the platform (if I may say a word which few people understand) covers Sundays and holy days. In this way the Lord's Day is not the only day required, but this one and the others that the Catholic rite establishes in honor of the great martyrs or heroes of the faith, and of the Church's festivities since the earliest times.

Surely there are more free days, but the work of others will make up for the ones lost; in this aspect, I see no danger. It may also be that the definition of holidays extends a little more, for the time to come. For example, is November 2 a holiday or not? We have seen two opposing opinions this year, the Senate and the Chamber. The Senate declared it was, and didn't give the order of the day. The Chamber understood that it wasn't, and gave the order of the day. It was the same as if it didn't, it's true, because no one showed up there; but the opinion was settled. The Senate celebrates the dead, the Chamber doesn't. Perhaps the Chamber doesn't want to remember the next end of its days. The Senate, embalmed by vitality, can enter the cemeteries

patrões; fechem-se as portas ao meio-dia. Os patrões e os rapazes irão de tarde aos cemitérios.

Noto, e por honra de todos, que não tem havido distúrbios nem violências. Há dias, é certo, um grupo protestou contra uma casa do Largo de São Francisco de Paula, que estava aberta; mas quem mandou fechar as portas da casa não foi o grupo, foi o subdelegado. Tem havido muita prudência e razão. O próprio ato do subdelegado, olhando-se bem para ele, foi bem feito. Já lá dissera Musset estas palavras: "*Il faut qu'une porte soit ouverte ou fermée.*" Não podendo estar abertas as da loja de grinaldas, foi muito melhor fechá-las. "É assim que eu gosto dos médicos especulativos" dizia um personagem de Antônio José.

Não sei se tenho mais alguma coisa que dizer. Creio que não. A questão chinesa está absolutamente esgotada; tão esgotada que, tendo eu anunciado por circular manuscrita, que daria um prêmio de conto de réis a quem me apresentasse um argumento novo, quer a favor, quer contra os chins, recebi carta de um só concorrente, dizendo-me que ainda havia um argumento científico, e era este: "A criação animal decresce por este modo:—o *homem*, o *chim*, o *chimpanzé...*" Como vêem, é apenas um *calembour*; e se não houvesse *calembour* no Evangelho e em Camões, era certo que eu quebrava a cara do autor; limitei-me a guardar o dinheiro no bolso.

BOAS NOITES.

Publicação Original: Rio de Janeiro: *Gazeta de Notícias*, 10.11.1888, N.314, p.3.

without fear. It isn't the law that will kill you.

Well, even in such cases the agreement is possible between clerks and bosses: shut the doors at noon. The bosses and the young men will go to the cemeteries in the afternoon.

I note, and for the honor of all, that there have been no disturbances or violence. Some days ago, a group protested against an establishment which was open in Largo de São Francisco de Paula,[3] but it wasn't the group that ordered the closing of the doors, it was the sub-delegate. There has been much prudence and reason. The sub-delegate's own act, looking closely at it, was well performed. Back then Musset[4] had said these words: *"Il faut qu'une porte soit ouverte ou fermée."*[5] If the doors of the garland store couldn't be open, it was much better to close them. "That's how I like the doctors: speculative," said one of Antônio José's characters.[6]

I don't know if I have anything else to say. I don't think so. The Chinese question is absolutely exhausted; so exhausted that, having announced by handwritten circular letter that I'd give a *conto de réis*[7] prize to anyone who presented a new argument, either for or against the Chinese, I received a letter from a single competitor, telling me that there was still one Scientific argument, and this was it: "The animal creation decreases in this way:—man, *chim,*[8] chimpanzee..." As you see, it's only a pun; and if there was no pun in the Gospel and in Camões,[9] I'd certainly punch the author's face; I simply kept the money in my pocket.

GOOD NIGHTS.

Original Publication: Rio de Janeiro: *Gazeta de Notícias*, 10.11.1888, N.314, p.3.

27

*Nesta crônica o narrador menciona o fictício assassinato
da estilista francesa Mme. Torpille a fim de iniciar uma
discussão sobre as eleições e sobre a extinção do voto secreto
no Brasil. Ele ainda usa uma piada para zombar desta
extinção, considerando que ela não seria razoável pelo fato
de que as pessoas mentem umas para as outras.*

18 de novembro de 1888

BONS DIAS!

Agora acabou-se! Já se não pode contar um caso, meio trágico, em casa de família, que não digam logo vinte vozes:

"Já sei, outra Mme. Torpille!"

"Perdão, minha senhora, eu vi o que lhe estou contando. O homem não tinha pés nem cabeça..."

"Mas tinha uma cruz latina no peito."

"Isso não sei, pode ser. A senhora sabe se trago também alguma cruz latina ao peito? Pois saiba que sim... Olhe, a cruz latina também figurou agora na revolução de rapazes em Pernambuco; a diferença é que não era no peito que eles a levavam mas às costas. Por falar em latim, sabem que Cícero..."

Aqui não houve mais retê-las; todas voaram, umas para as janelas, outras para os pianos, outras para dentro; fiquei só, peguei no chapéu e vim ter com os meus leitores, que são sempre os que pagam as favas.

27

In this chronicle the narrator mentions the fictitious murder of the French fashion designer Mme. Torpille in order to start a discussion about political elections and about the extinction of the secret vote in Brazil. He even uses a joke to mock this extinction, considering that it would not be reasonable because people tend to lie to each other.

November 18, 1888

GOOD DAYS!

Now it's over! One cannot tell a case, a bit tragic, at a family's house, that doesn't immediately evoke twenty voices to say:

"I know, it's another *Mme*. Torpille!"[1]

"Sorry, ma'am, I saw what I'm telling you. The man had neither feet nor head..."

"But he had a Latin cross on his chest."

"I don't know about that, it could be. Do you know if I also bring some Latin cross to my chest? You should know that I do... Look, the Latin cross is also figuring now in the young men's revolution in Pernambuco.[2] The difference was that it wasn't in their chest that they carried it, but on their back. Speaking of Latin, you know that Cicero..."[3]

Here there was no more holding them; they all flew, one to the windows, some to the pianos, some inside; I was alone, I got my hat and came to my readers, who are always the ones who pay the price.

E, prosseguindo, digo que o velho Cícero escreveu uma coisa tão certa, que até eu, que não sei latim, só por vê-la traduzida em sueco, entendi logo o que vinha a ser, e é isto: *"Grata populo est tabella..."* Em português: "O voto secreto agrada ao povo, porque lhe dá força para dissimular o pensamento e olhar com firmeza para os outros."

Ora bem, este voto secreto, que me é tão grato, quer o nosso ilustre Senador Cândido de Oliveira arrancá-lo ao eleitor, no projeto eleitoral que apresentou ao Senado. Note-se que foi justamente por ser secreto o voto, que eu, embora conservador, votei em S. Exa. para a lista tríplice. Não gostei da chapa do meu partido, e disse comigo:– "Não, senhor; voto no Cândido, no Afonso e no Alvim." Quando mais tarde o Cruz Machado (Visconde do Serro Frio) me falou na eleição, declarei-lhe que ainda uma vez levara às urnas a lista da nossa gente. Era mentira; mas para isso mesmo é que vale o voto secreto.

S. Exa. quer o voto público. Há de ser escrito o nome do candidato em um livro com a assinatura do eleitor (art. 3º § 1º). Concordo que este modo dá certa hombridade e franqueza, virtudes indispensáveis. É fora de dúvida que, com o voto público, o caixeiro vota no patrão, o inquilino no dono da casa (salvo se o adversário lhe oferecer outra mais barata, o que é ainda uma virtude, a economia), o fiel dos feitos vota no escrivão, os empregados bancários votam no gerente, e assim por diante. Também se pode votar nos adversários. Mas, enfim, nem todos são aptos para a virtude. Há muita gente capaz de falar em particular de um sujeito, e ir jantar publicamente com ele. São temperamentos.

Se as nossas eleições fossem sempre impuras, vá que viesse aquela disposição no projeto; mas é raro que a ordem e a liberdade se não dêem as mãos diante das urnas. Uma eleição entre nós pode ser aborrecida, graças ao sistema de chamadas nominais, que obriga a gente a não arredar pé da seção em que vota; mas são em geral boas.

And then I say that old Cicero wrote something so certain that even I, who don't know Latin, by only seeing it translated into Swedish, immediately understood what it was, and this is it: "*Grata populo est tabella...*"[4] In Portuguese: "The secret vote appeals to the people because it gives them strength to conceal their thought and to look steadfastly at others."

Well, this secret vote, for which I'm grateful, our illustrious Senator Cândido de Oliveira[5] wants to tear it away from the voter in the electoral bill he presented to the Senate. It should be noted that it was precisely because the vote was secret that I, although conservative, voted for Your Excellency for the triple list.[6] I didn't like my party's ticket, and said to myself, "No, sir; I vote for Cândido, Afonso e Alvim."[7] When Cruz Machado (Viscount of Serro Frio)[8] later told me about the election, I told him that he had once taken the list of our people to the polls. It was a lie; but that's why the secret vote is has value.

His Excellency wants the public vote. The name of the candidate must be written in a book with the voter's signature (Article 3 § 1). I agree that this mode has a certain manliness and frankness, indispensable virtues. There is no doubt that, with the public vote; the clerk votes for the boss, the tenant on the owner of the house (unless the opponent offers him a cheaper one, which is still a virtue, the economy); the believer of the facts votes on the registrars; the bank clerks vote for the manager; and so on. One can also vote for the opponents. But, in short, not all are fit for virtue. There are a lot of people who can talk privately about a fellow, and go and dine with him in public. These are temperaments.

If our elections have always been lewd, what if that provision came on the bill; but it's rare that order and freedom don't reach

E depois, se o voto secreto já fez algum bem neste nosso pequeno mundo, por que aboli-lo?

Bem sei tudo o que se pode de bem e de mal acerca do voto secreto. Em teoria, realmente, o público é melhor. A questão é que não permite o trabalhinho oculto, e, mais que tudo, obsta a que a gente vote contra um candidato, e vá jantar com ele à tarde, por ocasião da filarmônica e dos discursos.

Voto público e muito público—foi o que aquela linda Duquesa de Cavendish alcançou, estando a cabalar por um parente; parou dentro do carro à porta de um açougueiro e pediu-lhe o voto. O açougueiro, que era do partido oposto, disse-lhe brincando:

"Votarei, se Vossa Senhoria me der um beijo."

E a duquesa, como toda gente sabe, estendeu-lhe os lábios, e ele depositou ali um beijinho, que já agora é melhor julgar que experimentar. Neste sentido, todos somos açougueiros. Tais votos são mais que públicos. Complete S. Exa. o seu projeto, estabelecendo que as candidaturas só poderão ser trabalhadas por mulheres, amigas do candidato, devendo começar pelas mais bonitas, e está abolido o voto secreto. O mais que pode acontecer, é a gente faltar a nove ou dez pessoas, se a vaga for só uma; mas creia S. Exa. que não há beijo perdido.

Tinha outra coisa que dizer acerca do projeto, ou antes, que perguntar a S. Exa., mas o tempo urge.

Há uma disposição, porém, que não posso deixar de agradecer desde já; é a abolição do 2° escrutínio, saindo deputado com os votos que tiver; maioria relativa, em suma. Tem um distrito 1.900 eleitores inscritos; compareçem apenas 104; eu obtenho 20 votos, o meu adversário 19, e os restantes espalham-se por diferentes nomes. Entro

out to the polls. An election between us can be annoying, thanks to the system of voice votes, which forces people not to step foot in the section in which they vote; but they are generally good. And then, if the secret vote has already done any good in this little world of ours, why abolish it?

I know well everything that can be good and bad about the secret vote. In theory, really, the public vote is better. The point is that it doesn't allow for hidden petty work, and, more than anything else, it prevents us from voting against a candidate, and dine with him in the afternoon, on the occasion of the philharmonic[9] and speeches.

The public vote—and very public—was what that beautiful Duchess of Cavendish[10] achieved, caballing for a relative; she stopped the car at the door of a butcher and asked him for his vote. The butcher, who was from the opposing party, told her jokingly:

"I will, if Your Ladyship kisses me."

And the duchess, as everyone knows, offered him her lips, and there he put down a little kiss, which is now better to judge than to experiment. In this sense, we are all butchers. Such votes are more than public. Complete your bill, Your Excellency, stating that the candidacies can only be taken by women, friends of the candidate, starting with the most beautiful, and the secret vote is abolished. The most that can happen is that we miss nine or ten people, if there's only one place; but Your Excellency can believe that there is no lost kiss.

I had something else to say about the bill, or rather, to ask Your Excellency, but the time urges.

There is a provision, however, that I cannot fail to appreciate at once; it's the abolition of the second scrutiny, becoming deputy with whatever votes he gets; relative majority, in short. A district having

na Câmara nos braços de vinte pessoas. Há famílias mais numerosas, mas muito menos úteis.

BOAS NOITES.

Publicação Original: Rio de Janeiro: *Gazeta de Notícias*, 18.11.1888, N.322, p.1.

Good Days!

1,900 registered voters; only 104 appear; I get 20 votes, my opponent 19, and the rest spread through different names. I enter the Chamber in the arms of twenty people. There are more numerous families, but much less useful.

GOOD NIGHTS.

Original Publication: Rio de Janeiro: *Gazeta de Notícias*, 18.11.1888, N.322, p.1.

28

Nesta crônica o narrador se refere ao fim dos tempos para discutir o projeto que reconheceu outras religiões que não a católica, a oficial do Império. Ele comenta sobre outros fatos irrelevantes e insinua que uma revolução é necessária para que os brasileiros fizessem valer suas opiniões.

25 de novembro de 1888

BONS DIAS!

Nunca tirei o chapéu com tanta melancolia. Tudo é triste em volta de nós. A própria risada humana parece um dobre de finados. Creio que somos chegados ao fim dos tempos.

Não faltam banquetes, é verdade; mas, pergunto eu, que é que se come nesses banquetes, estando tudo falsificado? Eu, se tivesse de dar programa aos republicanos, lembrava-lhes, entre outros artigos a chanfana de Esparta. Está sabido que as comidas finas andam eivadas de morte e moléstia. Eu já pouco como; dois ou três dedos da Aurora, uma fatia de coxa de David, frutos de sabedoria, alguns braços da lavoura, eis o meu jantar. Manteiga, nem por sombra; consolo-me da falta, lendo estes versos de Nicolau Tolentino:

Bota o cordão, *Manteiga*, agarra tudo.

E sentido! não saltem da janela.

Mas, como se não bastasse a falsificação dos comestíveis, temos as mortes súbitas, os tiros com e sem endereço, a peste dos burros, a

28

In this chronicle the narrator refers to the end of time to discuss the project that recognized religions other than Catholic, which was the Empire's official religion. He comments on other irrelevant facts and insinuates that a revolution is necessary for Brazilians to have their opinions valued.

November 25, 1888

GOOD DAYS!

I never took off my hat with such melancholy. Everything is sad around us. The human laughter itself seems like a death knell. I believe that we are coming to the end of time.[1]

There is no shortage of banquets,[2] it is true; but, I ask myself, what do you eat at these banquets, if all are counterfeit?[3] If I had to give the Republicans a program, I would remind them, among other articles, of Sparta's *chanfana*.[4] It's well known that fine foods are fraught with death and disease. I already eat little; two or three fingers of Aurora, a slice of David's thigh, fruits of wisdom, and some armfuls of work, that's my supper.[5] Butter, not even in dreams; I console myself for its absence by reading these verses from Nicolau Tolentino:[6]

Put the belt on, *Manteiga*, grab it all.

And woeful don't jump out of the window.[7]

But, as if the forgery of the edible wasn't enough, we have the sudden deaths, the bullets with and without a target, the plague of

seca do Ceará, vários desaparecimentos, e, por ventura, algum harém incipiente seja onde for... Mas isto agora entende com a liberdade dos cultos, projeto que está pendente da Câmara. Não é que o harém seja templo, mas é um artigo de religião muçulmana. Demais, enquanto vir na Rua dos Inválidos uma casa, que se parece tanto com casa, como eu com leitor, e na fachada da qual está escrito: *Igreja evangélica*, vou acreditando que o projeto do Senado pode esperar.

Já agora fico triste de uma vez, e digo que é muito melhor infringir a lei que reformá-la. Onde é que está a tristeza disso? Não sei; escrevi *triste*, como podia escrever *alegre* ou *polka*. A minha pena parece-se com um cachorrinho que me doaram; quando lhe dá para correr, tão depressa está em casa como nas pontas da lua. Não tem juízo esta pena. Não obedece a posturas, nem às leis, nem a nada; anda, desanda, tresanda. Creiam-me; não me faltam ideias sublimes; falta-me pensar com que fixe no papel. Agora mesmo, surgira-me cá dentro uma elegia a propósito dos burros doentes; mas a pena segreda-me que depois da elegia de José Telha, está tudo dito; o melhor é deixá-los penar.

Resta-me sempre um assunto, não por falta de outro, mas por ser fecundo em reflexões graves; é raro achar um homem menos dado a pilhérias do que eu. Eu preferi sempre um coveiro a Molière, e nenhum orador aprecio tanto como o que me mete logo na sepultura desde o exórdio. O cipreste é a minha árvore de predileção. As rosas, por isso que pedem a alegria, acho-as insuportáveis. Eu, se fosse Nero ou Calígula, mandava cortar a cabeça a todas as bandas de música jovial. Desconfio do homem que ri; é uma onça disfarçada; é, quando menos, um gato-ruivo.

O assunto é fechamento das portas. Escrevo o título da coisa, sem acreditar que ele exprime a coisa. Mas, em suma, é assim que se

donkeys, the drought of Ceará,[8] several disappearances, and, by chance, some incipient harem wherever... But this now manages the freedom of worship, a bill that is pending in the Chamber.[9] It's not that the harem is a temple, but it's an item of the Muslim religion. Moreover, while I see at Rua dos Inválidos a house which looks as much like a house as I look like a reader, and on which facade is written: *Evangelical Church*, I believe that the Senate bill can wait.

I'm sad now, and I say that it's far better to break the law than reform it. Where is the sadness about this? I don't know; I wrote *sad*, as I could have written *jolly* or *polka*. My pen looks like a little dog someone gave me; when it feels like running, it's home as fast as it gets to the tips of the moon. This pen is foolish. It doesn't obey to points of view, or laws, or anything; it does, undoes, turns back. Believe me; I'm not wanting of sublime ideas; I'm wanting that it says on paper what I'm thinking. Right now, from deep inside of my being came an elegy about sick donkeys; but the pen confides in me that after José Telha's elegy,[10] everything is said; it's best to let them suffer.

I'm always left with one subject, not for want of another, but for being fruitful in serious reflections; it's rare to find a man less given to quips than me. I have always preferred a gravedigger to Molière, and no speaker I appreciate more than the one who put me in the grave from the exordium. The cypress is my tree of predilection. Roses, because they ask for joy, I find them unbearable. If I were Nero or Caligula, I'd have the heads of all jovial music bands cut off. I'm wary of the man who laughs; he's a jaguar in disguise; in the worst case scenario he's a ginger cat.

The subject is the closure of the doors.[11] I write the title of the thing without believing that it expresses the thing. But in short, that's how it's written. I say that this subject gives rise to serious reflections.

escreve. Digo que este assunto dá lugar a reflexões graves. Porque vem de longe, e é um documento vivo de que as campanhas pacíficas são as menos sangrentas. Todos os dias leio declarações de patrões que concordam em fechar as casas; e vão todos por classes.

Uma senhora ingênua, quando há tempo houve um barulho na rua, por causa das portas abertas, ao ler que um ferido foi levado à farmácia, perguntou-me:

"Mas se as portas das farmácias já estivessem fechadas?"

Respondi a esta senhora que mui provavelmente não haveria barulho nem ferido, pois que as boticas (como se dizia até 1860) serão naturalmente as últimas que fecharão as portas. Nada impede até que haja algumas exceções na medida geral. Também se adoece aos domingos. Aqui está quem já escapou de morrer pela Páscoa.

Que este movimento liberal generoso assuste a alguns, é natural. Assim é que um amigo meu, negociante de trastes velhos, dizia-me há dias que talvez chegasse o tempo em que ele e os colegas tenham de fazer um movimento igualmente liberal para obter a abertura de portas, aos sábados, por exemplo. A reflexão é grave, como se vê, mas nem por isso há de atar as mãos ao atual movimento. Façam primeiro 89; os ferros-velhos que tragam o 18 Brumário.

BOAS NOITES.

Publicação Original: Rio de Janeiro: *Gazeta de Notícias*, 25.11.1888, N.329, p.2.

Good Days!

Because it comes from afar, and it's living proof that peaceful campaigns are the least bloody. Every day I read statements from employers who agree to close shops; and they rukn through all classes.

A naive lady, when there was a noise in the street some time ago, because of the open doors, upon reading that an injured person was taken to the pharmacy, asked me:

"But what if the pharmacy doors were already closed?"

I told this lady that there would probably be no noise or injured people since the apothecaries (as it was called until 1860) will naturally be the last to close the doors. Nothing prevents that there are even some exceptions in the general measure. People also get sick on Sundays. Here it is someone who has already escaped death on Easter.

It's natural that this generous liberal movement scares some. So a friend of mine, a dealer of old junk, told me days ago that the time might come when he and his colleagues have to promote an equally liberal movement to be allowed to open the doors on Saturdays, for example. The reflection is serious, as it turns out, but it doesn't have to tie the hands of the current movement. Make it 89 first;[12] the junk yards that bring the 18th Brumaire.[13]

GOOD NIGHTS.

Original Publication: Rio de Janeiro: *Gazeta de Notícias*, 25.11.1888, N.329, p.2.

29

Esta crônica traz uma sarcástica crítica às duas principais tendências governamentais da época de Machado: a oposição e o Ministério. O narrador faz esta crítica usando a ideia de um livro a ser lançado, sugerindo que haviam restrições editoriais para a sua publicação.

17 de dezembro de 1888

BONS DIAS!

Posso aparecer? Creio de agora está tudo sossegado. Enquanto houve receio de alguma coisa, não pus o nariz, quanto mais as maguinhas, de fora. Não, meus amigos, o grande fenômeno de longevidade não se obtêm expondo-se a gente à bordoeira de um e outro lado. Se não houvesse jornais, que nos dão notícias, vá; e ainda assim um criado podia ir saber das coisas, e, se corresse sangue, corria o dele. Quando eu nasci, existia já este adágio: morrer por morrer, morra meu pai que é mais velho. Não digo que seja a última expressão da piedade filial; mas não hádúvida que sai das entranhas. E para morrer, qualquer pessoa, um criado, um vizinho, um cocheiro,—em último caso, uma mulher,—qualquer pessoa é pai.

Não se cuide que estive em casa vadio. Aproveitei a folga obrigada para compor uma obra, que espero seja útil ao meu país,—ou, quando menos, a alguns compatriotas de boa vontade.

Vi publicado um *Orador Popular*, ou coisa que valha, contendo

29

This chronicle brings sarcastic criticism against the two main trends of Brazilian government in Machado's time: the opposition and the ministerial. The narrator makes this criticism by using the idea of a book to be launched, suggesting that there were editorial restrictions for its publication.

December 17, 1888

GOOD DAYS!

Can I show up? I think everything is quiet now. While there was fear of something, I didn't put my nose, let alone my cuffs,[1] outside. No my friends, the great phenomenon of longevity cannot be obtained by exposing ourselves to scuffling on both sides. If there were no newspapers, which give us the news, then yes; and yet a servant could go and get to know things, and if there was blood, it would be his. When I was born, there was already this adage: If it's just a matter of someone dying, then let my father die, as he's older. I don't say that it's the last expression of filial piety; but there is no doubt that it comes from deep inside. And to die, any person: a servant, a neighbor, a coachman,—in the last case, a woman,—any person is a father.

Don't worry, I wasn't loafing at home. I have taken the time to compose a piece of work, which I hope is useful to my country, or at least to some compatriots with good will.

I saw a *Popular Speaker*, or something that like that,

discursos prontos para todas as ocorrências e comemorações da vida,—batizado, enterro, aniversário, entrega de encomenda, despedida de juiz de direito, casamento e outras muitas coisas que podem aparecer. Lembrou-me então fazer uma imitação do livro, aplicada à política: *O Orador Parlamentar*.

É sabido que, se Deus dá o frio conforme a roupa, não faz o mesmo com as ideias: há pessoas bem enroupadas e pouco *ideiadas*. Trinta coletes nem sempre supõem um silogismo. Entretanto, como tais coletes podem entrar nas câmaras, é bom pregar-lhes, em vez de botões, discursos. Aqui parece que faço confusão misturando ideias com discursos, coisas que, muita vez, andam separadas; mas é engano. Eu dou ideias e o modo de as dizer.

O livro está a sair. O meu editor não queria admitir que publicasse nenhum trecho; mas alcancei dar dois, e aqui vão. São dois discursos, ambos para a resposta à fala do trono.

O primeiro destina-se ao orador oposicionista; o segundo ao ministerial:

OPOSICIONISTA:

"Sr. Presidente. Serei curto, porque é bem curta a vida que nos reserva o ministério. Quando esses sete homens que aí estão cavando as ruínas da pátria, trancam os ouvidos às lamentações de uns, aos brados de outros, ou às dores de todos, pouca vida nos resta; não há pensar senão na morte e na eternidade.

Entretanto, como há no nosso país um cantinho, a que sou particularmente afeiçoado—o (*aqui o número*) distrito da nobre província (*o nome da província*), não quero que se diga que, nesta hecatombe de todos os princípios e de

published which contains ready speeches for all occurrences and commemorations of life: baptism, burial, birthday, parcel delivery, farewell to a judge of law, marriage, and many other things which may appear. It reminded me to make an imitation of the book, applied to politics: *The Parliamentary Speaker.*

It is well known that if God gives the cold according to the garment, he doesn't do the same with ideas. There are people who are well-clothed and little *ideated*. Thirty waistcoats don't always beget a syllogism. However, since such waistcoats can enter the Chambers, it's good to fasten them with speeches rather than buttons. Here it seems that I'm confusing, mixing ideas with speeches, things that, very often, are separate; but that's a mistake. I give ideas and the way to say them.

The book is coming out. My publisher didn't want to allow me to publish any excerpt; but I managed to get two, and here they go. They are two speeches, both in the answer to the throne's speech.

The first is for the opposition speaker; the second for the ministerial:

OPPOSITIONIST:

"Mr. President. I will be short, because the life reserved to the ministry is very short. When these seven men who are here digging the ruins of the homeland cover their ears to the lamentations of some, to the cries of others, and to the pains of all, little life remains to us; there is no thinking left but of death and eternity.

However, since there is in our country a nook which I am particularly fond of—the (*put here the number*) district of the noble province (*the name of the province*), I do not

todos os homens, deixei de implorar do ministério alguma piedade, um pouco de misericórdia para aqueles que aqui me mandaram.

Não é debalde, Sr. Presidente, que *proletários* rimam com *argentários*; rima na escrita e na política (*aqui convém percorrer os olhos pela Câmara, limpando os beiços*). E por que rimam? Rimam, porque uns e outros são, por assim dizer, os pobres corcéis que puxam o carro do Estado. O ministério, entretanto, concebeu a singular ideia de fazer puxar o carro, cujo governo se lhe confiou, unicamente por um daqueles nobres animais..."

UMA VOZ (*provável*)—Como os bondinhos da Lapa.

O ORADOR—"Os argentários dominam no meu distrito; todos os eleitores de poucos meios são postos à margem. O ministério fez agora uma derrama de graças. A quem aproveitou esse ato de magnificência? Aos de bolsas grandes e cheias. Nenhum cidadão pobre, embora de altos serviços ao Estado, mereceu uma distinção qualquer. O governo não os conhece; e por que não os conhece? Porque os não pode corromper; eles receberiam a graça com a altivez de cidadãos que só têm um caminho o da honra. E (*di-lo-á bem alto*) a honra destes tempos calamitosos está onde não estiverem o governo e os seus amigos!"

MINISTERIAL—"Sr. Presidente. Não venho trazer ao governo senão o apoio que dá o patriotismo, venho repetir-lhe o que a nação inteira brada pela voz dos seus melhores filhos: avante!

want people saying that, in this hecatcmb of all principles and of all men, I stopped begging the ministry for some pity, a little mercy for those who sent me here.

It is not in vain, Mr. President, that *proletarians* rhyme with *argentarians*.[2] They rhyme in writing and politics (*here it's convenient to look around the Chamber, wiping the lips*). And why do they rhyme? They rhyme because one and the other are, so to speak, the noble steeds that pull the State car. The ministry, however, conceived the singular idea of pulling the car, whose government was entrusted to it, only by one of those noble animals..."

A VOICE (*probable*): "Like the Lapa[3] trolley."

THE SPEAKER: "The argentarians dominate in my district; all less privileged voters are put aside. The ministry has made now a spillage of favors. Who took advantage of this act of magnificence? The ones with big and full pockets. No poor citizen, even though of high service to the State, deserved any distinction whatsoever. The government does not know them. And why does it not know them? Because it cannot corrupt them; they would receive the grace with the haughtiness of the citizens who have only one way: the honored one. And (*you will say it out loud*) the honor of these calamitous times is where the government and its friends aren't!"

MINISTERIAL: "Mr. President. I do not come to bring to the government anything but the support given by patriotism; I come to repeat to you what the whole nation shouts in the voice of your best children: onward!

Não sou dos que frequentam a tribuna; conheço que me faltam os méritos necessários; pouco tempo aqui estarei. Vou cedê-la aos grandes luminares desta casa, às vozes sublimes daqueles que (*aqui mais grosso*), como o profeta Isaías, contam as visões que tiveram aos homens que os escutam.

Entendo, Sr. Presidente, que a oposição segue caminho errado; o tempo não é de recriminações, o tempo é de salvar a pátria. A oposição não saiu ainda das generalidades; fatos, provas, não apresenta, nem apresentará nunca; pelos menos enquanto os nobres ministros merecerem o apoio do país.

É vezo antigo tudo esperar do governo; e daí vem acusá-lo quando ele não nos dá o sol e a chuva; mas os tempos vão passando, e a justiça se irá fazendo. Senhores, a história é a mestra da vida, dizia Cícero, se me não engano. Ela nos mostra que nenhum governo deixou de ser acusado. Dou o meu apoio ao atual, enquanto marchar nas veredas da justiça e do patriotismo. Será fraco apoio, mas sincero e puro. Tenho concluído."

Não são dos melhores do livro, mas são bons. Há também para as discussões do orçamento, em que o orador pode tratar da farmácia e da astronomia. Fiz até uma inovação. Até aqui a rolha era um simples pedido de encerramento. E enfeitei a rolha:

"Sr. Presidente. Os ilustres oradores tanto do governo como da nobre oposição já esclareceram bastante a matéria; peço à Câmara um sacrifício à pátria: o encerramento."

Good Days!

I am not one of those who attend the rostrum; I know that I lack the necessary merits; I will be here for a short time. I will cede to the great luminaries of this house, to the sublime voices of those who (*bolder here*), like the prophet Isaiah, tell the visions they had to the men who listen to them.

I believe, Mr. President, that the opposition is going the wrong way. The time is not for recriminations, it is time to save the homeland. The opposition has not yet detached from generalities. It does not present, nor will it ever present, facts, evidence; at least as long as the noble ministers deserve the support of the country.

It is an old vice to expect everything from the government, and then accuse it when it doesn't give us the sun and the rain. But the times are passing, and justice will be done. Gentlemen, history is the master of life, said Cicero,[4] if I am not mistaken. History shows us that no government has ceased to be accused. I give my support of the current, while it marches in the paths of justice and patriotism. It will be a feeble support, but sincere and pure. I am finished."

They are not the best in the book, but they are good. There are also speeches for budget discussions in which the speaker can deal with pharmacy and astronomy. I even made an innovation. So far the stopper was a simple request for closure. I embellished the stopper:

"Mr. President. The illustrious speakers of both the government and the noble opposition have already clarified

Bons Dias!

O livro será exposto amanhã. Um só volume, in-8°, de IX-284 páginas, VI de índice, preço 2$400.

BOAS NOITES.

Publicação Original: Rio de Janeiro: *Gazeta de Notícias*, 17.12.1888, N.351, p.1.

the matter quite a lot; I ask the Chamber a sacrifice for the
country: the closure."

The book will be shown tomorrow. A single volume, in-8th, of IX-284 pages, index VI, price 2$400.[5]

GOOD NIGHTS.

Original Publication: Rio de Janeiro: *Gazeta de Notícias*, 17.12.1888, N.351, p.1.

30

*Nesta crônica o narrador discute o uso do apito pela polícia,
assim como a pena de morte e sua habilidade de concordar
com as opiniões dos outros de forma que ninguém seja
ofendido por suas atitudes. Isso pode ser interpretado como
uma referência indireta à atitude do próprio Machado de
Assis, considerando que as crônicas deste volume foram
escritas com pseudônimos.*

27 de dezembro de 1888

BONS DIAS!

Cuidava eu que era o mais precavido dos meus con//temporâneos.
A razão é que saio sempre de casa com o *Credo* na boca, e disposição feita de não contrariar as opiniões dos outros. Quem talvez me vencia nisto era o Visconde de Abaeté, de quem se conta que, nos últimos anos, quando alguém lhe dizia que o achava abatido:

"Estou, tenho passado mal," respondia ele.

Mas se, vinte passos adiante, encontrava outra pessoa que se alegrava com vê-lo tão rijo e robusto, concordava também:

"Oh! agora passo perfeitamente."

Não se opunha às opiniões dos outros; e ganhava com isto duas vantagens. A primeira era satisfazer a todos, a segunda era não perder tempo.

Pois, senhores, nem o ilustre brasileiro, nem este criado do leitor, éramos os mais precavidos dos homens. Há dias, a gente que saía de uma conferência republicana, foi atacada por alguns indivíduos; naturalmente houve tumulto, pancadas, pedradas, ferimentos,

30

*In this chronicle the narrator discusses the use of the whistle
by the police, as well as the death penalty and his ability
to agree with the opinions of others so that people are not
offended by him. This may be interpreted as an indirect
reference to Machado de Assis's attitude, as the chronicles of
this volume were written under a pseudonym.*

December 27, 1888

GOOD DAYS!

I thought I was the most cautious of my contemporaries. The reason
is that I always leave home with the *Creed* in my mouth and a willingness not to contradict the opinions of others. Who perhaps beat me
on this was the Viscount of Abaeté,[1] of whom it's said that, in the last
years, when someone told him that he was gaunt:

"I am, I have been ill," he replied.

But if, twenty steps ahead, he met another person who was glad to
see him so steely and strong, he also agreed:

"Oh! Now I am perfectly fine."

He didn't oppose the opinions of others; and he gained two
advantages. The first was to satisfy everyone, the second was not to
waste time.

Because, gentlemen, neither the illustrious Brazilian nor this
servant of the reader were the most cautious of men. Some days ago,
people leaving a Republican conference were attacked by some
individuals. Naturally there were turmoil, beatings, stoning, wounds,

recorrendo os atacados aos apitos, para chamar a polícia, que acudiu prestes. Pouco antes, dois soldados brigaram com o cocheiro ou condutor de um *bond*, atracaram-se com ele, os passageiros intervieram, e, não conseguindo nada, recorreram aos apitos, e a polícia acudiu.

Estes apitos retinem-me ainda agora no cérebro. Por Ulisses! pelo artificioso e prudente Ulisses! Nunca imaginei que toda a gente andasse aparelhada desse instrumento, na verdade útil. Os casos acima apontados são diferentes, as circunstâncias diferentes, e diferentes os sentimentos das pessoas; não há uma só analogia entre os dois tumultos, exceto esta: que cada cidadão trazia um apito no bolso. É o que eu não sabia. Afigura-se-me ver um pacato dono da casa, prestes a sair, gritar para a mulher:

"Florência, esqueci-me da carteira, dá cá, está em cima da secretária."

Ou então:

"Florência, vê se há charutos na caixa, e atira-me alguns.

Ou ainda:

"Dá-me um lenço, Florência!"

Mas nunca imaginei esta frase:

"Florência, depressa, dá cá o apito!"

Não há negá-lo, o apito é de uso geral e comum. Uso louvável, porque a polícia não há de adivinhar os tumultos, e este modo de a chamar é excelente, em vez das pernas, que podem levar o dono, não ao corpo da guarda, mas a um escuro e modesto corredor. Vou comprar um apito.

Creiam que é por medo dele, que não escrevo aqui duas linhas em defesa de um defunto dos últimos dias, o Carrasco de Minas Gerais, pobre diabo, que ninguém defendeu, e que uma carta de Ouro Preto

and the attacked ones resorting to blowing whistles to call the police, who came promptly. Shortly before, two soldiers quarreled with the coachman or the conductor of a trolley, scuffled with him, the passengers intervened, and, not managing to, they resorted to the whistles, and the police came.

These whistles still rattle in my brain. By Ulysses! By the skillful and prudent Ulysses! I never imagined that everyone would be equipped with this instrument, in fact useful. The above mentioned cases are different, the circumstances are different, and different are the feelings of the people. There isn't a single analogy between the two riots, except this: that every citizen carried a whistle in his pocket. That's what I didn't know. It seems to me that I see a quiet family man, about to leave, to shout at the wife:

"Florência, I forgot my wallet, give it to me, it's on the desk."

Or else:

"Florência, see if there are cigars in the box, and throw me some."

Or yet:

"Give me a handkerchief, Florência!"

But I never imagined this phrase:

"Florência, hurry, give me the whistle!"

There is no denying it, the whistle is of common and general use. Praiseworthy use, because the police aren't to guess the tumults, and this way of calling them is excellent, instead of the legs, which can take their owner, not to the guard corps, but to a dark and unpretentious alley. I'm going to buy a whistle.

Believe me that it's for fear of it that I don't write here two lines in the defense of a deceased of the last days, the Executioner of Minas Gerais,[2] poor devil, whom no one defended, and that a letter from Ouro Preto[3] said he had exercised his *despicable* office from 1835 to 1858.

disse haver exercido o seu *desprezível* ofício desde 1835 até 1858.

Fiquei embatucado com o *desprezível* ofício do homem. Por que carga d'água há de ser desprezível ofício criado por lei? Foi a lei que decretou a pena de morte; e, desde Caim até hoje, para matar alguém é preciso alguém que mate. A bela sociedade estabeleceu a pena de morte para o assassino, em vez de uma razoável compensação pecuniária aos parentes do morto, como queria Maomé. Para executar a pena não se há de ir buscar o escrivão, cujos dedos só se devem tingir no sangue do tinteiro. Usamos empregar outro criminoso.

Disse então a bela sociedade ao carrasco de Minas, com aquela bonomia, que só possuem os entes coletivos:—"Você fez já um bom ensaio matando sua mulher; agora assente a mão em outras execuções, e acabará fazendo obra perfeita. Não se importe com mesa e cama; dou-lhe tudo isso, e roupa lavada: é um funcionário do Estado."

Deus meu, não digo que o ofício seja dos mais honrosos; é muito inferior ao do meu engraxador de botas, que por nenhum caso chega a matar as próprias pulgas; mas se o carrasco sai a matar um homem, é porque o mandam. Se a comparação se não prestasse a interpretações sublimes, que estão longe da minha alma, eu diria que ele (carrasco) é a última palavra do código. Não neguem isto, ao menos, ao patife Januário,—ou Fortunato, como outros dizem.

Em todo caso, não apitem, porque eu ainda não comprei apito, e posso responder que tudo isto é brincadeira, para passar os tempos duros do verão.

BOAS NOITES.

Publicação Original: Rio de Janeiro: *Gazeta de Notícias*, 27.12.1888, N.361, p.1.

I was pondering on the man's *despicable* office. Why on earth would an office created by law be despicable? It was the law that decreed the death penalty. And from Cain to this day, to kill someone requires someone who kills. The beautiful society established the death penalty for the murderer instead of a reasonable pecuniary compensation to the deceased's relatives, as Mohammad wanted.[4] In order to execute the penalty, one must not go get the scrivener, whose fingers are only to be dyed in the blood of the inkwell. We usually employ another criminal.

Then the beautiful society said to the executioner of Minas, with that bonhomie that only collective beings possess: "You already did a good rehearsal killing your wife; now settle your hand in other executions, and he will end up doing the perfect work. Don't care about table and bed; I give you all this, and washed clothes: you're an official of the State."

My God, I don't say that the office is the most honorable; is much lower than my shoeshiner, which by no means even kills his own fleas. But if the executioner goes out to kill a man, that's because they tell him to. If the comparison didn't lend itself to sublime interpretations, which are far from my soul, I would say that he (executioner) is the last word of the code. Don't deny this, at least, to the scoundrel Januário, or Fortunato, as others say.

In any case, don't whistle, because I still haven't bought a whistle, and I can answer that all this is a joke, to kill the hard times of the summer.

GOOD NIGHTS.

Original Publication: Rio de Janeiro: *Gazeta de Notícias*, 27.12.1888, N.361, p.1.

31

Nesta crônica o narrador zomba do hipnotismo, muito famoso no Rio de Janeiro do século XIX devido aos avanços da ciência na época. Ele afirma, de forma muito sarcástica, que o hipnotismo poderia ser usado para resolver crimes e converser com pessoas que eram importantes para o governo.

13 de janeiro de 1889

BONS DIAS!

Eu, se fosse gatuno, recolhia-me à casa, abria mão de vício tão hediondo, e ia estudar o hipnotismo. Uma vez amestrado, saía à rua com um ofício honesto, e passava o resto dos meus dias comendo tranqüilamente sem remorsos nem cadeia.

Foi o que fiz agora sem ser gatuno; gastei onze dias metido no estudo desta ciência nova. Tivesse a menor inclinação para ratoneiro, e nunca mais iria às algibeiras dos outros, aos quintais, às *vitrines*, nem ao famoso *conto do vigário*. Faria estudos práticos da ciência.

Dava, por exemplo, com um homem gordo, suíças longas, barba e queixo rapados, olhos vivos, e lesto, dizia comigo:—Este é o Visconde de Figueiredo. Metia-o por sugestão no primeiro corredor, ele mesmo fechava a porta, por sugestão, e eu dizia-lhe, como Gassner, que empregava o latim nas suas aplicações hipnóticas:

"*Veniat agitatio brachiorum.*"

O visconde agitava os braços. Eu em seguida bradava-lhe:

"Dê-me V. Exa. as notas que tiver aí no bolso, o relógio, os botões

31

In this chronicle the narrator mocks hypnotism, which was very famous in Rio de Janeiro in the 19th century due to the developments of science at that time. He claims, very sarcastically, that hypnotism could be used for solving crimes and talking to important people who were in the government.

January 13, 1889

GOOD DAYS!

If I were a prowler, I would retire to the house, would give up such a hideous addiction, and would study hypnotism. Once trained, I would end with an honest job and spend the rest of my days eating quietly without remorse or jail.

That's what I did now without being a prowler; I spent eleven days involved in the study of this new science.[1] If I had the slightest inclination to be a pilferer, I'd never resort to the pockets of others, to the backyards, to the shop windows, or to the famous three-card monte. I'd do practical studies of the science.

If I met, for example, a fat man with long whiskers, shaved beard and chin, lively eyes, and mischievous, I'd say to myself: "This is the Visconde de Figueiredo."[2] I'd take him by suggestion to the first corridor, he'd closed the door by suggestion, and I'd tell him, like Gassner,[3] who used Latin in his hypnotic applications:

"Veniat agitatio brachiorum."[4]

de ouro e qualquer outra prenda de estimação."

S. Exa desfazia-se de tudo paulatinamente; eu ia recebendo devagar; guardando tudo, dizia-lhe com persuasão e força:

"Agora mando que se esqueça de tudo, que passe alguns minutos sem saber onde está, que confunda esta rua com outra; e só daqui a uma hora vá almoçar no *restaurant* do costume, à cabeceira da mesma mesa, com seus habituais amigos."

Depois, à maneira do mesmo velho Gassner, fechava a experiência em latim:

"*Redeat ad se!*"

S. Exa. tornava a si; mas já eu ia na rua, tranquilo, enquanto ele tinha de gastar algum tempo, explicando-se, sem consegui-lo.

Seriam os meus primeiros estudos práticos; mas imagine-se o que poderia sair de tais estreias. Casas de penhores, ourives, joalherias. Subia ainda; ia aos tribunais ganhar causas, ia às câmaras legislativas obter votos, ia ao governo, ia a toda parte. De cada negócio (e nisto poria o maior apuro científico), compunha uma longa e minuciosa memória, expondo as observações feitas em cada paciente, a maior ou menor docilidade, o tempo, os fenômenos de toda a espécie; e por minha morte deixaria esses escritos ao Estado.

Por exemplo, este caso das meninas envenenadas de Niterói... Estudaria aquilo com amor; primeiro o menino que aviou a receita. Indagaria bem dele se era menino ou boticário. Ao saber que era só menino, mas que com cinco anos e a graça de Deus, esperava chegar a boticário, e, talvez, a médico da roça, mostrar-lhe-ia que a fortuna protege sempre os nobres esforços do homem; e assim também que, para salvar mil criaturas, é preciso ter matado cinquenta, pelo menos. Em seguida, tendo lido que o vidro do remédio fora mandado esconder por um facultativo, achá-lo-ia, antes da polícia, por meio hipnótico;

The Viscount would wave his arms. Then I'd shout at him:

"Give me, Your Excellency, the notes you have in your pocket, the watch, the gold buttonhooks, and any other esteemed gift."

His Excellency would gradually give away everything; I'd accept slowly; putting everything away, saying to him with persuasion and strength:

"Now I command you to forget everything; that you spend a few minutes without knowing where you are; that you confuse this street with another; and only in an hour you'll have lunch in the usual restaurant, at the head of the same table, with your usual friends."

Then, in the manner of the same old Gassner, I'd end the experience in Latin:

"*Redeat ad se!*"[5]

His Excellency would return to himself; but I'd already be on the street, quiet, while he'd have to spend some time, explaining it to himself, without success.

These would be my first practical studies. But imagine what might come out of such premieres. Pawn shops, goldsmiths, jewelers. I'd go even higher. I'd go to the courts to win causes, to the legislative chambers to get votes, to the government, everywhere. From each business (and in this I would make the greatest scientific accuracy), I'd compose a long and meticulous memory, exposing the observations made in each patient, the greater or lesser docility, the time, phenomena of all kinds. And by my death I'd leave those writings for the State.

For example, this case of the poisoned girls in Niterói...[6] I would study it with love; first the boy who dispensed the prescription. I would ask him if he was a boy or an apothecary. Knowing that he was only a boy, but that at the age of five, and with the grace of God, he hoped to

e este era o meu negócio. Exposto o vidro, na Rua do Ouvidor, a dois tostões por pessoa... É verdade que tudo poderia já estar esquecido, ou por causa do assassinato do Catete, ou até por nada.

Tudo feito, chegaria a morrer um dia, e mui provavelmente São Pedro, chaveiro do céu, não me abriria as portas por mais que lhe dissesse que os meus atos eram puras experiências científicas. Contar-lhe-ia as minhas virtudes; ele abanaria a cabeça. Pois aí mesmo aplicaria o novo processo.

"Veniat agitatio brachiorum."

São Pedro, mestre dos mestres na língua eclesiástica, obedeceria prontamente à minha intimação hipnótica, e agitaria os braços. Mas como, então não via nada, eu passaria para o lado de dentro; e logo que lhe bradasse de dentro; –*"Redeat ad se,"* ele acordaria e me perdoaria em nome do Senhor, desde que transpusera o limiar do céu. Esta é a diferença dos dois mistérios póstumos: quem entra no inferno perde as esperanças, quem entra no céu conserva-as integralmente.

"Servate ogni speranza, o voi ch'entrate!"

BOAS NOITES.

Publicação Original: Rio de Janeiro: *Gazeta de Notícias*, 13.01.1889, N.13, p.2.

become an apothecary, and perhaps the doctor from the boondocks, I'd show him that fortune always protects the noble efforts of man; and thus also that in order to save a thousand creatures, one must have killed at least fifty. Then, having read that the bottle of medicine had been ordered to be hidden by a physician, he would find it, before the police, by means of hypnotism. And this was my business. The bottle would be exposed, at Rua do Ouvidor[7], for two *tostões*[8] per person... It is true that everything could already be forgotten because of the murder of Catete,[9] or even for nothing.

All done, I'd die one day, and most probably St. Peter, lock guard of heaven, wouldn't open the doors to me even if I told him that my actions were pure scientific experiments. I would tell him my virtues; he would shake his head. Then and there I'd apply the new process.

"*Veniat agitatio brachiorum.*"

St. Peter, master of the masters in the ecclesiastical language, would readily obey my hypnotic summons, and he would shake his arms. But since he couldn't see anything then, I would go in. And as soon as I screamed from inside; "*Redeat ad se*," he would awake and forgive me in the name of the Lord, since I had transcended the threshold of heaven. This is the difference of the two posthumous mysteries: those who enter hell lose hope; those who enter heaven keep it fully.

"*Servate ogni speranza, o voi ch'entrate!*"[10]

GOOD NIGHTS.

Original Publication: Rio de Janeiro: *Gazeta de Notícias*, 13.01.1889, N.13, p.2.

32

*Nesta crônica o narrador usa seu passeio pela cidade de
São Sebastião para refletir sobre sua própria attitude de
ruminar, o que é irônico se considerarmos que as crônicas
são escritas com pseudônimos, e para zombar do hábito de
manter esqueletos na frente das casas, o que ele usa para
citar Hamlet, de Shakespeare, uma das peças preferidas de
Machado.*

21 de janeiro de 1889

BONS DIAS!

Vi não me lembra onde...

É meu costume; quando não tenho que fazer em casa, ir
por esse mundo de Cristo, se assim se pode chamar à cidade de São
Sebastião, matar o tempo. Não conheço melhor ofício, mormente se
a gente se mete por bairros excêntricos; um homem, uma tabuleta,
qualquer coisa basta a entreter o espírito, e a gente volta para casa
"lesta e aguda", como se dizia em não sei que comédia antiga.

Naturalmente, cansadas as pernas, meto-me no primeiro
bond, que pode trazer-me à casa ou à Rua do Ouvidor, que é onde
todos moramos. Se o *bond* é dos que têm de ir por vias estreitas e
atravancadas, torna-se um verdadeiro obséquio do céu. De quando em
quando, pára diante de uma carroça que despeja ou recolhe fardos.
O cocheiro trava o carro, ata as rédeas, desce e acende um cigarro;
o condutor desce também e vai dar uma vista de olhos ao obstáculo.

32

*In this chronicle the narrator uses his walk around the
city of São Sebastião to reflect on his own attitude of
ruminating, which is ironic if we consider that the chronicles
are written with a pseudonym, and to mock the habit of
keeping skeletons in front of the houses, which he uses to cite
Shakespeare's Hamlet, one of Machado's favorite plays.*

January 21, 1889

GOOD DAYS!

I saw it I don't remember where...

It is my custom, when I don't have anything to do at home, to go
through this world of Christ, if you can call the city of São Sebastião[1]
that, to kill time. I don't know of a better job, especially if we go
through eccentric neighborhoods. A man, a signboard, anything is
enough to entertain the spirit, and people return home "nimble and
sharp,"[2] as was said in I do not know what old comedy.

Naturally, when my legs are tired, I get into the first trolley that
can take me home or to Rua do Ouvidor, which is where we all live.
If the trolley is one of those which have to go through narrow and
cluttered roads, it becomes a true gift from heaven. From time to time,
it stops behind a cart that dumps or picks up bales. The coachman
applies the brakes to the wagon, ties the reins, gets off and lights a
cigarette; the conductor also gets off and takes a look at the obstacle.

Eu, e todos os veneráveis camelos da Arábia, vulgo passageiros, se estamos dizendo alguma coisa, calamo-nos para ruminar e esperar.

Ninguém sabe o que sou quando rumino. Posso dizer, sem medo de errar, que rumino muito melhor do que falo. A palestra é uma espécie de peneira, por onde a ideia sai com dificuldade, creio que mais fina, mas muito menos sincera. Ruminando, a ideia fica íntegra e livre. Sou mais profundo ruminando; e mais elevado também.

Ainda anteontem, aproveitando uma meia hora de *bond* parado, lembrou-me não sei como o incêndio do Club dos Tenentes do Diabo. Ruminei os episódios todos, entre eles os atos de generosidade da parte das sociedades congêneres; e fiquei triste de não estar naquela primeira juventude, em que a alma se mostra capaz de sacrifícios e de bravura. Todas essas dedicações dão prova de uma solidariedade rara, grata ao coração.

Dois episódios, porém, me deram a medida do que valho, quando rumino. Toda a gente os leu separadamente; o leitor e eu fomos os únicos que os comparamos.

Refiro-me, primeiramente, à ação daqueles sócios de outro *club*, que correram à casa que ardia, e, acudindo-lhes à lembrança os estandartes, bradaram que era preciso salvá-los. "Salvemos os estandartes!" e tê-lo-iam feito, a troco da vida de alguns, se não fossem impedidos a tempo. Era loucura, mas loucura sublime. Os estandartes são para eles o símbolo da associação, representam a honra comum, as glórias comuns, o espírito que os liga e perpetua.

Esse foi o primeiro episódio. Ao pé dele temos o do empregado que dormia, na sala. Acordou este, cercado de fumo, que o ia sufocando e matando. Ergueu-se, compreendeu tudo, estava perdido, era preciso fugir. Pegou em si e no livro da escrituração e correu pela escada abaixo.

If I, and all the venerable camels from Arabia, vulgarly passengers, am talking about anything, we pause to ruminate and wait.

No one knows what I am when I ruminate. I can say, without fear of error, that I ruminate much better than I talk. Talking is a kind of sieve, where ideas come out with difficulty; thinner, I think, but much less sincere. Ruminating, ideas are complete and free. I'm deeper ruminating; and refined as well.

Just the day before yesterday, taking advantage of a half hour of a halted trolley, I remembered, I don't know how, the Devil's Lieutenant's Club fire.[3] I ruminated all the episodes, among them the acts of generosity on the part of fraternal organizations, and I was sad not to be in that first youth, in which the soul shows itself capable of sacrifice and bravery. All these devotions give proof of a rare solidarity, grateful to the heart.

Two episodes, however, gave me the measure of what I'm worth, as I ruminate. Everyone read them separately; the reader and I were the only ones who compared them.

I am referring, first, to the action of those members of another club, who rushed to the burning house, and, remembering the banners, they cried out that it was necessary to save them. "Let us save the banners!" And they would have done it, at the cost of some people's lives, if they weren't stopped in time. It was madness, but a sublime madness. The banners are to them the symbol of association; they represent the common honor, the common glories, the spirit that binds and perpetuates them.

This was the first episode. Underneath it[4] we have the employee sleeping in the living room. He woke up surrounded by smoke that was choking and killing him. He got up, understood everything, was lost, had to flee. He got himself and the ledger book and ran down the

253

Comparai esses dois atos, a salvação dos estandartes e a salvação do livro, e tereis uma imagem completa do homem. Vós mesmos que me ledes sois outros tantos exemplos da conclusão. Uns dirão que o empregado, salvando o livro, salvou o sólido; o resto é obra de sirgueiro. Outros replicarão que a contabilidade pode ser reconstituída, mas que o estandarte, símbolo da associação, é também a sua alma; velho e chamuscado, valeria muito mais que o que possa sair agora, novo, de uma loja. Compará-lo-ão à bandeira de uma nação, que os soldados perdem no combate, ou trazem esfarrapada e gloriosa.

E todos vós tereis razão; sois as duas metades do homem, formais o homem todo... Entretanto, isso que aí fica dito está longe da sublimidade com que o ruminei. Oh! se todos ficássemos calados! Que imensidade de belas e grandes ideias! Que saraus excelentes! Que sessões de Câmara! Que magníficas viagens de *bonds*!

Mas por onde é que eu tinha principiado? Ah! uma coisa que vi, sem saber onde...

Não me lembra se foi andando de *bond*; creio que não. Fosse onde fosse, no centro da cidade ou fora dela. Vi, à porta de algumas casas, esqueletos de gente, postos em atitudes joviais. Sabem que o meu único defeito é ser piegas; venero os esqueletos, já porque o são, já porque o não sou. Não sei se me explico. Tiro o chapéu às caveiras; gosto da respeitosa liberdade com que Hamlet fala à do bobo Yorick. Esqueletos de mostrador, fazendo gaifonas, sejam eles de verdade ou não, é coisa que me aflige. Há tanta coisa gaiata por esse mundo, que não vale a pena ir ao outro arrancar de lá os que dormem. Não desconheço que esta minha pieguice ia melhor em verso, com toada de recitativo ao piano: Mas é que eu não faço versos; isto não é verso:

Venha o esqueleto, mais tristonho e grave,

Bem como a ave, que fugiu do além...

stairs.

Compare these two acts, the rescue of the standards and the rescue of the book, and you will have a complete picture of mankind. You yourselves who read me are so many examples of the conclusion. Some will say that the employee, saving the book, has saved the solid; the rest is the work of a silkman. Others will retort that the accounting can be reconstituted, but that the banner, symbol of the association, is also its soul; old and charred it would be worth much more than what can now come out, new, from a store. They will compare it to the flag of a nation, which soldiers lose in combat or bring ragged and glorious.

And all of you will be right. You are the two halves of mankind; you make the whole man... However, what's said here is far from the sublimity with which I ruminated. Oh! If we were all silent! What an immensity of beautiful and great ideas! What excellent soirées! What Chamber sessions! What magnificent trolley rides!

But where had I begun? Ah! One thing I saw, not knowing where...

I cannot remember if it was on a trolley ride; I don't think so. Wherever it was, in the city center or outside it. I saw, at the door of some houses, skeletons of people, set in jovial poses. You know that my only fault is to be mawkish; I worship skeletons, because they are what they are, or because I'm not one. I don't know if I can explain myself. I take my hat off to the skulls; I like the respectful freedom with which Hamlet speaks to the jester Yorick.[5] Skeletons on display, making faces, whether they are real or not, is something that afflicts me. There are so many mischievous things in this world that it's not worth going to the other to wrest those who sleep. I'm not unaware that my mawkishness was better in verse, with a recitative note on the piano: But I don't do verses; this isn't verse:

Come the skeleton, sadder and graver,

Sim, ponhamos o esqueleto nos mostradores, mas sério, tão sério como se fosse o próprio esqueleto do nosso avô, por exemplo... Obrigá-lo a uma *polka*, habanera, lundu ou cracoviana... Cracoviana? Sim, leitora amiga, é uma dança muito antiga, que o nosso amigo João, cá de casa, executa maravilhosamente, no intervalo dos seus trabalhos. Quando acaba, diz-nos sempre, parodiando um trecho de Shakespeare: "Há entre a vossa e a minha idade, muitas mais coisas do que sonha a vossa vã filosofia."

BOAS NOITES.

Publicação Original: Rio de Janeiro: *Gazeta de Notícias*, 21.01.1889, N.21, p.1.

Good Days!

As well as the bird, which fled the hereafter…

Yes, let's showcase the skeleton, but seriously, as serious as our grandfather's own skeleton, for example… Make it dance a polka, a habanera, a lundu, or a krakoviak…[6] Krakoviak? Yes, dear female reader, it's a very old dance, that our friend João, from my house, performs wonderfully, in the interval of his works. When he finishes, he always tells us, parodying a passage from Shakespeare: "There are many more things between your and my age than your vain philosophy dreams of."[7]

GOOD NIGHTS.

Original Publication: Rio de Janeiro: *Gazeta de Notícias*, 21.01.1889, N.21, p.1.

33

Nesta crônica o narrador inicia a crônica parodiando um verso de Eclesiastes, e depois comenta sobre a febre amarela, que criou muitos problemas sanitários no Rio de Janeiro. Ele também discorre a respeito da formalidade do registro civil e o sorteio militar, estabelecendo uma comparação entre Brasil e França no tocante à solução de problemas.

26 de janeiro de 1889

BONS DIAS!

Sanitas sanitatum et omnia sanitas. Gracioso, não? É meu; quero dizer, é meu no sentido de ser de outro. Achei esta paródia de Eclesiastes em artigo de crítica de uma folha londrina. Já vêem que não são só os queijos daquela naturalidade que merecem os nossos amores; também as folhas, e principalmente as que escrevem com saber e graça.

A parte minha nesse negócio é aplicar melhor a frase, porque lá só se trata de um livro, e cá tratamos da cidade inteira. Creio que saiu-me um verso decassílabo: "e cá tratamos da cidade inteira". Não me sobra tempo para transpô-la à prosa. Repito o que disse, e acrescento que já alguém afirmou que citar a propósito um texto alheio equivale a tê-lo inventado. Creio que é tolice; mas, fiado nela, é que ousei dizer no princípio que a paródia era minha: *Sanitas sanitatum et omnia sanitas.*

Com efeito, não se fala de outra coisa. Tudo quer, tudo pede, tudo

33

*In this chronicle the narrator starts the chronicle by
parodying a verse of Ecclesiastes, and afterwards he
comments on the yellow fever, which created many
sanitary problems in Rio de Janeiro. He also comments
on the formality of civil registry and the military draw,
establishing a comparison between Brazil and France when
it comes to solving problems.*

January 26, 1889

GOOD DAYS!

Sanitas sanitatum et omnia sanitas.[1] Gracious, isn't it? It's mine; I mean, it's mine in the sense of being from someone else. I found this parody of Ecclesiastes in a critique in a London newspaper. You can already see that it's not only the cheeses of that nationality that deserve our love; the newspapers also, and especially those that write with knowledge and grace.

My part in this business is to apply the phrase better, because there it's only about a book, and here we are dealing with the whole city. I believe I made a decasyllabic verse: "and here we are dealing with the whole city." I don't have time to translate it into prose. I repeat what I have said, and I add that someone else has already stated that to quote an extraneous text is tantamount to having invented it. I think it's foolish; but, trusting it, I dared to say at the outset that the parody was mine: *Sanitas sanitatum et omnia sanitas.*

In fact, people don't talk about anything else. Everyone wants,

deseja a saúde, ou pelo menos, a ausência da febre amarela. Esta velha dama, que estabeleceu aqui um *pied-à-terre*, não se esquece de nós inteiramente; há anos em que traz toda a criadagem, e estabelece-se por uma estação e mais. Não é bonita, nem graciosa, nem se sabe quem seja, conforme dizem os abalizados. Eu creio, no tocante à genealogia, que é neta em quadragésimo grau do famoso Gargantuá. Come que é o diabo, e dá muito de comer à empresa funerária, a qual, devendo detestá-la, pelo lado humano, não pode desadorá-la por outro lado, não menos humano.

Há dessas lutas terríveis na alma do homem. Não; ninguém sabe o que se passa no interior de um sobrinho, tendo de chorar a morte de um tio e receber-lhe a herança. Oh! contraste maldito! oh! dilaceração moral! Aparentemente, tudo se recomporia, desistindo o sobrinho do dinheiro herdado; ah!! mas então seria chorar duas coisas: o tio e o dinheiro.

Seja ela (a febre) o que for, é certo que, assim como em França *tout finit par des chansons*, cá em nossa terra *tout finit par de polkas*. Os bailes não se adiam, e fazem bem. Na pior hipótese, morre-se mas antes ir para a cova ao som de um *tango*, como os vizinhos da matriz de São José, que sem música nenhuma. *Ergo bibamus!*

O pior é a formalidade do registro civil. Lá pelo interior parece que não o querem, pois que centenas de homens e mulheres, em várias localidades, têm pegado no pau, avançado para os escrivães, arrancado os livros do registro que são rasgados depois em praça pública. O ato é condenável, por ser motim e por opor-se à execução da lei mas há quem receie que, ainda sem bulha nem matinada, a lei caia em desuso, não por injusta, mas por não ajustada. Também o sorteio militar é lei justíssima, e não pode ser cumprida. Não sei se este caso é como o da febre amarela, cuja origem se ignora. Opinião

everyone asks for, everyone desires health, or at least the absence of yellow fever. This old lady, who has established here a *pied-à-terre*,[2] hasn't entirely forgotten us. There are years she brings in her entire household and settles for a season and more. She isn't beautiful or graceful; nobody knows who it is, according to surveyors. I believe, as far as genealogy is concerned, that it is the fortieth degree granddaughter of the famous Gargantua.[3] She eats like the devil and gives a lot of food to the undertaker, who should detest it on the human side, but cannot stop adoring it on the other, no less human, side.

There are these terrible struggles in the soul of mankind. No, nobody knows what's going on inside of a nephew, having to mourn the death of an uncle and to receive his inheritance. Oh! Damned contrast! Oh! Moral laceration! Apparently, everything would recover, if the nephew gave up the inherited money. Ah! But then it would be to cry for two things: the uncle and the money.

Be it (the fever) whatever it is, it's certain that, just as in France *tout finit par des chansons*,[4] here in our land *tout finit par de polkas*. The dance balls aren't postponed, and that's a good thing. In the worst case, one dies, but rather than go to the grave to the sound of a tango, like the neighbors of St. Joseph church, than without any music. *Ergo bibamus!*[5]

The worst is the formality of the civil registry. They don't seem to want it in the countryside, for hundreds of men and women in various places have picked up stick, charged at the notaries, snatched the books from the register which are later ripped apart in a public square.[6] The act is reprehensible for being mutiny and for opposing the execution of the law, but there are those who fear that, still with neither uproar nor chant, the law falls into disuse, not for being unjust but for being unadjusted. The military draft lottery[7] is also a very just

de chapeleiro não há de deixar de ser modesta; afirma-me um, que nunca vendeu chapéu senão bem ajustado à cabeça do freguês. Pode ser gabolice pode até não ser opinião.

Outros quebram-me a cabeça com legislação científica, e misturam tudo com expressões arrepiadas. Para um homem que só está bem no meio de torrões de açúcar, é o mesmo que mandá-lo embora. Vou-me embora.

BOAS NOITES.

Publicação Original: Rio de Janeiro: *Gazeta de Notícias*, 26.01.1889, N.26, p.1.

law and cannot be enforced. I don't know if this case is like yellow fever, whose origin is unknown. The hatter's[8] opinion shouldn't fail to be modest; one tells me that he never sold a hat if not adjusted for the customer's head. It may be bragging; it may even not be an opinion.

Others cudgel my brain with scientific legislation and mix everything up with creepy expressions. For a man who is only well amidst lumps of sugar, it's the same as sending him away. I'm going away.

GOOD NIGHTS.

Original Publication: Rio de Janeiro: *Gazeta de Notícias*, 26.01.1889, N.26, p.1.

34

*Esta crônica discute a epidemia de febre amarela, assim
como assuntos politicos que tinham impacto considerável
no Brasil, devido às discussões acaloradas na Câmara
dos Deputados. O narrador critica a interferência do
radicalismo politico na lei de imprensa brasileira, e também
a tendência a imitar o discurso político europeu.*

26 de janeiro de 1889

BONS DIAS!

Toda a gente além da febre amarela, fala da vitória Boulanger. Esta vitória lembra-me o que ouvi a um parlamentar nosso, parece até que senador—mas suponhamos simples deputado—no dia em que aqui se soube que Boulanger apresentara e vira cair na câmara um projeto de revisão: "Lá morreu o Boulanger!" disse ele; e nunca proferiu coisa tão profunda.

Com efeito, de um só lance pintou bem esse parlamentar o nosso critério político. Para nós toda a opinião está nas câmaras; o que caiu nas câmaras, é o mesmo que se caísse no país, e é verdade. Não, nunca esse parlamentar disse coisa tão profunda, e aliás é homem de talento e tem feito bons discursos; mas enfim, a respeito dos discursos, eu estou como aquele ateniense a quem convidara, para ir ouvir um homem que imitava muito bem o rouxinol. "Eu já ouvi o próprio rouxinol", respondeu ele.

Não se desconsole, porém, o digno parlamentar. Cá e lá más fadas

34

This chronicle discusses the epidemic of yellow fever and also political affairs that were having a considerable impact in Brazil due to the heated discussions in the Chamber of Deputies .The narrator criticizes the interference of political radicalism in the law that ruled Brazilian press ,and also the tendency of imitating European political discourse.

January 31, 1889

GOOD DAYS!

Everybody talks about, besides the yellow fever, the Boulanger's victory.[1] This victory reminds me of what I have heard from a Member of our Parliament; it seems that a Senator—but let us suppose he's a mere Deputy—on the day we got the news here that Boulanger had presented a project review in the Chamber and saw it failing: "Boulanger has now died!" he said; and he had never uttered such a profound thing.

In fact, at one glance our parliamentarian portrayed our political criteria really well. For us all opinions are in the chambers; what has failed in the chambers is the same that had failed in the country, and it's true. No, never had this parliamentarian said such a profound thing, and he's a man of talent and has made good speeches. But anyway, about the speeches, I'm like that Athenian whom I had invited to go and listen to a man who imitated the nightingale very well. "I've heard the nightingale itself," he replied.

há. Floquet, que lhe não é inferior, pensa agora, segundo dizem os telegramas de ontem, em acudir ao mal da vitória Boulanger, com uns papelinhos escritos, projeto de lei ou coisa que o valha, fazendo as eleições por distritos. A Câmara, que não é inferior a Floquet, cuida em modificar a lei de imprensa. Legislação de pânico, legislação de safa rascada.

É verdade que o dito Floquet, segundo os referidos telegramas, pretende também expor na tribuna a política do ministério no interior e no exterior. Não quero antecipar o seu discurso; mas que diabo tem o discurso com as calças? Quem lhe pede programas a esta hora? Outro telegrama anterior havia noticiado o exílio do general, caso saísse vencedor; era asneira, filha do eterno pânico; mas, enfim, era um ato. Discursos! Programas!

Eu, se fosse ele, em vez de imitar o rouxinol, imitava o cisne, soltava o último canto, e recolhia-me a bastidores.

Os que as armaram que as desarmem. Sim, Floquet do meu coração, isto de ver um governo e um partido de radical, arrolhando a imprensa (que é o que parece dizer o eufemismo telegráfico), não é coisa nova, mas há de ser sempre coisa ridícula. Eia, entrega o penacho ao Clemenceau, que é um grande homem sem emprego, salvo o de não gostar de papoulas crescidas (Gambetta, Boulanger, etc.); entrega-lhe o penacho, e verás como ele recompõe tudo em cinco minutos.

Assim pudesse eu recompor os espíritos cá da terra, acerca da febre amarela, que é o segundo assunto da conversação do dia. Há quem afirme que morrem mais de cem pessoas diariamente; que o obituário é desbastado para não assustar a população, e que a epidemia é dividida por outras verbas patológicas, com o mesmo intuito. Em verdade, parece que o mistério e o terror dão certo pico às coisas, ainda mais as graves e tristes. Feliz tu, se podes rir disto; se, no meio

Good Days!

Don't be inconsolable, dignified parliamentarian. There are bad fairies here and there. Floquet,[2] who isn't inferior to you, now thinks, as yesterday's telegrams say,[3] of helping the wicked Boulanger victory with some paperwork, a proposed bill, or something like that, organizing the elections by districts. The Chamber, which isn't inferior to Floquet, takes care of modifying the press law. Panic legislation, erasure-scraped legislation.[4]

It is true that the so-called Floquet, according to the aforementioned telegrams, also intends to expose the policy of the ministry, in the country and abroad, in the rostrum. I don't want to anticipate his speech; but what does the speech have to do with the price of tea in China? Who asks him for bills at this point? Another previous telegram had reported the general's exile, whether he had won; it was a hogwash, daughter of the eternal panic; but it was an act, anyway. Speeches! Bills!

If I were him, instead of imitating the nightingale, I would imitate the swan, singing from the top of his voice, and retreated backstage.

Those who plotted them that unplot them. Yes, my dear Floquet, witnessing a government and a radical party intimidating the press (which is what the telegraphic euphemism seems to say), isn't a new thing, but it must always be ridiculous. Giddy up!, give the plume to Clemenceau,[5] who is a great man without a job, other than that of not liking grown poppies (Gambetta,[6] Boulanger, etc.); give him the plume, and you'll see how he puts things back together in five minutes.

I wish I could mend the spirits here on earth regarding yellow fever, which is the second subject of the conversation of the day. There are those who claim that over a hundred people die every day, that the obituary is thinned so as not to frighten the population, and

do burburinho que vos rodeia, não ouves o gemido de uma filhinha querida, presa na garra da terrível visita, como agora acontece a um bom pai, que não sai se tem olhos para ler estas linhas...

Daqui para falar de outras coisa é mui difícil. Nada aparecerá assaz sério, nem os revólveres que tanta gente traz agora no bolso, para defesa própria. Não há muitos dias, uma linda moça apontou-me um ao peito. Eu abri o paletó, e esperei; ela desfechou o tiro: era um jorro de essência pura... Ah! Mas nem todos usam destes; os outros revólveres são de verdade; levam bala dentro, e basta pouco para arriscar um homem honesto a ir da rua para a cadeia. Eu não sei ainda se o uso é mau ou bom; tem utilidade e perigos: é crime e defesa... Vou pensar no negócio.

Por ora, assalta-me a ideia de que, ainda sem revólver, a morte aí vem, por seu pé, tranquila, nojenta, dolorosa, com um outro nome, agitando as asas da liberdade, e as unhas de grã besta. Madre implacável.

BOAS NOITES.

Publicação Original: Rio de Janeiro: *Gazeta de Notícias*, 31.01.1889, N.31, p.1.

that the epidemic is spread among other pathological funds, with the same intention. In truth, it seems that the mystery and the terror put a certain spike in things, even more the serious and sad ones. Lucky you, if you can laugh about it; if amid the noise that surrounds you, you don't hear the moan of a dear little daughter, trapped in the claw of the terrible visit, as it now happens to a good father, who I'm not sure has got eyes to read these lines...

Talking about other things is very difficult. Nothing will appear seriously enough, even the revolvers that so many people now bring in their pockets for self-defense. Not many days ago, a beautiful young lady pointed one to my chest. I opened the jacket, and waited; she fired the shot: it was a spurt of pure essence... Ah! But not everyone uses these; the other revolvers are real; carry bullets inside, and it takes very little for an honest man to risk going from the street to jail. I don't know yet whether its use is bad or good; it has utility and perils: it is crime and defense... I'll think about this business.

For the time being, I'm struck by the idea that, even without a revolver, death comes, on its own, quiet, disgusting, painful, with another name, waving the wings of freedom, and the nails of a great beast. Relentless mother.

GOOD NIGHTS.

Original Publication: Rio de Janeiro: *Gazeta de Notícias*, 31.01.1889, N.31, p.1.

35

Usando anedotas relacionadas à meteorologia, nesta crônica o narrador zomba da crença popular em almanaques, importados da Europa. Ele narra a história de um xarope que era considerado milagroso mas que se tornou obsoleto, zombando que a invenção de um outro xarope seria ainda mais bem-sucedida como uma forma de criticar as crenças populares in novidades efêmeras.

6 de fevereiro de 1889

BONS DIAS!

Deus seja louvado! Choveu... Mas não é pela chuva em si mesma que o leitor me vê aqui cantando e bailando; é por outra coisa. A chuva podia ter melhorado o estado sanitário da cidade, sem que me fizesse nenhum particular obséquio. Fez-me um; é o que eu agradeço à Providência Divina.

Já se pode entrar num *bond*, numa loja ou numa casa, bradar contra o calor e suspirar pela chuva, sem ouvir este badalo:

"A folhinha de Ayer dá chuva para 20 de fevereiro."

Pelo lado moral, era isto um resto das torturas judiciárias de outro tempo. Pelo lado estético, era a mais amofinadora de todas as cegarregas deste mundo:

"Oh! Não pude dormir esta noite! Onde irá isto parar? Nem sinais de chuva, um céu azul, limpo, feroz, eternamente feroz."

"A folhinha de Ayer só dava chuva lá para 20 de fevereiro," acudia logo alguém.

35

*Using anecdotes related to meteorology, in this chronicle the
narrator mocks the popular tendency of believing almanacs,
which were imported from Europe. He narrates the story
of a syrup which was considered miraculous but became
outdated, mocking that the invention of another syrup would
be even more successful, as a way to criticize popular beliefs
in ephemeral novelties.*

February 6, 1889

GOOD DAYS!

God be praised! It rained... But it's not because of the rain itself
that the reader sees me here singing and dancing; it's for something else. The rain could have improved the sanitary condition of the
city without doing me any particular courtesy. It has done me one; it's
what I thank Divine Providence for.

One can already board a trolley or enter a shop or a house, scream
against the heat, and sigh about the rain, without hearing this blather:

"The Ayer[1] calendar predicts rain for February 20."

On the moral side, this was a remnant of the judicial tortures
of another time. On the aesthetic side, it was the most vexing of all
prattlers of this world:

"Oh! I couldn't last tonight! When will this stop? No signs of rain,
a blue, clear, fierce, eternally fierce sky."

"The Ayer calendar was predicting rain only for February 20,"
someone promptly replied.

Às vezes, apesar de minha pacatez proverbial, tinha ímpetos de bradar, como nos romances de outro tempo: "Mentes pela gorja, vilão!"

E é o que mereciam todos os alvissareiros de Ayer; era agarrá-los pelo pescoço, derrubá-los, joelho no peito a sufocá-los, até botarem cá para fora a língua e a alma. Pedaços de asnos!

Nem ao menos tiveram o mérito de acertar. Afligiam sem graça nem verdade.

Habent sua fata libelli! As folhinhas de Ayer, como anúncios meteorológicos, estão a expirar. Só este golpe recente é de levar couro e cabelo. Agora podem prever as maiores tempestades do mundo que não deixarei de sair a pé com sapatos rasos e meias de seda, se tanto for preciso para mostrar o meu desprezo.

Ayer é um dos velhos da minha infância. Oh! Bons tempos da salsaparilha de Ayer e de Sands, dois nomes imortais, que eu cuidei ver mortos no fim de uma década. Não seriam amigos, provavelmente, pois que cada um deles, apregoava os seus frascos, com exclusão dos frascos dos outros. A matéria prima é que era a mesma.

Sim, meus amigos, eu não sou tão jovem como o apregoam alguns. Eu assisti a todo o ciclo do Xarope do Bosque. Conheci-o no tempo em que começou a curar; era um bonito xarope significado nos anúncios por meio de uma árvore e uma deusa—ou outra coisa, não sei bem como era.

Curava tudo: à proporção que os curados iam espalhando que as folhinhas de Ayer só davam chuvas... Perdão, enganei-me; iam espalhando que estavam curados, a fama do xarope ia crescendo e as suas obras eram o objeto das palestras nos ônibus. A fama cresceu, a celebridade acendeu todas as suas luminárias. Jurava-se pelo Xarope do Bosque como um cristão jura por Nosso Senhor. Contavam-se

Good Days!

Sometimes, in spite of my proverbial placidity, I had the urge to scream, like in the novels of another time: "You lie shamelessly, villain!"[2]

And that is what all bearers of good news from Ayer deserved: to grab them by the neck, knock them down, knee to their chest to suffocate them, until they put out their tongue and soul. Nitwits!

They didn't even have the merit of guessing it right. They afflicted people with no grace or truth.

Habent sua fata libelli![3] The Ayer calendars, as well as the weather forecasts, are expiring. Only this recent blow is like to bleed one dry. Now they can predict the greatest storms in the world, so I won't stop going out wearing flat shoes and silk stockings, if that's what it takes to show my contempt.

The Ayer is one of the old things from my childhood. Oh! Good times of the Ayer and Sands sarsaparilla,[4] two immortal brand-names that I witnessed dying at the end of a decade. They wouldn't be friends, probably, since each one announced their bottles, excluding the bottles of others. It was the raw material that was the same.

Yes, my friends, I'm not as young as some people would proclaim. I witnessed the whole cycle of Bosque Syrup.[5] I knew it at the time it began to heal; it was a pretty syrup shown in the ads with a tree and a goddess—or something else, I'm not sure how it was.

It healed everything: as the healed ones spread that the Ayer only showed rains... Forgive me, I was mistaken; they spread that they were healed, the fame of the syrup was growing, and their works were the object of conversations on buses. Its fame grew; stardom lit all its candles. People sworn by Bosque Syrup like a Christian swears by Our Lord. Wonders were told; dead people came back to life with an empty bottle under their arms.

maravilhas; pessoas mortas voltavam à vida, com uma garrafa debaixo do braço, vazia.

Chegou ao apogeu. Como todos os impérios e repúblicas deste mundo principiou a decair; era menos buscado, menos nomeado. O rei dos xaropes desceu ao ponto de ser o lacaio dos xaropes e lacaio mal pago; as belas curas, suas nobres aliadas, quando o viram no tão baixo estado, foram levar os seus encantos a outros príncipes. Ele ainda resistiu; reproduzia nos jornais a árvore e a moça, e repetia todos os seus méritos, aqui e fora daqui; mas a queda ia continuando. Pessoas que lhe deviam a vida, não sei por que singular ingratidão, preferiam agora o arsênico, os calomelanos e outras drogas de préstimo limitado. O xarope foi caindo, caindo, caindo até morrer.

Não falo nisto sem lágrimas. Se por esse tempo, aproveitando a morte do Xarope do Bosque, tivesse inventando um Xarope da Cidade, estava agora com a bolsa repleta. Teria palácio em Petrópolis, coches, alazões, um teatro, e o resto. A antítese dos nomes era a primeira recomendação. Se o do Bosque já não cura, diriam os fregueses, busquemos o da Cidade. E curaria, podem crer, tanto como o outro, ou um pouco menos. Há sempre fregueses... Ora, eu, que não alimentei jamais grandes ambições, nem de que juntasse uns três mil contos, dava o xarope aos sobrinhos. Pode ser que já agora estivesse com outro (Deus lhe fale n'alma). Paciência; Babilônia caiu; caiu Roma. Caiu Nínive, caiu Cartago. Ninguém mais repete esta abominável *scie*:

"A folhinha de Ayer só dá chuva lá para 20 de fevereiro."

BOAS NOITES.

Publicação Original: Rio de Janeiro: *Gazeta de Notícias*, 06.02.1889, N.37, p.1.

It reached its apogee. Like all empires and republics of this world, it began to decline; it was less sought after, less named. The king of syrups descended to the point of being the lackey of syrups, and a poorly paid lackey. The beautiful cures, its noble allies, when they saw it in such low state, took their charms to other princes. It still resisted; it reproduced the logo of the tree and the girl in the newspapers, and repeated all its merits here and there; but the fall continued. People who owed their lives to it, I don't know by what singular ingratitude, now preferred arsenic, calomel, and other drugs of limited value. The syrup was falling, falling, falling until it died.

I don't speak of that without tears. If by that time, taking advantage of the death of the Bosque Syrup, had I invented a City Syrup, I'd now have my pockets full. I would have a palace in Petrópolis,[6] carriages, sorrels, a theater, and everything else. The antithesis of the names was the first recommendation. If the Forest no longer heals, the customers would say, let's look for the City. And it would heal, you may believe, as much as the other, or a little less. There are always customers... Now, I, who never held great ambitions, not even to save some three thousand *contos*,[7] would give the syrup to my nephews. It may be that I was already using another one now (God bless it). Patience; Babylon fell; Rome fell. Nineveh fell, and Carthage fell. No one repeats this abominable *scie*[8] anymore:

"The Ayer calendar is predicting rain only for February 20."

GOOD NIGHTS.

Original Publication: Rio de Janeiro: *Gazeta de Notícias*, 06.02.1889, N.37, p.1.

36

Nesta crônica o narrador tece comentários sobre o fim das eleições distritais, o significado de Cesarismo, com o quale le zomba com referências a brasileiros e italianos com o mesmo nome, a Sociedade Protetora dos Animais, a campanha higiênica no Rio de Janeiro em 1889, e o meteorito de Bendegó, já discutido em outras crônicas.

13 de fevereiro de 1889

BONS DIAS!

O diabo que entenda os políticos! Toda a gente aqui me diz, que o meio de obter câmaras razoáveis é acabar com as eleições por distritos, na quais, à força de meia dúzia de votos, um paspalhão ou um perverso fica deputado. Dizem agora telegramas franceses, que o governo e a maioria da Câmara dos Deputados, para evitar o mesmo mal, vão adotar justamente a eleição por distritos. Entenderam? Eu estou na mesma.

Felizmente, dei com uma dessas criaturas que o céu costumava enviar para esclarecer os homens, a qual me disse que Pascal era um sonhador. Não gosto de *calembour*, mas não pude evitar este: "Há de me perdoar, o Pascoal é confeiteiro." A pessoa não fez caso; continuou dizendo que Pascal era um sonhador, porque o que ele achava estravagante, é que é natural: *verdade aqui, erro além*. Também se podem trocar as bolas: *verdade além, erro aqui*. Sabia eu por que é que lá adotaram o que para nós é ruim? Era para escapar ao cesarismo.

36

*In this chronicle the narrator comments on the ending of the
district elections, the meaning of Caesarism, which he mocks
with references to Brazilian and Italian men with the same
name, the Society for the Protection of Animals, the hygienic
campaign in Rio de Janeiro in 1889, and the meteorite of
Bendegó, discussed in previous chronicles.*

February 13, 1889

GOOD DAYS!

It's the devil who understands politicians! Everybody here tells me
that the means of obtaining reasonable Chambers is to end the district elections, in which, through a mere half-dozen votes, a numbskull or a pervert becomes a Deputy. French telegrams now say that
the government and the majority of the Chamber of Deputies, in order
to avoid the same evil, will adopt exactly the district election. Did you
understand? I'm in the same boat.

Fortunately, I found one of those creatures that the sky used to
send to enlighten mankind, who told me that Pascal was a dreamer.
I don't like *calembour*,[1] but I couldn't avoid this one: "You have to
forgive me, Pascoal[2] is a confectioner." The person ignored it; he went
on to say that Pascal was a dreamer, because what he thought was
outrageous is in fact natural: *truth here, error beyond*.[3] One can also
mess it up: *truth beyond, error here*. Did I know why they adopted
there what is bad for us? It was to escape Caesarism. Did I know what

Sabia eu o que era cesarismo?

"Não, senhor."

"Cesarismo vem de César."

"Farani?" perguntei eu, e confesso que sem o menor desejo de trocadilho.

"Não."

"Zama? Conheço um César Zama."

"Cala-se, homem, ou ponha-se fora. Não estou para atura cérebros fracos, nem pessoas malcriadas, porque, se é grande impolidez interromper a gente para dizer uma verdade, quanto mais uma asneira. César Zama! César Farani!"

"Já sei: César Cantù..."

"Vá para o diabo, que o ature. Quando quiser saber as coisas ouça calado, entendeu? Ora essa! Cantu, Farani, Zama... Já viu o cometa?"

"Há algum cometa?"

"Há, sim, senhor, vá ver o cometa; aparece às 3 horas da manhã, e de onde se vê melhor é do morro do Nheco, à esquerda. Tem um grande rabo luminoso. Vá, meu amigo; quem não entende das coisas, não se mete nelas. Vá ver o cometa."

Fiquei meio jururu, porque o principal motivo que me levara a procurar a dita pessoa, não era aquele, mas outro. Era saber se existia a Sociedade Protetora dos Animais.

Afinal, prestes a ir ver o cometa, tornei atrás e fiz a pergunta. Respondeu-me que sim, que a Sociedade Protetora dos Animais existia, mas que tinha eu com isso? Expliquei-lhe que era para mim uma das sociedades mais simpáticas. Logo que ela se organizou, fiquei contente, dizendo comigo que, se Inglaterra e outros países possuía sociedades tais, por que não a teríamos nós? Prova de sentimentos finos, justos, elevados; o homem estendendo a caridade aos brutos...

Caesarism was?

"No, sir."

"Caesarism comes from César."

"Farani?"[4] I asked, and I confess I had no desire to pun.

"No."

"Zama?[5] I know a César Zama."

"Shut up, man, or get out. I'm not in the mood to put up with weak brains, nor unmannered people, because if it's too impolite to interrupt people to tell a truth, it's even more so for some nonsense. César Zama! César Farani!"

"I know it: César Cantù…"[6]

"Go to the hell. When you want to know things, listen quietly, do you understand? Come on! Cantù, Farani, Zama… Have you seen the comet?"[7]

"Is there a comet?"

"There is, indeed, sir, go and see the comet; it will show up at 3 a.m., and one can see it best from Nhecc hill, on the left. It has a big luminous tail. Go, my friend; those who don't understand things shouldn't get into them. Go see the comet."

I became a bit wistful because the main reason that had led me to look for this person was not that one, but another. It wanted to know if there was such a thing as a Society for the Protection of Animals.

At last, about to go to see the comet, I returned and asked the question. He replied yes, that the Society for the Protection of Animals existed, but what did I have to do with it? I explained that it was for me one of the most winsome societies. As soon as it got organized, I was happy, telling myself that if England and other countries had such societies, why shouldn't we have one? Proof of refined, fair, elevated feelings; mankind extending charity to the brutes…

Parece que ia falando bem, porque a pessoa não gostou, e interrompeu-me, bradando que tinha pressa; mas eu ainda emiti várias frases asseadas, e citei alguns trechos literários para mostrar que também sabia cavalgar livros. Afinal, confiei-lhe o motivo da pergunta; era para saber se, havendo na Câmara Municipal nada menos de três projetos ou planos para a extinção dos cães, a Sociedade Protetora tinha opinado sobre algum deles, ou sobre todos.

A pessoa não sabia, nem quis meter a sua alma no inferno asseverando fatos que ignorava. Saberia eu o que se passava em Quebec? Respondi que não. Pois era a mesma coisa. A sociedade e Quebec eram idênticas para os fins da minha curiosidade. Podia ser que dos três projetos já a sociedade houvesse examinado quatro ou mesmo nenhum; mas, como sabê-lo?

Conversamos ainda um pouco. Fiz-lhe notar que os burros, principalmente os das carroças e *bonds*, declaram a quem os quer ouvir, que ninguém os protege, a não ser o pau (nas carroças) e as rédeas (nos *bonds*). Respondeu-me que o burro não era propriamente um animal, mas a imagem quadrúpede do homem. A prova é que, se encontramos a amizade no cão, o orgulho no cavalo, etc., só no burro achamos filosofia. Não pude conter-me e soltei uma risada. Antes soltasse um espirro! A pessoa veio para mim, com os punhos fechados, e quase me mata. Quando voltei a mim, perguntei humildemente:

"Bem; se a Sociedade Protetora dos Animais não protege o cão nem o burro, o que é que protege?"

"Então não há outros animais? A girafa não é animal? A girafa, o elefante, o hipopótamo, o camelo, o crocodilo, a águia. O próprio cavalo de Tróia, apesar de ser feito de madeira, como levava gente na barriga, podemos considerá-lo bicho. A Sociedade não há de fazer tudo ao mesmo tempo. Por ora o hipopótamo, depois virá o cão."

It seems that I was speaking well, because he didn't like it, and he interrupted me, shouting that he was in a hurry; but I still issued several neat phrases, and I quoted some literary passages to show that I also knew how to ride books. At last, I entrusted him with the reason for the question; I wanted to know if, having no less than three projects or plans for the extinction of dogs in the town hall,[8] the Protection Society had an opinion on some of them, or all of them.

The person didn't know, nor did he want to put his soul in hell by asserting facts that he didn't know. Would I know what was happening in Quebec? I said no. So it was the same. The Society and Quebec were identical for the purpose of my curiosity. It could be that of the three projects, the society had already examined four or none at all; but how to know?

We talked some more. I pointed out that donkeys, especially those of wagons and trolleys, declare themselves to anyone who wants to hear them, that no one protects them, except for the horsewhip (in the wagons) and the reins (in the trolleys). He replied that the donkey wasn't exactly an animal, but the four-footed image of mankind. The proof is that if we find friendship in the dog, pride in the horse, etc., only in the donkey we find philosophy. I couldn't contain myself and I let out a peal of laughter. Better if I had sneezed! The person came to me, with his fists clenched, and almost killed me. When I came back to myself, I humbly asked:

"Well; if the Society for the Protection of Animals doesn't protect the dog or the donkey, what does it protect?"

"So are there no other animals? Isn't the giraffe an animal? The giraffe, the elephant, the hippo, the camel, the crocodile, the eagle. The Trojan horse itself, though made of wood, as it carried people in its belly; we may consider it an animal. The Society doesn't have to

Bons Dias!

"Mas é que o..."

"Homem, vá ver o cometa, morro do Nheco, à esquerda."

"Às três horas?"

"Da madrugada; noites noites."

BOAS NOITES.

Publicação Original: Rio de Janeiro: *Gazeta de Notícias*, 13.02.1889, N.44, p.1.

do everything at the same time. For now the hippopotamus, then the dog will come."

"But it's that the…"

"Man, go see the comet, Nheco hill, on the left."

"At three o'clock?"

"Three in the morning; nights, nights."

GOOD NIGHTS.

Original Publication: Rio de Janeiro: *Gazeta de Notícias*, 13.02.1889, N.44, p.1.

37

*Nesta crônica o narrador discute a importância do
acionista no contexto da abolição, como uma provável
crítica em relação aos políticos que não assumem qualquer
responsabilidade acerca da demissão do Barão de Cotegipe
do Banco do Brasil como consequência da criação da lei
Saraiva-Cotegipe.*

23 de fevereiro de 1889

BONS DIAS!

Mea culpa, mea culpa, mea maxima culpa. Confesso o meu pecado; estou pronto a purgá-lo, esbofeteando-me em público. Só
assim mostra um homem que realmente se arrependeu, e se acha contrito. Certo é que o meu erro não era da vontade, mas da inteligência;
não menos certo, porém, é que tranquei sempre os ouvidos a qualquer
demonstração que me quisessem opor, e esta inclinação a recusar a
verdade é que define bem a pertinácia do ânimo ruim.

Vamos ao pecado. Os meus amigos sabem que nunca admiti
o acionista, senão como um ente imaginário e convencional. O
raciocínio que me levara a negá-lo, posto que de aparência lógica,
era radicalmente vicioso. Dizia eu que, devendo ser o acionista um
interessado no meneio dos capitais e na boa marcha da administração
de uma casa ou de uma obra, não se podia combinar esta noção com a
ausência dele no dia em que os encarregados da obra ou da casa lhe
queriam prestar contas. Vi caras de diretores vexados e tristes. Um

37

*In this chronicle the narrator discusses the importance of
the stockholder in the context of abolition, as a probable
criticism against politicians, who do not assume any
responsibilities regarding the dismissal of Baron Cotegipe at
Banco do Brasil as a consequence of the creation of
the Saraiva-Cotegipe Law.*

February 23, 1889

GOOD DAYS!

*M*ea culpa, mea culpa, mea maxima culpa. I confess my sin; I'm
ready to purge it, smacking myself in public. Only in this way
can a man show that he has truly repented and finds himself contrite.
It's true that my mistake wasn't from will, but from intelligence. No
less certain, however, is that I have always plugged my ears to any
demonstration that would have opposed me, and this inclination to
refuse the truth is what defines well the pertinacity of the lousy mood.

Let's go to the sin. My friends know that I never acknowledge
the stockholder, except as an imaginary and conventional entity. The
reasoning that had led me to disavow it, though logical in appearance,
was radically vicious. I was saying that, since the stockholder should
be interested in the swing of capital and in the good progress of the
administration of a house or of a construction project, one could not
combine this notion with his absence on the day when those in charge
of the work or the house wanted to account for themselves. I have seen

deles, misturando a troça com lágrimas, virava pelo avesso um adágio popular, e dizia-me em segredo:

"Não se pode ser mordomo com tais juízes."

Diziam-me depois, que acionista aparecia, ao fim de três chamadas, ouvia distraído o relatório, puxava o relógio, recebia uma cédula, metia-a na urna, e punha-se a panos. Não, retorquia eu, é impossível; se ele fosse um simples fiscal, podia fazer o que faz o da minha freguesia. Mas ele é o próprio capital, é o fundo, é o *super hanc petram.* Sem ele não há casa nem obra... Mas então como explicar? Não explico, ignoro; só sei que o acionista é uma bela concepção. Homero fazia dos sonhos simples personagens, mandados do céu para trazer pecados dos deuses aos homens. O acionista há de ser a mesma coisa, sem a beleza genial de Homero.

Tal era a minha convicção. Queriam demonstrar o contrário; alguns, mais fogosos, chamavam-me nomes feios, que não repito por serem muitos, não por vergonha. Homem contrito perde os respeitos humanos. Para isto basta dizer que me chamavam *camelo, paspalhão, lorpa.* Creio que quem confessa estes três apodos, pode calar o resto.

Pois bem, achei o acionista, confesso o acionista, juro pelas tripas do acionista, pelas barbas do acionista. Não grito: *eureka!* Porque deixei esta palavra estrompada e quase morta nos debates políticos de 1860; e demais podia dar ideia de presunção que não tenho.

Como e ondei o achei? Nada mais simples. Desde alguns dias que não pergunto aos amigos se não estas duas coisas: Já teve a febre amarela? Quem substituirá o Barão de Cotegipe no Banco do Brasil?

A esta segunda pergunta não me respondiam nada, porque nenhum dos meus amigos possui outras ações, além das que pratica.

directors with vexed and sad faces. One of them, shuffling revelry with tear, turned a popular adage inside out, and told me in secret:

"One cannot be a steward with such judges."

I was told that a stockholder would appear at the end of three calls, listen to the report distractedly, pull the clock, receive a ballot, put it in the urn, and go away. No, I'd retort, it's impossible; if he was a mere inspector, he could do what the one at my parish does. But he's the capital itself, he's the fund, he's the *super hanc petram*.[1] Without him, there is neither house nor project... But then how do I explain? I don't explain, I don't know; I only know that the stockholder is a beautiful conception. Homer made simple characters out of dreams, sent them from heaven to bring the gods' sins to men. The stockholder might be the same without the genial beauty of Homer.

Such was my conviction. They wanted to demonstrate the opposite; some, more fiery, called me ugly names, which I don't repeat because they are many, not out of shame. Contrite men lose human respect. For this it suffices to say that they called me dunce, numbskull, dimwit. I believe that whoever confesses these three nicknames can silence the rest.

Well, I found the stockholder, I confess the stockholder, I swear by the guts of the stockholder, by the beard of the stockholder. He did not shout: *eureka!* Because I left this word torn and almost dead in the political debates of 1860;[2] and besides, I could give you some idea of a presumption that I don't have.

How and where did I find him? Nothing simpler. For a few days I haven't asked friends anything other than these two things: Have you ever had yellow fever? Who will replace Baron of Cotegipe[3] at Banco do Brasil?

Abri de mão o interesse puramente gratuito que tenho no negócio, mas abri também os jornais, e foi isto que me trouxe a luz.

Não gosto de fazer grandes comparações comigo; lá vai uma, e é a última. Achei-me na estrada de Damasco, tal qual São Paulo, e ouvi, à semelhança daquele divino apóstolo, estas palavras, iguais às do Senhor: "Por que me persegues?" A diferença é que São Paulo—tamanho foi o seu deslumbramento—perdeu a vista, não podendo mais que ouvir a voz misteriosa. Eu, ao contrário, vi tudo: a resposta que eu pedia sobre a presidência do Banco do Brasil, é dada por diferentes modos, mas sempre por um acionista na assinatura. Se fosse o nome da pessoa, não me convencia, porque eu podia muito bem assinar uma opinião, sem ter nada com o banco; mas é sempre um acionista, só, sem nada. Às vezes, assinam alguns acionistas, sem mais nada. Recordações de Mendes Leal: "Como te chamas?—Pedro—Pedro de quê?—Pedro sem mais nada." No presente caso, não há Pedro, não há iniciais; são os próprios acionistas que, vendo que se trata do primeiro lugar, correm a dar a sua opinião.

E tudo se explica. Não correm às assembleias, pela confiança que lhes merecem, não digo aos dividendos, mas os divisores. Agora, porém, trata-se justamente de completar os divisores, por acordo prévio, e eita que metem a mão nos dividendos.

Verdade é que um dos artigos, que não é de acionista, dá por escusada qualquer competência, porque há um candidato do *dono da casa*. Imaginei logo que esse candidato era eu, e corri a procurar o dono da casa, isto é, do prédio em que está o banco, e disseram-se que o prédio é do próprio banco.

"Mas quem é então o dono da casa?"

"Não há; o dono é o próprio acionista."

To this second question they couldn't tell me anything, because none of my friends has other activities besides those they practice. I gave up on the purely gratuitous interest I have in the business, but I also opened the newspapers, and this is what brought me to light.

I don't like making big comparisons to myself; but there goes one, and it's the last one. I found myself on the road to Damascus, like St. Paul, and I heard, in the likeness of that divine apostle, these words, equable to the Lord's: "Why do you persecute me?" The difference is that St. Paul—such was his fascination—lost his sight, and couldn't but hear the mysterious voice. I, on the contrary, saw everything: the answer I required about the presidency of Banco do Brasil, is given in different ways, but always signed by a stockholder. If it was the name of the person, it wouldn't convince me, because I could very well sign an opinion without having anything to do with the bank; but it's always "a stockholder," alone, with nothing else. Sometimes, they sign 'some stockholders,' with nothing else. Memories of Mendes Leal: "What's your name?—Pedro—Pedro what?—Pedro and nothing else."[4] In the present case, there is no Pedro, there are no initials; it's the stockholders themselves who, seeing that it's a matter of being in the first place, run to give their opinion.

And everything is explained. They don't run to the assemblies, for the trust they deserve, I don't say to dividends, but to dividers. Now, however, it's a matter of completing the dividers, by prior agreement, and that they put their hand in the dividends.

It's true that one of the articles, which isn't from a stockholder, takes for granted any jurisdiction, because there is a candidate of the *owner of the house*.[5] I soon imagined that this candidate was me, and ran to look for the owner of the house, that is, the building where the

Bons Dias!

Aqui é que senti um pouco da turvação de São Paulo; mas era tarde, a conversão estava feita.

BOAS NOITES.

Publicação Original: Rio de Janeiro: *Gazeta de Notícias*, 23.02.1889, N.54, p.2.

bank is, and the building was said to belong to the bank itself.

"But who then owns the house?"

"There isn't an owner; the owner is the stockholder himself."

Here is when I felt a little of the turbidity of Saint Paul; but it was late, the conversion was finished.

GOOD NIGHTS.

Original Publication: Rio de Janeiro: *Gazeta de Notícias*, 23.02.1889, N.54, p.2.

38

Nesta crônica o narrador discute o Carnaval, festa
tradicional brasileira na qual as pessoas se fantasia para
irem dançar nas ruas. Ele afirma que quer uma cabeça de
Boulanger para o Carnaval, mas alguem o aconselha a
vestir a fantasia de um notário que foi assassinado. No final
da crônica, ele zomba da tendência a imitar o que vinha da
França ao se referir a um incidente em São Fidélis, uma
cidade na provincial do Rio de Janeiro.

27 de fevereiro de 1889

BONS DIAS!

E i-lo que chega... Carnaval à porta!... Diabo! aí vão palavras que dão ideia de um começo de recitativo ao piano; mas outras posteriores mostram claramente que estou falando em prosa; e se *prosa* quer dizer *falta de dinheiro* (em cartaginês, está claro), então é que falei como um Cícero.

Carnaval à porta. Já lhe ouço os guizos e tambores. Aí vêm os carros das ideias... Felizes ideias, que durante três dias andais de carro! No resto do ano ides a pé, ao sol e à chuva, ou ficais no tinteiro, que é ainda o melhor dos abrigos. Mas lá chegam os três dias, quero dizer os dois, porque o de meio não conta; lá vêm, e agora é a vez de alugar a berlinda, sair e passear.

Nem isso, ai de mim, amigas, nem esse gozo particular, único, cronológico, marcado, combinado e acertado, me é dado saborear este

38

In this chronicle the narrator discusses Carnival, the traditional Brazilian event in which people wear costumes to go dancing in the streets. He claims he wants to wear a Boulanger head for Carnival, but someone advises him to be dressed as a notary who was murdered. At the end of the chronicle, he mocks the tendency of imitating what comes from France by referring to an incident in São Fidélis, a city located in the province of Rio de Janeiro.

February 27, 1889

GOOD DAYS!

It is here... Carnival is at the door!... Hell! These are words that give an idea of the beginning of a piano recital; but other posterior ones clearly show that I'm speaking in prose; and if *prose* means *lack of money* (in Carthaginian, of course), then I spoke like a Cicero.[1]

Carnival is at the door. I can hear the rattles and drums. Here come the floats of ideas... Happy ideas, that for three days you ride a car! The rest of the year you walk, sun and rain, or you're forgotten, which is still the best of shelters. But there come the three days, I mean two, because the one half doesn't count; there they come, and now it's time to rent the berlin,[2] go out and take a stroll.

Neither that, woe is me, lady-friends, nor that particular, unique, chronological, scheduled, arranged, and agreed-on enjoyment I'm given to savor this year. I'm not saying it's because of yellow fever, which is in decline. The other fevers are just partners... No; this isn't

ano. Não falo por causa da febre amarela; essa vai baixando. As outras febres são apenas companheiras... Não; não é essa a causa.

Talvez não saibam que eu tinha uma ideia e um plano. A ideia era uma cabeça de Boulanger, metade coroada de louros, metade forrada de lama. O plano era metê-la em um carro, e andar. E vede bem, vós que sois ideias, vede só se o plano desta ideia era mau. Os que esperam do general alguma coisa, deviam aplaudir; os que não esperam nada, deviam patear; mas o provável é que aplaudissem todos, unicamente por este fato: porque era uma ideia.

Mas a falta de dinheiro (*prosa*, em língua púnica) não me permite pôr esta ideia na rua. Sem dinheiro, sem ânimo de o pedir a alguém, e, com certeza, sem ânimo de o pagar, estou reduzido ao papel de espectador. Vou para a turbamulta das ruas e das janelas; perco-me no mar dos incógnitos.

Já alguém me aconselhou que fosse vestido de tabelião. Redargui que tabelião não traz ideia; e, depois, não há diferença sensível entre o tabelião e o resto do universo. Disseram-me que, tanto há diferença, que chega a havê-la entre um tabelião e outro tabelião.

"Não leu o caso do tabelião que foi agora assassinado, não sei em que vila do interior? Foi assassinado diante de cinquenta pessoas, de dia e na rua, sem perturbação da ordem pública. Veja se há de nunca acontecer coisa igual ao Cantanheda..."

"Mas que é que fez o tabelião assassinado?"

"É o que a notícia não diz, nem importa saber. Fez ou não fez aquela escritura. Casou com a sobrinha de um dissidente político. Chamou nariz de César à falta de nariz de alguma influência local. É a diferença dos tabeliães da roça e da cidade. Você passa pela Rua do Rosário, e contempla a gravidade de todos os notários daqui. Cada um à sua mesa, alguns de óculos, as pessoas entrando, as cadeiras

the cause.

Maybe you don't know that I had an idea and a plan. The idea was a Boulanger[3] head, half crowned with laurels, half covered with mud. The plan was to get it into a coach, and go around. And mind you, you who are ideas, just see if the plan of this idea was bad. Those who expect something from the general should applaud; those who expect nothing should prance; but it's probable that all applauded, solely because of this fact: because it was an idea.

But the lack of money (*prose*, in the Punic language) doesn't allow me to put this idea on the street. Without money, unwilling to ask someone, and certainly unwilling to pay, I'm reduced to the role of spectator. I go to the crowds of the streets and the windows; I lose myself in the sea of unidentified people.

Someone advised me to be dressed as a notary. I replied that a notary doesn't bring an idea; and then there is no sensible difference between the notary and the rest of the universe. I have been told that there is so much difference that there's one between one notary and another notary.

"Didn't you read about the case of the notary, who was murdered now, I don't know in which village of the countryside? He was murdered in front of fifty people, during the day and on the street, without disturbing the public order. Let's hope that something like that should never happen to Cantanheda..."[4]

"But what did the murdered notary do?"

"That's what the news doesn't say, it doesn't even matter. He wrote the deed or he didn't. He married the niece of a political dissident. He called some local influential person's lack of a nose a Cesar's nose. This is the difference between the notaries of the countryside and the city. You walk down Rua do Rosário[5] and contemplate the seriousness

rolando, as escrituras começando... Não falam de política; não sabem nunca da queda dos ministérios, senão à tarde, nos *bonds*; e ouvem os partidários como os outorgantes, sem paixão, nem por um, nem por outro. Não é assim na roça. Vista-se você de tabelião da roça, com um tiro de garrucha varando-lhe as costelas."

"Mas como hei de significar o tiro?"

"Isto agora é que é ideia; procure uma ideia. Há de haver uma ideia qualquer que significa um tiro. Leve à orelha uma pena, na mão uma escritura, para mostrar que é tabelião; mas, como é tabelião político, tem de exprimir a sua opinião política. É outra ideia. Procure duas ideias, a da opinião e a do tiro."

Fiquei alvoroçado; o plano era melhor que o outro, mas esbarrava sempre na falta de dinheiro para a berlinda, e agora no tempo para arranjar as ideias. Estava nisto, quando o meu interlocutor me disse que ainda havia ideia melhor.

"Melhor?"

"Vai ver: comemorar a tomada da Bastilha, antes de 14 de julho."

"Trivial."

"Vai ver se é trivial. Não se trata de reproduzir a Bastilha, o povo parisiense e o resto, não senhor. Trata-se de copiar São Fidélis..."

"Copiar São Fidélis?"

"O povo de São Fidélis tomou agora a cadeia, destruiu-a, sem ficar porta, nem janela, nem preso, e declarou que não recebe o subdelegado que para lá mandaram. Compreende bem, que esta reprodução de 1789, em ponto pequeno, cá pelo bairro é uma boa ideia."

"Sim, senhor, é ideia... Mas então tenho de escolher entre a morte pública do tabelião e a tomada da cadeia! Se eu empregasse as duas?"

"Eram duas ideias."

of all the notaries from here. Everyone at his own table, some wearing glasses, people coming in, chairs rolling, deeds starting… They don't talk about politics; they never know of the fall of ministries, not until the afternoon, in the trolleys; and they listen to both partisans and bestowers, without passion, neither for one, nor for the other. It's not so in the countryside. Dress yourself up as a notary of the countryside, with a derringer shot piercing your ribs."

"But how am I to represent the shot?"

"This is now an idea; look for an idea. There must be some idea of what a shot seems like. Bring a pen to the ear, a deed in your hand, to show that you're a notary; but, as you're a political notary, you have to express your political opinion. That's another idea. Look for two ideas, for the opinion and for the shooting."

I was excited; this plan was better than the other, but it always ran into the lack of money for the berlin, and now in the time of arranging the ideas. I was at it when my interlocutor told me that there was still a better idea.

"Better?"

"You will see: celebrate the taking of the Bastille, before July 14."

"Trivial."

"You'll see if it's trivial. It's not a matter of reproducing the Bastille, the Parisian people, and the rest, no sir. It's about copying São Fidélis…"[6]

"Copying São Fidélis?"

"The people of São Fidélis have now taken the jail, destroyed it, leaving it without a door, a window, or a prisoner, and declared that they didn't welcome the under-sheriff sent there. You must understand that this reproduction of 1789,[7] in a small scale, here in

"Com umas brochadas de anarquia social, mental, moral, não sei mais qual?"

"Isso então é que era um cacho de ideias... Falta-lhe só a berlinda."

"Falta-me *prosa*, que é como os soldados de Aníbal chamavam ao dinheiro. *Uba sacá prosa nanapacatu.* Em português: "Falta dinheiro aos heróis de Cartago para acabar com os romanos." Ao que respondia Aníbal: *Tunga loló.* Em português:

BOAS NOITES.

Publicação Original: Rio de Janeiro: *Gazeta de Notícias*, 27.02.1889, N.58, p.1.

the neighborhood is a good idea."

"Yes, sir, it's an idea... But then I have to choose between the public death of the notary and the taking of the jail! And if I used both?"

"They would be two ideas."

"With some dabs of social, mental, and moral anarchy I don't know which one?"

"So that would be a bunch of ideas... You only need the berlin."

"I lack *prose*, which is how Hannibal's[8] soldiers called money. *Uba sacá prosa nanapacatu.* In Portuguese: "There is enough money for the heroes of Carthage to destroy the Romans." Hannibal would answer: *Tunga loló.* In Portuguese:

GOOD NIGHTS.

Original Publication: Rio de Janeiro: *Gazeta de Notícias*, 27.02.1889, N.58, p.1.

39

*Nesta crônica o narrador discute o projeto do latinista
Castro Lopes, de acordo com o qual neologismos franceses
deveriam ser banidos da língua portuguesa para se
usar enologismos do Latim em seus lugares. O narrador
considera que o projeto não é razoável, uma vez que
corrompe a essência da língua. No final, ele discute o
problema da hegemonia francesa ao dizer que a perspectiva
portuguesa de Camilo Castelo Branco estava ultrapassada.*

7 de março de 1889

BONS DIAS!

Pego na pena com bastante medo. Estarei falando francês ou português? O Sr. Dr. Castro Lopes, ilustre latinista brasileiro, começou
uma série de neologismos, que lhe parecem indispensáveis para acabar com palavras e frases francesas. Ora, eu não tenho outro desejo
senão falar e escrever corretamente a minha língua; e se descubro que
muita coisa que dizia até aqui, não tem foros de cidade, mando esse
ofício à fava, e passo a falar por gestos.

Não estou brincando. Nunca comi *croquettes*, por mais que me
digam que são boas, só por causa do nome francês. Tenho comido
e comerei *filet de boeuf*, é certo, mas com restrição mental de estar
comendo *lombo de vaca*. Nem tudo, porém, se presta a restrições;
não poderia fazer o mesmo com as *bouchées de dames*, por exemplo,
porque *bocados de senhoras* dá ideia de antropofagia, pelo equívoco

39

*In this chronicle the narrator discusses the project of
the Latinist Castro Lopes, according to whom French
neologisms should be banned from Portuguese by using
Latin neologisms in their place. The narrator considers the
project unreasonable, as it corrupts the essence of Portuguese
language. At the end, he discusses the problem of French
hegemony by saying that the Portuguese perspective by
Camilo Castelo Branco was outdated.*

March 7, 1889

GOOD DAYS!

I take up my quill with much fear. Am I speaking French or Portuguese? Mr. Dr. Castro Lopes,[1] illustrious Brazilian Latinist, began a series of neologisms which seem indispensable to him to end all French words and phrases. Now, I have no other desire than to correctly speak and write in my language; and if I find out that much of what I have said so far, has no municipal status, I abandon this job and start speaking with gestures.

I am not kidding. I have never eaten *croquettes*, as much as they tell me they are good, just because of its French name. I have eaten and will eat *filet de boeuf*, that's right, but with mental restraint of eating fillet steak. Not everything, however, lends itself to restrictions; couldn't do the same with the *bouchées de dames*, for example, because *bits of ladies* give the idea of anthropophagy, by the misconception of the word. I have a silk dressing-gown, which I haven't yet worn, nor

da palavra. Tenho um chambre de seda, que ainda não vesti, nem vestirei, por mais que o uso haja reduzido a essa simples forma popular a *robe de chambre* dos franceses.

Entretanto há nomes que, vindo embora do francês, não tenho dúvida em empregar, pela razão de que o francês apenas serviu de veículo; são nomes de outras línguas. E todo o mal não é a origem estrangeira, mas francesa. O próprio Dr. Castro Lopes, se padecer de *spleen*, não há de ir pedir o nome disto ao general Luculo; tem de sofrê-lo em inglês. Mas é inglês. É assim que ele aprova *châle*, por vir do persa; conquanto, digo eu, a alguns parece que o recebemos de Espanha. Pode ser que esta mesma o recebesse de França, que, confessadamente, o recebeu de Inglaterra, para onde foi das partes do Oriente. *Shawl*, dizem os bretões; a França não terá feito mais que tecê-lo, adoçá-lo e exportá-lo. Deslindem o caso, e vamos aos neologismos.

Cache-nez, é coisa que nunca mais andará comigo. Não é por me gabar; mas confesso que há tempos a esta parte entrei a desconfiar que este pedaço de lã não me ficava bem. Um dia procurei ver se não acharia outra coisa, e andei de loja em loja. Um dos lojistas disse-me, no estilo próprio do ofício:

"Igual, igual não temos; mas no mesmo sentido, posso servi-lo."

E, dizendo-lhe eu que sim, o homem foi dentro, e voltou com um livro português, antigo, e ali mesmo me leu isto, sobre as mulheres persianas: "O rosto, não descobrem nunca fora de casa, trazendo-o coberto com um cendal ou *guarda-cara...*"

"Este guarda-cara é que lhe serve, disse ele. *Cache-nez* ou guarda-cara é a mesma coisa; a diferença é que um é de seda, e o outro de lã. É livro de jesuíta, e tem dois séculos de composição (1663). Não é obra de francelho ou tarelo, como dizia o Filinto Elísio."

will I wear it, no matter how much its use has reduced it to this simple popular form of the French *robe de chambre*.

There are names, however, which, coming from French, I have no doubt in employing, for the reason that French only served as a vehicle; they're names from other languages. And the foreign origin is not at fault, but French. Dr. Castro Lopes himself, if he suffers from *spleen*, will not go and ask General Lucullus for its name;[2] he must endure it in English. But it's English. This is how he approves of *châle*, from Persian; although, I say, it seems to some that we have got it from Spain. It may be that he got it from France, which, admittedly, got it from England, where it went to from the Eastern parts. *Shawl*, say the Bretons; France hasn't done anything but to weave it, sweeten it, and export it. You untangle the case, and let's go to the neologisms.

Cache-nez,[3] is something that I will never have. Not to brag about myself, but I confess that for some time now I have come to suspect that this piece of wool doesn't suit me. One day I tried to see if I could find anything else, and I went from shop to shop. One of the shopkeepers told me in the style of the trade:

"Similar, we don't have; but I can serve you in the same way."

And when I said yes, the man went in, and came back with a Portuguese book, an old one, and there he read to me about Persian women: "The face, they never uncover outside the house, bringing it covered with a veil or face cover..."

"This face cover suits you," he said. *Cache-nez* or face cover, it's the same; the difference is that one is made of silk; the other is made of wool. It's a Jesuit book, and its composition took two centuries (1663). It's not the work of a chatterbox or a blabbermouth, as Filinto Elysio[4] used to say."

I was happy with the exchange, and I was at it when the Roman

Sorriu-me a troca, e estive a realizá-la, quando me apareceu o *focale* romano, proposto pelo Sr. Dr. Castro Lopes; e bastou ser romano, para abrir mão do outro que era apenas nacional.

O mesmo se deu com *preconnicio* outro neologismo. O Sr. Dr. Castro Lopes compôs este, "porque a todos os homens de letras que falam a língua portuguesa, foi sempre manifesta a dificuldade de achar um termo equivalente à palavra francesa *réclame*."

Confesso que não me achei nunca em tal dificuldade, e mais, sou relojoeiro. Quando exercia o ofício (que deixei por causa da vista fraca), compunha anúncios grandes e pomposos. Não faltava quem me acusasse de fazer *réclame* para vender os relógios. Ao que eu respondia sempre:

"Faça-me o favor de falar português. *Reclamo* é o que eu emprego, e emprego muito bem; porque é assim que se chama o instrumento com que o caçador busca atrair as aves; às vezes, é uma ave ensinada para trazer as outras ao laço. Se não quer *reclamo*, use *chamariz*, que é a mesma coisa. E olhe que isto não está em livros velhos de jesuítas, anda já nos dicionários.

Contentava-me com aquilo; mas, desde que vi o recente *preconnicio*, abri mão do outro termo, que era o nosso, por este alatinado.

Nem sempre, entretanto, fui severo com artes francesas. *Pince-nez* é coisa que usei por largos anos, sem desdouro. Um dia, porém, queixando-me do enfraquecimento da vista, alguém me disse que talvez o mal viesse da fábrica. Mandei logo (há uns seis meses) saber se havia em Portugal alguma *luneta-pênsil* das que inventara Camilo Castelo Branco, há não sei quantos anos. Responderam-me que não. Camilo fez uma dessas lunetas, mas a concorrência francesa não consentiu que a indústria nacional pegasse.

focale,[5] proposed by Dr. Castro Lopes, was shown to me; and it was enough to be Roman for me to give up the other, which was only national.

The same occurred with *preconício*,[6] another neologism. Mr. Dr. Castro Lopes composed this, "because to all literate men who speak the Portuguese language, the difficulty to find a term equivalent to the French word *réclame*[7] was always manifested."

I confess that I have never found myself in such difficulty, and more, I'm a watchmaker. When I was in the trade (which I left because of my poor eyesight), I composed large and pompous ads. There was no shortage of those who accused me of making a *réclame* to sell the watches. To which I always replied:

"Please, speak Portuguese. *Reclamo*[8] is what I use, and I work very well; because that's what the instrument with which the hunter seeks to attract the birds is called; sometimes it's a bird taught to bring the others to the snare. If you don't want a *reclamo*, use *chamariz*,[9] which is the same thing. And look, this isn't in old Jesuit books; it's already in the dictionaries.

I was contented with that; but since I saw the recent *preconício*,[10] I gave up on the other term, which was ours, for this Latinized one.

Not always, however, was I severe with the French arts. *Pince-nez* is something I have used for many years, without tarnishing. One day though, complaining about the weakening of my eyesight, someone told me that maybe the fault came from the factory. I immediately questioned (six months ago) if there were any *luneta pênsil*[11] in Portugal like the ones that had been invented by Camilo Castelo Branco[12] I don't know how many years ago. They told me that there isn't. Camilo made one of these spectacles, but the French competition didn't allow the national industry to take off.

Bons Dias!

Fiquei com o meu *pince-nez*, que, a falar verdade, não me fazia mal, salvo o suposto de me ir comendo a vista, e um ou outro apertão que me dava no nariz. Era francês; mas, não cuidando a indústria nacional de o substituir, não havia eu de andar às apalpadelas. Vai senão quando, vejo anunciados os *nasóculos* do nosso distinto autor. Lá fui comprar um, já o cavalguei no nariz, e não me fica mal. Daqui a pouco, ver-me-ão andar pela rua, teso como um *petit-maître*... Perdão, petimetre, que é já da nossa língua e do nosso povo.

BOAS NOITES.

Publicação Original: Rio de Janeiro: *Gazeta de Notícias*, 07.03.1889, N.66, p.1.

Good Days!

I kept my *pince-nez*, which, to tell the truth, didn't hurt me, except for it supposedly damaging my eyesight, and one bad squeeze or another on my nose. It was French; but, the national industry not caring to replace it, I shouldn't have been groping my way around. Only when I saw the advertisements for *nasóculos*[13] of our distinguished author published. I went to buy one, I've already carried it on my nose, and it doesn't look bad on me. Soon, they will see me walking down the street, solid as a *petit-maître*...[13] Forgive me, *petimetre*, because it already belongs to our language and to our people.

GOOD NIGHTS.

Original Publication: Rio de Janeiro: *Gazeta de Notícias*, 07.03.1889, N.66, p.1.

40

*O narrador discute a morte de um nobre português,
sugerindo que esta morte não foi devidamente valorizada
pela imprensa brasileira. Ele afirma, de maneira sarcástica,
que é o único que se importa com esta morte, e que sera bem-
vindo ao céus por conta disso. Ele até descreve sua chegada
no céu e sua conversa com São Pedro.*

19 de março de 1889

BONS DIAS!

Faleceu em Portugal o Sr. Jácome de Bruges Ornelas Ávila Paim
da Câmara Ponce de Leão Homem da Costa Noronha Borges de
Sousa e Saavedra, 2º Conde da Praia da Vitória, 2º Visconde de Bruges.

Quarta-feira, na igreja do Carmo, diz-se uma missa por alma
do ilustre finado, e quem a manda dizer é um seu amigo—nada mais
que amigo gratíssimo à memória do finado. Nenhum nome, nada, um
amigo; é o que leio nos anúncios.

Quem quer sejas tu, homem raro, deixa-me apertar-te as mãos de
longe, e não te faço um discurso, para não te molestar; mas é o que tu
merecias, e mereces. Singular anônimo, tu perdes um amigo daquele
tamanho, e não lhe aproveitas a memória para cavalgá-lo. Não fazes
daqueles títulos e nomes a tua própria condecoração. Não chocalhas o
finado à tua porta, como um reclamo, para atrair e dizer depois à gente
reunida:—Eu, Fulano de Tal, mando dizer uma missa por alma de meu
grande amigo Jácome de Bruges Ornelas Ávila Paim da Câmara Porce
de Leão Homem da Costa Noronha Borges de Sousa e Saavedra, 2º

40

The narrator discusses the death of a gentleman from Portugal, suggesting that this death has not been properly valued by Brazilian press. He says, in a sarcastic way, that he is the only one who cares, and that he is going to be welcomed in heaven because of that. He even describes his arrival in heaven and a talk with St. Peter.

March 19, 1889

GOOD DAYS!

Mr. Jácome de Bruges Ornelas Ávila Paim da Câmara Ponce de Leão Homem da Costa Noronha Borges de Sousa e Saavedra, 2nd Earl of Praia da Vitória, 2nd Viscount of Bruges,[1] died in Portugal.

On Wednesday, in the Carmo Church, a mass for the soul of the illustrious deceased is going to be celebrated; and whoever ordered it is a friend of his—nothing more than a friend grateful to the memory of the deceased. No name, nothing, a friend. That's what I read in the ads.[2]

Whoever you are, you rare man, let me shake your hands from afar, and I won't give you a speech, lest I bother you; but it's what you should deserve, and you deserve it. Singularly anonymous, you lose a friend of that stature, and you don't take the memory on a horseback ride. You don't make those titles and names your own decoration. You don't rattle the deceased at your door, like an advertisement, to attract and then say to the assembled people: "I, So-and-so, order a Mass for the soul of my great friend Jácome de Bruges Ornelas Ávila Paim da Câmara Ponce de Leão Homem da Costa Noronha Borges de Sousa e Saavedra, 2nd Count of Praia da Vitória, 2nd Viscount of Bruges."

Conde da Praia da Vitória, 2° Visconde de Bruges.

Mas em que beco vives tu, varão modesto? Onde te metes? Com quem falas? Qual é o teu meio? Com muito menos grandeza, não escapava nem escapa um morto daqueles às celebrações póstumas. Ah! (dizia-me um fino repórter, quando faleceu o Barão de Cotegipe) se eu fosse a tomar nota dos mais íntimos amigos do barão, concluiria que ele nunca os teve de outra qualidade. E é assim, nobre anônimo; um morto ilustre é um naco de glória que não se perde; é além disso uma ocasião rara, e, às vezes única, de superar os contemporâneos.

Podia ir quarta-feira à missa, com o fim único de perguntar quem a manda dizer; o sacristão mostrava-te de longe, e eu via-te, conhecia-te; mas não vou, não quero. Prefiro crer que é tudo uma ilusão, uma fantasmagoria, que não existes, que és uma hipótese. Dado que não, ainda assim não quero conhecer-te; a vista da pessoa seria a maior das amarguras. Deixa-me a idealidade; posso imaginar-te a meu gosto, um asceta, um ingênuo, um desenganado, um filósofo.

Não sei se tens pecados. Se os tens, por mortais que sejam, crê que esta só ação te será contada no céu, por todos eles, e ainda ficas com um saldo. Lá estarei, antes de ti, provavelmente, e direi tudo a São Pedro, e ele te abrirá largas as portas da glória eterna. Caso não esteja, fala-lhe desta maneira:

"Pequei, meu amado Santo, e pequei muito, reincidi no pecado, como todas as criaturas que lá estão embaixo, porque as tentações são grandes e frequentes, e a vida parece mais curta para o bem que para o mal. Aqui estou arrependido…"

"Foste absolvido?"

"Não, não cheguei a confessar-me, por ter morrido de um *acesso pernicioso fulminante* que o Barão do Lavradio diz não saber o que é."

"Bem, praticaste algum grande ato de virtude?"

But in what alley do you live, you modest man? Where are you? Who are you talking to? What is your milieu? With much less greatness a dead person didn't escape or doesn't escape those posthumous celebrations. Ah! (said to me a refine reporter when the Baron of Cotegipe[3] died) if I were to take note of the Baron's closest friends, I would conclude that he had never had any other type. And so it is, noble anonymous; an illustrious dead is a hunk of glory that cannot be missed; It's also a rare, and, sometimes, unique occasion to overcome the contemporaries.

I could go to Mass on Wednesday with the sole purpose of asking who ordered it. The sacristan would show you from afar, and I'd see you, I'd know you; but I won't, I won't. I prefer to believe that it's all an illusion, a phantasmagoria, that you don't exist, that you are a hypothesis. Since you're not, I still don't want to meet you; the sight of the person would be the greatest of sorrows. Allow me the ideality; I can imagine you to my liking, an ascetic, a naïf, a disillusioned man, a philosopher.

I don't know if you have sins. If you have them, as mortal as they might be, believe that this action alone will be accounted for in heaven, for all of them, and you're still left with a balance. There I will be, ahead of you, probably, and I will tell everything to St. Peter, and he will open wide the gates of eternal glory to you. If not, talk to him this way:

"I have sinned, my beloved Holy One, and I have sinned greatly, I have relapsed in sin, like all creatures that are below, because temptations are great and frequent, and life seems shorter for good than for evil. Here I am repenting…"

"Were you acquitted?"

"No, I didn't make my confession, for having died of a fulminant pernicious fit which the Baron of Lavradio[4] says he does not know."

"Não me lembra…"

"Vê bem, o momento é decisivo. A modéstia é bela, mas não deve ir ao ponto de ocultar a verdade, quando se trata de salvar a alma. Estás entre duas eternidades. Deste algumas esmolas?"

"Saberá Vossa Santidade que sim."

"Que mais?"

"Mais nada."

"Foste grato aos amigos?"

"Fui, a um principalmente, meu amigo e grande amigo. Mandei-lhe dizer uma missa, no Rio de Janeiro, onde então me achava, quando ele morreu no Funchal."

"Chamava-se na terra…"

"Jácome de Bruges Ornelas Ávila Paim da Câmara Ponce de Leão Homem da Costa Noronha Borges de Sousa e Saavedra, 2º Conde da Praia da Vitória. 2º Visconde de Bruges.

Aqui o príncipe dos apóstolos sorrirá para si, e dirá provavelmente:

"Já sei; convidaste os outros com teu nome por inteiro."

"Não, não fiz isso."

São Pedro incrédulo:

"Como…?… Não…?… Só as iniciais…

"Nem as iniciais; disse só que era um amigo grato ao finado."

"Entra, entra… Como te chamas tu?"

"Deixe-me Vossa Santidade guardar ainda uma vez o incógnito.

BOAS NOITES.

Publicação Original: Rio de Janeiro: *Gazeta de Notícias*, 19.03.1889, N.78, p.1.

"Well, have you practiced any great act of virtue?"

"I don't remember..."

"Mind you, the moment is decisive. Modesty is beautiful, but it should not go so far as to hide the truth when it comes to saving the soul. You are between two eternities. Have you given any alms?"

"Your Holiness will know that I did."

"What else?"

"Nothing else."

"Have you been grateful to your friends?"

"I have, mainly to one, my friend and great friend. I ordered him a Mass, in Rio de Janeiro, where I was then, when he died in Funchal."[5]

"On earth he was called..."

"Jácome de Bruges Ornelas Ávila Paim da Câmara Ponce de Leão Homem da Costa Noronha Borges de Sousa e Saavedra, 2nd Count of Praia da Vitória, 2nd Viscount of Bruges."

Here the prince of the apostles will smile on you and will probably say:

"I already know; you invited others with your whole name on it."

"No, I didn't."

Saint Peter in disbelief:

"How...?... No...?... Only the initials..."

"Not even the initials; I just said I was a grateful friend to the deceased."

"Come in, come in... What's your name?"

"Let Your Holiness keep the incognito once more."

GOOD NIGHTS.

Original Publication: Rio de Janeiro: *Gazeta de Notícias*, 19.03.1889, N.78, p.1.

41

Esta crônica dá continuidade à discussão linguística iniciada na crônica 40 ao debater sobre a inutilidade de usar uma língua artificial para a comunicação. O narrador argumenta que o mais importante a se fazer é combater o galicismo, que, em sua opinião, dominou a língua portuguesa, apesar de esta língua possuir todas as construções necessárias para uma comunicação efetiva.

22 de março de 1889

BONS DIAS!

Antes do último neologismo do Sr. Castro Lopes, tinha eu suspeita, nunca revelada, de que o fim secreto do nosso eminente latinista, era pôr-nos a falar *volapuk*. Não vai nisto o menor desrespeito à memória de Cícero nem de Horácio, menos ainda ao seu competente intérprete neste país. A suspeita vinha da obstinação com que o digno professor ia bater à porta latina, antes de saber se tínhamos em nossa própria casa a colher ou o garfo necessário às refeições. Essa teima podia explicar-se de dois modos: ou desdém (não merecido) da língua portuguesa, ou então o fim secreto a que me referi, e que muito bem se pode defender.

Com efeito, no dia em que eu, pondo os meus *nasóculos*, comprar um *focale* e um *lucivelo*, para fazer *preconício* na *Concião*, se não falar volapuk, é que estou falando cartaginês. E contudo é puro latim. Era assim até aqui; confesso, porém, que o último neologismo—digo

41

This chronicle continues the linguistic discussion of chronicle 40 by arguing about the uselessness of using an artificial language to communicate. The narrator argues that the most important thing to do is to fight against Gallicism, which, in his opinion, dominated Portuguese language, even though Portuguese had all the necessary constructions for an effective communication.

March 22, 1889

GOOD DAYS!

Before the last neologism of Mr. Dr. Castro Lopes,[1] I had suspected, but never revealed, that the secret purpose of our eminent Latinist was to make us speak Volapuk.[2] There isn't the least disrespect for the memory of Cicero[3] or Horace[4] here, let alone to their competent interpreter in this country. The suspicion came from the obstinacy with which the worthy professor knocked on the Latin door before knowing whether we had the spoon or fork in our own house needed for our meals. This obstinacy could be explained in two ways: either (undeserved) disdain for the Portuguese language, or the secret purpose to which I've referred, and which can very well be defended.[5]

In fact, on the day when I, putting on my *nasóculos*,[6] buy a *focále* and a *lucivelo*, to make a *preconício* at the *Concião*,[7] if I don't speak Volapuk, is that I'm speaking Carthaginian. And yet it's pure Latin. It has been that way so far; I confess, however, that the last neologism—

mal,–por ocasião do último galicismo, perdi a suspeita do fim secreto. Dessa vez o autor veio à nossa prata de casa; não lhe tenho pedido outra coisa.

Não há neologismo propriamente, já porque a palavra *desempeno* existia na língua, bastando apenas aplicá-la, já porque no sentido de à-plomb lá a pôs no seu dicionário o nosso velho patrício Moraes. Contudo, foi bom serviço lembrá-la. Às vezes, uma senhora não sai bem vestida de casa por esquecimento de certa manta de rendas, que estava para um canto. Acha-se a manta, põe-se, a pessoa nada pediu emprestado e sai catita.

Contudo, surge uma dúvida. Hão de ter notado que eu sou o homem mais cheio de dúvidas que há no mundo. A minha dúvida é se, tendo já em casa o *desempeno*, para substituir o à-plomb, não ser difícil arrancar este galicismo do uso,–quando menos do parlamento,– onde ele é empregado em frases como estas: "Mas o à-plomb do nobre ministro..."–"Não é com esse à-plomb insolente de S. Exa., é com princípios que se governam as nações..."

Para acudir ao mal, à dificuldade de extrair pela raiz esse dente francês, não poderiam usar a mesma palavra, com a forma portuguesa?' Se à-plomb indica a posição tesa e desempenada da pessoa, dizendo nós *aprumo*, não teremos dado a nossa fisionomia ao galicismo, para incorporá-lo no idioma, já não digo para sempre, mas temporariamente! Deste modo facilitava-se mais a cura, embora fosse mais longa. Desmamava-se o galicismo.

Note-se que não estou inventando nada. Rebelo da Silva, homem de boas letras escreveu esse vocábulo *aprumo*, e dizem que também anda em dicionários. Lá diz o Rebelo: "Respondendo... com o *aprumo* do homem seguro de ter cumprido etc. etc." Vá lá, desmamemos o galicismo, e demos-lhe depois um bom bife de *desempeno*. É

my mistake—at the occasion of the last Gallicism,[8] I lost the suspicion of the secret purpose. This time the author has reached to our family silver; I haven't been asking for anything else.

There is no proper neologism, because the word *straightening* already existed in the language, needing just to be applied, because our old patrician Moraes[9] put in his dictionary in the sense of *à plomb.*[10] However, it served the good purpose of remembering it. Sometimes a lady doesn't go out of the house well-dressed for forgetting a certain lace shawl, which was off in a corner. One finds the shawl, puts it on, without having asked to borrow it, and leaves all fancy.

However, a doubt arises. You must have noticed that I'm the man most filled with doubts in the world. My question is whether, having already at home *straightening*, to replace *à-plomb*, it's not difficult to extract this Gallicism from the use, at least from the parliament, where it's used in phrases such as these: "But the noble minister's *à-plomb*..."— It's not with Your Excellency's insolent *à-plomb*, it's with principles that the nations are governed..."

To assist with the problem, with the difficulty of extracting that French tooth from the root; couldn't they use the same word, in the Portuguese form? If *à-plomb* indicates the person's rigid and straight position, by saying *aplomb*, wouldn't we have given our countenance to Gallicism, in order to incorporate it in the language, I don't even say forever, but temporarily! In this way healing would be made easier, although longer. Gallicism would be weaned.

Note that I'm not inventing anything. Rebelo da Silva,[11] a well educated man, wrote this word *aplomb*, and they say that he's also in dictionaries himself. There Rebelo says: "Answering...with the man's *aplomb* sure to have fulfilled, etc., etc." Come on, let's ditch the Gallicism, and then give it a good little *straightening*. It's true that we

verdade que podemos vir a ficar com as duas palavras, para a mesma ideia, coisa só comparável a ter duas calças, quando uma só veste perfeitamente um homem.

Mas confiemos no futuro; a *Gazeta*, que tem intenções de chegar ao segundo centenário da Revolução Francesa, aceitará o esforço generoso de alguém que bote o intruso para fora a pontapés. Desconfio que ele já anda em livros de outros autores; mas não afirmo nada, a não ser que, há muitos anos quando me encontrava com um saudoso amigo e bom filólogo, dizia-me sempre:

"Então, donde vem com esse *aprumo?*"

Tempos! Tempos! O século expira; começo a ouvir a alvorada do outro.

Ecco ridente in cielo

Giá spunta la bella aurora...

BOAS NOITES.

Publicação Original: Rio de Janeiro: *Gazeta de Notícias*, 22.03.1889, N.81, p.1.

can keep the two words, for the same idea, only comparable to having two pairs of trousers when just one perfectly dresses a man.

But let's trust the future. The *Gazeta*, which intends to reach the second centenary of the French Revolution, will accept the generous effort of someone who kicks the intruder out. I suspect that he is already in books by other authors; but I say nothing, except that many years ago when I met a long-time friend and good philologist, he would always tell me:

"So where do you come from with this *aplomb*?"

Times! Times! The century expires; I begin to hear the dawn of the other.

Ecco, ridente in cielo
spunta la bella aurora...[12]

GOOD NIGHTS.

Original Publication: Rio de Janeiro: *Gazeta de Notícias*, 22.03.1889, N.81, p.1.

42

Nesta crônica, o narrador discute vários assuntos, entre eles o futuro nome da moeda brasileira, que foi realmente renomeada como "cruzeiro" anos depois. Acima de tudo, ele discute o hábito de se importar os costumes da Inglaterra, mais especificamente na esfera econômica da sociedade brasileira.

30 de março de 1889

BONS DIAS!

Quantas questões graves se debatem neste momento! Só a das farinhas de Pernambuco e da moeda bastam para escrever duas boas séries de artigos. Mas há também a das galinhas de Santos,—aparentemente mínima, mas realmente ponderosa, desde que a consideremos do lado dos princípios. As galinhas cresceram de preço, com a epidemia, chegando a cinco e creio que sete mil réis. Sem isso não há dieta.

De relance, faz lembrar o caso daquele sujeito contado pelo nosso João (veja *Almanaque do Velhinho*, ano 5°, 1843) que, dando com um casebre a arder, e uma velha sentada e chorando, perguntou a esta:

"Boa velha, esta casinha é sua?"

"Senhor, sim, é o triste buraco em que morava; não tenho mais nada, perdi tudo."

"Bem; deixa-me acender ali o meu cigarro?"

E o homem acendeu o cigarro na calamidade particular. Mas os dois casos são diferentes; no de Santos rege a lei econômica, e contra esta não há quebrar a cabeça. Diremos, por facécia, que é acender

42

In this chronicle, the narrator discusses many topics,
including the future name of the Brazilian currency, which
was literally named "cruzeiro" years later. Above all, he
discusses the habit of importing habits from England, more
specifically in the economic sphere of Brazilian society.

March 30, 1889

GOOD DAYS!

How many serious affairs are at stake right now! Just the flours of Pernambuco and the currency are enough to write two good series of articles.[1] But there is also the affair of the chickens of Santos,[2]—apparently minimal, but really ponderous, as long as we consider it from the side of principles. The chickens grew in price, with the epidemic, reaching five and I believe seven thousand *réis*.[3] Without it there is no diet.

At a glance, it reminds us of the case of that fellow told by our João (see *Almanaque do Velhinho*, ano 5°, 1843),[4] who, coming across a burning house, and an old woman sitting and crying, asked:

"Good old woman, is this little house yours?"

"Yes, sir, it's the sad hole in which I lived; I have nothing else, I have lost everything. "

"Well; let me light my cigarette there?"

And the man lit his cigarette in the private calamity. But the two cases are different: in the Santos affair, economic law rules, and there is no puzzling one's brain over this. We will say, by witticism, that it's like lighting two or three cigarettes in the public calamity; but

dois ou três charutos na calamidade pública; mas em alguma parte se hão de acender os charutos. Ninguém obsta a que se vendam as galinhas por preço baixo, ou até por nada, mas então é caridade, bonomia, desapego, misericórdia,–coisas alheias aos princípios e às leis que são implacáveis.

Não examinei bem o negócio das farinhas pernambucanas, mas não tenho medo que os princípios sejam sacrificados.

Quanto aos das libras esterlinas, não tendo nenhuma no bolso, não me julgo com direito de opinar. Contudo, meteu-se em cabeça que não nos ficava mal possuir uma moeda nossa, em vez de dar curso obrigatório à libra esterlina. Um velho amigo, sabedor destas matérias, acha este modo de ver absurdo; eu, apesar de tudo, teimo na ideia, por mais que me mostrem que daqui a pouco ou muito lá se pode ir embora o ouro, nacional ou não.

Mas, principalmente, o que vejo nisto é um pouco de estética. Tem a Inglaterra a sua libra, a França o seu franco, os Estados Unidos o seu dólar, por que não teríamos nós nossa moeda batizada? Em vez de designá-la por um número, e por um número ideal—*vinte mil* réis— por que lhe não poremos um nome—*cruzeiro*—por exemplo? *Cruzeiro* não é pior que outros, e tem a vantagem de ser nome e de ser nosso. Imagino até o desenho da moeda: de um lado a efígie imperial, do outro a constelação... Um cruzeiro, cinco cruzeiros, vinte cruzeiros. Os nossos maiores tinham os dobrões, os patacões, os cruzados, etc., tudo isto era moeda tangível, mas vinte mil réis... Que são vinte mil réis? Enfim, isto já me vai cheirando a neologismo. Outro ofício.

Prefiro expandir a minha dor, a minha compaixão... Oh! mas compaixão grande, profunda, dessas que nos tornam melhores, que nos levantam deste mundo baixo e cruel, que nos fazem compartir das dores alheias. *J'ai mal dans ta poitrine*, escreveu um dia a boa

somewhere cigars will be lit. No one opposes that chickens are sold at a low price, or even for nothing, but then it is charity, bonhomie, detachment, mercy,—things that are foreign to principles and laws which are implacable.

I didn't examine the Pernambuco flours affair well, but I'm not afraid that principles will be sacrificed.

As for the pounds sterling affair, having none in my pocket, I don't think I have the right to comment on it. However, we got this notion that it wasn't a problem for us to have our own currency, instead of obliging to the pound sterling. An old friend, acquainted with these matters, finds this way of seeing things absurd. I, in spite of everything, insist on the idea, no matter how much they show me that in a while or in a long time, that gold, national or not, can actually go away.

But, above all, what I see in this is a bit of aesthetics. England has its pound, France its franc, the United States its dollar; why wouldn't we have our baptized currency? Instead of designating it by a number, and by an ideal number—*twenty thousand réis*—why shouldn't we name it a—*cruzeiro*[5]—for example? *Cruzeiro* isn't worse than others, and it has the advantage of being a name and being ours. I even imagine the design of the coin: on one side the imperial effigy, on the other the constellation...[6] One *cruzeiro*, five *cruzeiros*, twenty *cruzeiros*. Our biggest ones would have the *dobrões*,[7] the *patacões*,[8] the *cruzados*,[9] etc. All these were tangible currencies, but twenty thousand *réis*... What are twenty thousand *réis*? Anyway, this already smells of neologism. Another job.

I'd rather expand my pain, my compassion... Oh! But a deep, profound compassion, one of those that make us better, that lift us up from this low and cruel world, that makes us share the pains of others.

Sévigné à filha adoentada, e fez muito bem, porque me ensinou assim um modo fino e pio de falar ao mais lastimável escrivão dos nossos tempos, ao escrivão Mesquita. *Mesquita, j'ai mal dans ta poitrine.*

Não te conheço, Mesquita; não sei se és magro, ou gordo, alto ou baixo; mas para lastimar um desgraçado não é preciso conhecer as suas proporções físicas. Sei que és escrivão; sei que leste o processo Bíblia, composto de mil e tantas folhas, em voz alta, perante o tribunal de jurados, durante horas e horas. Foi o que me disseram os jornais; leste e sobreviveste. Também eu sobrevivi a uma leitura, mas esta era feita por outro, numa sociedade literária, há muitos anos; um dos oradores, em vez de versos, como se esperava, sacou do bolso um relatório, e agora o *ouvirás*. Tenho ainda diante dos olhos as caras com que andávamos todos nas outras salas, espiando pelas portas, a ver se o homem ainda lia; e ele lia. O papel crescia-lhe nas mãos. Não era relatório, era solitária; quando apareceu a cabeça, houve um *Te-Deum laudamus* nas nossas pobres almas.

O mesmo foi contigo, Mesquita; crê que ninguém te ouviu. Os poucos que começaram a ouvir-te, ao cabo de uma hora mandaram-te ao diabo, e pensaram nos seus negócios. Mil e tantas folhas! Duvido que o processo Parnell seja tão grosso como o do testamento Bíblia. A própria Bíblia (ambos os testamentos) não é tão grande, embora seja grande. Não haverá meio de reduzir essa velha praxe a uma coisa útil e cômoda? Aviso aos legisladores.

BOAS NOITES.

Publicação Original: Rio de Janeiro: *Gazeta de Notícias*, 30.03.1889, N.89, p.1.

J'ai mal dans ta poitrine,[10] the good Sévigné[11] once wrote to her sick daughter, and she did very well, because thus she taught me a fine and pious way of speaking to the most grievous clerk of our times, to the clerk Mesquita. *Mesquita, j'ai mal dans ta poitrine.*

I don't know you, Mesquita; I don't know if you are thin, or fat, tall or short; but to bemoan a wretch one doesn't need to know his physical proportion. I know you are a clerk; I know that you read the Bible lawsuit,[12] made up of a thousand and some pages, out loud to the court's jury for hours on end. That's what the papers told me; you read it and you survived. I, too, survived one reading, but this was done by another person, in a literary society, many years ago. One of the speakers, instead of verses, as expected, took a report out of his pocket, and now you will *hear* it. I still have before my eyes the faces we all had in the other rooms, peering through the doors, to see if the man was still reading; and he read. The paper grew in his hands. It wasn't a report, it was a tapeworm; when the reader's head appeared, there was a *Te-Deum laudamus*[13] in our poor souls.

The same was with you, Mesquita; believe that no one listened to you. The few who began to listen to you, after an hour, sent you to hell and started thinking of their business. A thousand and some pages! I doubt that the Parnell case[14] is as thick as Bible's testament. The Bible itself (both testaments) is not so large, although it is large. Is there no way to reduce this old practice to a useful and convenient thing? Notice to lawmakers.

GOOD NIGHTS.

Original Publication: Rio de Janeiro: *Gazeta de Notícias*, 30.03.1889, N.89, p.1.

43

*Nesta crônica o narrador continua zombando das discussões
iniciadas pelo latinista brasileiro Antônio Castro Lopes,
que propôs uma reforma na língua portuguesa a fim de
extinguir os termos emprestados do francês. O narrador
zomba principalmente do uso do termo chambre, que iria
ser substituído por rocló, usado por falantes mais antigos do
português.*

20 de abril de1889

BONS DIAS!

A principal vantagem dos estudos de língua, é que com eles não perdemos a pele, nem a paciência, nem, finalmente, as ilusões, como acontece aos que se empenham na política, essa fatal Dalila (deixem-me ser banal), a cujos pés Sansão perdeu o cabelo, e André Roswein a vida.

"André, tu ainda hás de fazer com que eu acabe os dias num convento," diz Carnioli ao infeliz Roswein.

Nunca repetirei isto ao ilustre latinista, que ultimamente emprega os seus lazeres em expelir barbarismos e compor novas locuções. Língua, tanto não é Dalila, que é o contrário; não sei se me explico. Podemos errar, mas, ainda errando, a gente aprende.

Agora mesmo, ao sair da cama, enfiei um *chambre*. Cuidei estar composto, sem escândalo. Não ignorava (tanto que já o disse aqui mesmo) que aquele vestido, antes de passar a fronteira, era *robe de*

43

In this chronicle the narrator continues to mock the discussions started by the Brazilian Latinist Antônio Castro Lopes, who proposed a reform in the Portuguese language in order to extinguish terms borrowed from French. The narrator mocks mainly the use of the term chamber, which was going to be replaced by rocló, used by ancient Portuguese speakers.

April 20, 1889

GOOD DAYS!

The main advantage of language studies is that with them we don't lose our skin, or our patience, or, finally, our illusions, as happens to those who engage in politics, this fatal Dalila (let me be banal), at whose feet Samson lost his hair, and André Roswein[1] his life.

"André, you will still make me end my days in a convent," says Carnioli to the unhappy Roswein.

I will never repeat this to the illustrious Latinist, who lately uses his leisure time for uttering barbarisms and composing new locutions. Language is so much not Dalila that it's the opposite; I don't know if I can explain myself. We can make mistakes, but, even making a mistake, we learn.

Right now, as I got out of bed, I put on a *chambre*.[2] I took care to get composed without a scandal. I wasn't unaware (so much so that I said it right here) that this garment, before crossing the border, was a *robe de chambre*; what was left, *chambre*. But since I came from the

chambre; ficou só *chambre*. Mas como vinha de trás, os velhos que conheci não usavam outra coisa, e o próprio Nicolau Tolentino, posto que mestre-escola, lá o enfiou nos seus versos, pensei que não era caso de o desbatizar. Nunca mandei embora uma *caleça* só por vir de *calèche*; o mais que faço, é não dar gorjeta ao automedonte, vulgo cocheiro.

Imaginem agora o meu assombro, ao ler o artigo em que o nosso ilustre professor mostra, a todas as luzes, que *chambre* é vocábulo condenável, por ser francês. Antes de acabar o artigo, atirei para longe a fatal estrangeirice, e meti-me num *paletó* velho, sem advertir que era da mesma fábrica. A ignorância é a mãe de todos os vícios.

Continuei a ler, e vi que o autor permite o uso da coisa, mas com outro nome, o nome é *rocló*, "segundo diziam (acrescenta) os nossos maiores."

Com efeito, se os nossos maiores chamavam de *rocló* ao *chambre*, melhor é empregar o termo de casa, em vez de ir pedi-lo aos vizinhos. O contrário é desmazelo. Chamei então o meu criado—que é velho e minhoto—e disse-lhe que daqui em diante, quando lhe pedisse o *rocló*, devia trazer-me o *chambre*. O criado pôs as mãos às ilhargas, e entrou a rir como um perdido. Perguntei-lhe por que se ria, e repeti-lhe a minha ordem.

"Mas o patrão há de me perdoar se lhe digo que não entendo. Então o *chambre* agora é *rocló*?"

"Sim, que tem?"

"É que lá na terra *rocló* é outra coisa; é um capote curto estreito e de mangas. Parece-se tanto com *chambre*, como eu me pareço com o patrão, e mais não sou feio…"

"Não é possível."

"Mas se lhe digo que é assim mesmo; é um capote. Eu até servi

past, the old people I met wore nothing else, and Nicolau Tolentino[3] himself, as a schoolmaster, worked it into his verses, I thought it wasn't the case for it to be unbaptized. I never sent away a *caleça* just because a *calèche*[4] was sent over; the most that I do, is to not tip the *automedonte*,[5] commonly known as a coachman.

Imagine my astonishment now, in reading the article in which our illustrious professor[6] shows, under all lights, that *chambre* is a reprehensible word because it's French. Before I finished the article, I threw away the fatal foreignism, and put myself into an old *paletot*,[7] without noticing that it was from the same factory. Ignorance is the mother of all vices.

I went on reading and saw that the author allows the use of the thing, but with another name, the name is *rocló*,[8] "as our elders used to say (he adds)."

In fact, if our elders called the *chambre* a *rocló*, it's better to use the house term instead of asking the neighbors. The opposite is sloppiness. I then summoned my servant—who is old and a *minhoto*[9]—and told him that from now on, when I asked him for the *rocló*, he should bring me the *chambre*. The servant put his hands on his hips and laughed like crazy. I asked him why he laughed, and repeated my order.

"But the boss will forgive me if I tell him I don't understand. So the *chambre* is now *rocló*?"

"Yes, what's the matter?"

"It is that, in the land I come from, a *rocló* is another thing; it's a short narrow cloak and with sleeves. It looks as much like a *chambre* as I look like the boss, and moreover I'm not ugly..."

"It's not possible."

"But if I tell you that it's so, it's a cloak. I even served a man, over there in Lisbon (God bless him!) who wore both things—the *chambre*

a um homem, lá em Lisboa (Deus lhe fale na'alma!) que usava as duas coisas,—o *chambre* em casa, de manhã; e, à noite, quando saía a namorar, ia com o seu *rocló* às costas, manguinhas enfiadas."

"Inácio," bradei levantando-me, "juras-me, pelas cinzas de teu pai, que isso é verdade?"

"Juro, sim, senhor. O patrão até ofende com isso ao seu velho criado. Pois então é preciso que jure? Ouviu nunca de mim alguma mentira... Tudo por causa de um *rocló* e de um *chambre*... Isto no fim da vida... Adeus! Faça as minhas contas. Vou-me embora..."

Deixei-o ir chorando, e fiquei a cogitar, no modo de emendar a mão ao nome, afim de que a gente menos advertida não pegasse logo no *rocló*, que não é *chambre*. É coisa certa que a ignorância da língua e o amor da novidade dão certo sabor a vocábulos inventados ou descabidos. Mas como fazê-lo, sem citar o depoimento do meu velho minhoto, que não tem autoridade? Estava nisso, quando dei um grito, assim:

"Ah!"

Dei o grito. Tinha achado o segredo da substituição do nome. Com efeito, *rocló* vem do francês *roquelaure*, designação de um capote. Portugal recebeu de França o capote e o nome, e ficou com ambos, mas foi modificando o nome. Tal qual aconteceu com *robe de chambre*. A mudança proposta agora no artigo a que me refiro, ficaria sem sentido, se não fosse intenção do autor, suponho eu, curar a dentada do cão com o pêlo do mesmo cão. *Similia similibus curantur.*

BOAS NOITES.

Publicação Original: Rio de Janeiro: *Gazeta de Notícias*, 20.04.1889, N.110, p.1.

330

at home in the morning; and at night, when he went out courting, he went with his *rocló* on his back, sleeves pulled over."

"Inácio," I cried, rising up, "do you swear to me, over the ashes of thy father, that this is true?"

"I swear, yes, sir. The boss even offends his old servant with this. Now, I have to swear? You've never heard a lie from me... All because of a *rocló* and a *chambre*... This at the end of life... Goodbye! You can add up my earnings. I'm leaving..."

I let him go crying, and I wondered about a way to set things right for the word, so that the least warned people wouldn't soon pick up the *rocló*, which isn't a *chambre*. It's certain that the ignorance of the language and the love of novelty give a certain flavor to invented or misplaced words. But how to do it, without citing the testimony of my old *minhoto*, who has no authority? I was at it, when I cried out like this:

"Ah!"

I shouted. I had found the secret of the word replacement. In fact, *rocló* comes from the French *roquelaure*, designation of a cloak. Portugal received the cloak and the name from France, and kept both, but went on modifying the word. Just like a *robe de chambre*. The change proposed now in the article to which I refer would be meaningless, if it weren't the intention of the author, I suppose, to heal the bite of the dog with the hair of the same dog. *Similia similibus curantur.*[10]

GOOD NIGHTS.

Original Publication: Rio de Janeiro: *Gazeta de Notícias*, 20.04.1889, N.110, p.1.

44

*Nesta crônica o narrador zomba do Espiritismo, usando-o
para descrever um homem chamado José Basílio Moreira
Lapa, um personagem fictício criado por Machado de Assis.
Ele descreve os estágios da doutrina, afirmando que eles
podem conduzir as pessoas à loucura. Ele também usa as
profecias de Nostradamus para refletir sobre a situação
política da época.*

7 de junho de 1889

BONS DIAS!

Não gosto que me chamem profeta de fatos consumados; pelo que, apresso-me em publicar o que vai suceder, enquanto o Conselho de Estado se acha reunido no paço da cidade.

Verdade seja, que o meu mérito é escasso e duvidoso; devo o principal dos prognósticos ao espírito de Nostradamus, enviado pelo meu amigo José Basílio Moreira Lapa, cambista, proprietário, pai de um dos melhores filhos deste mundo, vítima do Monte-Pio e de um reumatismo periódico.

Lapa está naquele período do espiritismo em que o homem, já inclinado ao obscuro, dispõe de razão ainda clara e penetrante, e pode entreter conversações com os espíritos. Há, entretanto, uma lacuna nessa primeira fase: é que os espíritos acodem menos prontamente, e a prova é que desejando eu consultar Vasconcelos, Vergueiro ou o Padre Feijó, como pessoas de casa, não foi possível ao meu amigo

44

In this chronicle the narrator mocks Spiritualism by using it to describe a man called José Basílio Moreira Lapa, a fictitious character invented by Machado de Assis. He describes the stages of the doctrine by claiming that they can make people insane. He also uses the prophecies of Nostradamus to reflect upon the political situation of that time.

June 7, 1889

GOOD DAYS!

I don't like to be called a prophet of consummated facts, so I rush to publish what will happen while the State Council is gathered in the city hall.

True, my merit is scarce and doubtful; I owe the main prognostic to the spirit of Nostradamus, sent by my friend José Basílio Moreira Lapa,[2] an exchange broker, owner, father of one of the best children in the world, a victim of Montepio[3] and periodic rheumatism.

Lapa is in that period of spiritualism in which man, already inclined to the obscure, still has clear and penetrating reason and can entertain conversations with the spirits. There is, however, a gap in this first phase: it's that the spirits come less readily, and the evidence is that, wishing to consult Vasconcelos, Vergueiro or Padre Feijó,[4] like people from home, it wasn't possible for my friend Lapa to get them to talk; I only managed to get Nostradamus. It's no small thing; there are masters who could never reach him.

Lapa fazê-las chegar à fala; só consegui Nostradamus. Não é pouco; há mestres que não o alcançariam nunca.

A segunda fase do espiritismo é muito melhor. Depois de quatro ou cinco anos (prazo da primeira), começa a pura demência. Não é vagarosa nem súbita, um meio-termo, com este característico: o espírita, à medida que a demência vai crescendo, atira-se-lhe mais rápido. O último salto nas trevas dura minuto e meio a dois minutos. Há casos excepcionais de cinco e dez minutos, mas só em climas frios e muito frios, ou então nas estações invernosas. Nos climas quentes e durante o verão, o mais que se terá visto, é cair em três minutos.

Não se entenda, porém, que esta queda é apreciável por qualquer pessoa, só o pode ser por alienistas e de grande observação. Com efeito, para o vulto não há diferença; desde o princípio da alienação mental (isto é, começado o segundo prazo do espiritismo, que é depois de quatro ou cinco anos, como ficou dito), o espírita está perdido a olhos vistos; os atos e palavras indicam o desequilíbrio mental; não há ilusão a tal respeito. Conversa-se com eles; raros compreendem logo em princípio o sol e a lua; mostram-se todos afetuosos, leais e atentos. Mas o transtorno cerebral é claro. Toda a gente vê que fala a doentes.

Entretanto, (mistério dos mistérios!) é justamente assim, e principalmente depois do último salto nas trevas, que os espíritos vagabundos ou penantes acodem ao menor aceno, não menos que os de pessoas célebres, batizadas ou não.

Tem-se calculado que, dos espíritos evocados durante um ano, 28 por cento o foram por espíritas ainda meio sãos (primeira fase); 72 por cento pertencem aos mentecaptos. Alguns estatísticos chegam a conceder aos últimos 79 por cento; mas parece excessivo.

Não importa ao nosso caso a porcentagem exata; basta saber que, para a melhor evocação e mais fácil troca de ideias, é preferível

Good Days!

The second phase of spiritualism is much better. After four or five years (period of the first phase), pure dementia ensues. It's not slow or sudden, it's a middle term, with this characteristic: the spiritualist, as his dementia grows, hurls himself faster. The last leap into darkness lasts a minute and a half to two minutes. There are exceptional cases of five and ten minutes, but only in cold and very cold climates, or in the winter seasons. In hot climates and during the summer, the most we have seen is to fall in three minutes.

Don't think, however, that this fall is appreciable by just any person; it can only be so by alienists,[5] and of great observation skills. In fact, for the shadow there is no difference. Since the beginning of the mental alienation (that's to say, from the beginning of the second period of spiritualism, which is after four or five years, as it has been said), the spiritualist is lost in full sight. His acts and words indicate mental imbalance; there is no illusion in that regard. One talks to them; few at first comprehend the sun and moon; they all show affectionate loyal and attentive. But the brain disorder is clear. Everyone can see that you're speaking to the sick.

However, (mystery of mysteries!) it's just this way, and especially after the last leap into darkness, that the vagabond or tormented spirits come at the slightest nod, no less than those of famous people, baptized or not.

It has been estimated that of the spirits evoked during one year, 28 percent were by spiritualists still half healthy (first phase); 72 percent by madmen. Some statisticians even concede the latter to be 79 per cent; but that seems excessive.

The exact percentage doesn't matter to our case; it's enough to know that for the best evocation and easier exchange of ideas, the maniac is preferred to the sane, and the madman to the maniac. Nor

o maníaco ao são, e o doido varrido ao maníaco. Nem pareça isto maravilha; maravilha será, mas de legítima estirpe. Montaigne, mui apreciado por um dos nossos primeiros senadores e por este seu criado, dizia com aquela agudeza que Deus lhe deu: *C'est un grand ouvrier de miracles que l'esprit humain!* Os milagres do espiritismo são tais; a rigor, é o espírito humano que faz o seu ofício.

Eu chegaria a propor, se tivesse autoridade científica, um meio de desenvolver esta planta essencialmente espiritual. Estabelecera por lei os casamentos espíritas, isto é, em que ambos os cônjuges fossem examinados e reconhecidos como inteiramente entrados na segunda fase. Os filhos desses casais trariam do berço o dom especial, em virtude da transmissão. Quando algum, escapando pelas malhas dessa lei natural (todos as têm) chegasse a simples mediocridade, paciência; os restantes, confinando na idiotia e no cretinismo (com perdão de quem me ouve), preparariam as bases de um excelente século futuro.

Venhamos ao nosso Lapa. Evocado Nostradamus, vi claramente o que ele referiu ao evocador. Em primeiro lugar, a maioria do Conselho de Estado é contrária à dissolução da Câmara dos Deputados, que alguns dizem incorretamente (explicou ele) "dissolução das câmaras". Sairá o gabinete de 10 de março. É convidado o Sr. Corrêa, depois o Sr. Visconde do Cruzeiro, depois novamente o Sr. Corrêa, e o Sr. Visconde de Vieira da Silva. Este, apesar de enfermo, tentará organizar um gabinete que concilie as duas partes do Partido Conservador; não o conseguirá; será chamado o Sr. Saraiva, que não aceita, sobe o Sr. Visconde de Ouro Preto e estão os liberais de cima.

BOAS NOITES!

Publicação Original: Rio de Janeiro: *Gazeta de Notícias*, 07.06.1889, N.158, p.1.

does this seem marvelous. It will be a marvel, but of legitimate stock. Montaigne, much appreciated by one of our first senators and by this servant of yours, said with that acuteness God gave him: *C'est un grand ouvrier de miracles que l'esprit humain!*[6] The miracles of spiritualism are such; strictly speaking, it's the human spirit that does its job.

I would even propose, if I had scientific authority, a means of developing this essentially spiritual blueprint. Spiritualist marriages were established by law, that is, in cases where both spouses were examined and recognized as having wholly entered the second phase. The children of these couples would bring the special gift from the cradle, by virtue of transmission. When one, escaping through the net of this natural law (all have them) achieved simple mediocrity, well... The rest, confined to idiocy and cretinism (with the forgiveness of anyone who listens to me), would lay the foundations of an excellent future century...

We come to our Lapa. Evoked by Nostradamus, I clearly saw what he referred to the conjurer. First, the majority of the State Council is against the dissolution of the Chamber of Deputies, which some say incorrectly (he explained) "dissolution of the chambers." The March 10 cabinet will be out. Mr. Corrêa is invited,[7] then Mr. Visconde do Cruzeiro,[8] then Mr. Corrêa again, and Mr. Visconde de Vieira da Silva.[9] The latter, although ill, will try to organize a cabinet that reconciles the two parts of the Conservative Party. He won't succeed; Mr. Saraiva will be called, but he won't accept; Mr. Visconde de Ouro Preto[10] goes up, and there are the liberals on top.

GOOD NIGHTS!

Original Publication: Rio de Janeiro: *Gazeta de Notícias*, 07.06.1889, N.158, p.1.

45

*Nesta crônica o narrador discute a situação política da
Venezuela argumentando que o telegrama que lhe deu
a notícia a respeito estava errado. Ele critica a situação
política do Brasil contando uma anedota que alegoriza a
participação do povo na política e fornece, ao final, uma
explicação para a situação da Venezuela.*

14 de junho de 1889

BONS DIAS!

Ó doce, ó longa, ó inexprimível melancolia dos jornais velhos! Conhece-se o homem diante de um deles. Pessoa que não sentir alguma coisa ao ler folhas de meio século, bem pode crer que não terá nunca uma das mais profundas sensações da vida,—igual ou quase igual à que dá a vista das ruínas de uma civilização. Não é a saudade piegas, mas a recomposição do extinto, a revivescência do passado, à maneira de Ebers, a alucinação erudita da vida e do movimento que parou.

Jornal antigo é melhor que cemitério, por esta razão que no cemitério tudo está morto, enquanto que no jornal está vivo. Os letreiros sepulcrais, sobre monótonos, são definitivos; *aqui jaz, aqui descansam, orai por ele!* As letras impressas na gazeta antiga são variadas, as notícias parecem recentes; é a palavra que sai, a peça que se está representando, o baile de ontem, a romaria de amanhã, uma explicação, um discurso, dois agradecimentos, muito elogios; é a própria vida em ação.

45

In this chronicle the narrator uses the example of old newspapers to discuss how things changed throughout time, including Medicine, which could not count on healers anymore because they were not considered as reliable as modern doctors. The narrator also describes how healers were advertised in the old newspapers, comparing them to the healers that lived in Ancient Rome.

June 14, 1889

GOOD DAYS!

Oh sweet, Oh long, Oh unspeakable melancholy of the old newspapers! A man is known through one of them. A person who doesn't feel anything reading pages from half a century ago may well believe that he will never have one of the deepest sensations of life—similar or nearly similar to that which the view of the ruins of a civilization gives. It's not the nostalgic longing but the restoration of the extinct, the revival of the past, in the manner of Ebers,[1] the erudite hallucination of the life and the bustle that has stopped.

An ancient newspaper is better than a cemetery, because in the cemetery everything is dead, while in the newspaper it's alive. The sepulchral posters, over monotonous, are definitive; *here lies, here rests, pray for him!* The letters printed in the old gazette are varied, the news seems recent; it's the galley that departs, the play that's being performed, yesterday's ball, tomorrow's pilgrimage, an explanation, a speech, two thanks, much praise; it's life itself in action.

Healers, for example. There is now a real manhunt for them.

Curandeiros, por exemplo. Há agora uma verdadeira perseguição deles. Imprensa, polícia, particulares, todos parecem haver jurado a exterminação dessa classe interessante. O que lhes vale ainda um pouco é não terem perdido o governo da multidão. Escondem-se, vão por noite negra e vias escuras levar a droga ao enfermo, e, com ela, a consolação. São pegados, é certo; mas por um curandeiro aniquilado, escapam quatro e cinco.

Vinde agora comigo.

Temos aqui o *Jornal do Comércio* de 10 de setembro de 1841. Olhai bem: 1841; lá vão quarenta e oito anos, perto de meio século. Lede com pausa este anúncio de um remédio para os olhos: "... eficaz remédio, que já restituiu a vista a muitas pessoas que a tinham perdido, acha-se em casa de seu autor, o Sr. Antônio Gomes, Rua dos Barbonos nº 76." Era assim, os curandeiros anunciavam livremente, não se iam esconder em Niterói, como o célebre caboclo, ninguém os ia buscar nem prender; punham na imprensa o nome da pessoa, o número da casa, o remédio e a aplicação.

Às vezes, o curandeiro, em vez de chamar, era chamado, como se vê nestas linhas da mesma data:

"Roga-se ao senhor que cura erisipelas, feridas, etc., de aparecer na Rua do Vallongo n. 147."

Era outro senhor que esquecera de anunciar o número da casa e a rua, como Antônio Gomes. Este Gomes fazia prodígios. Uma senhora conta ao público a cura extraordinária realizada por ele em uma escrava, que padecia de ferida incurável, ao menos para médicos do tempo. Chamado Antônio Gomes, a escrava sarou. A senhora tinha por nome D. Luiza Thereza Velasco. Também acho uma descoberta daquele benemérito para impigens, coisa admirável.

Além desses, havia outros autores não mais diplomados, nem

The press, the police, private individuals all seem to have sworn to exterminate this interesting class. What still matters for them is that they haven't lost their hand on the crowds. They hide themselves; go out on a black night and dark passages to take medicine to the sick, and, with it, consolation. They're caught, that's right; but for each annihilated healer, four or five escape.

Come with me now.

We have here the *Jornal do Comércio* of September 10, 1841. Take a look: 1841; forty-eight years go by, close to half a century. Pause to read this advertisement for a remedy for the eyes: "... effective remedy, which has already restored the sight of many people who had lost it; it can be found at the house of its maker, Mr. Antônio Gomes, Rua dos Barbonos No. 76." It was thus, the healers advertised freely; they didn't hide in Niterói, like the celebrated *caboclo*,[2] no one was going to get them or arrest them; they put the name of the person, the house number, the medicine and the application of the medicine in the press.

Sometimes the healer, instead of calling, was called, as one can see in these lines of the same date:

"I plead to the gentleman who cures erysipelas, wounds, etc., to show up at Rua do Vallongo n. 147."

It was another gentleman who had forgotten to announce the number of the house and the street, as Antônio Gomes did. This Gomes did wonders. A lady tells the public about the extraordinary cure he made for a slave suffering from an incurable wound, at least for doctors of the time. When Antônio Gomes was called, the female slave was cured. The lady was named Mrs. Luiza Thereza Velasco. I also find a discovery of that merit for impetigo, an admirable thing.

Besides these, there were other authors neither more certified

menos anunciados. Uma loja de papel, situada na Rua do Ouvidor, esquina do Largo de São Francisco de Paula, vendia um licor antifebril, que não só curava a febre intermitente e a enxaqueca, como era famoso contra cólicas, reumatismo e indigestões.

De envolta com os curandeiros e suas drogas, tínhamos uma infinidade de remédios estrangeiros, sem contar as famosas *pílulas vegetais americanas*. Que direi de um *óleo Jacoris Asseli*, eficaz para reumatismo, não menos que o *bálsamo homogêneo simpático*, sem nome de autor nem indicação de moléstia, mas não menos poderoso e buscado?

Todas essas drogas curavam, assim as legítimas como as espúrias. Se já não curam, é porque todas as coisas deste mundo têm princípio, meio e fim. Outras cessaram com os inventores. Tempo virá em que o quinino, tão valente agora, envelheça e expire. Neste sentido é que se pode comparar um jornal antigo ao cemitério, mas ao cemitério de Constantinopla, onde a gente passeia, conversa e ri.

Plínio, falando da medicina em Roma, afirma que bastava alguém dizer-se médico para ser imediatamente crido e aceito; e suas drogas eram logo bebidas, "tão doce é a esperança!" conclui ele. O defunto Antônio Gomes e os seus atuais colegas bem podiam ter vivido em Roma; seriam lá como aqui (em 1841) verdadeiramente adorados. Bons curandeiros! Tudo passa com os anos, tudo, a proteção romana e a tolerância carioca; tudo passa com os anos... Ó doce, ó longa, ó inexprimível melancolia dos jornais velhos!

BOAS NOITES.

Publicação Original: Rio de Janeiro: *Gazeta de Notícias*, 14.06.1889, N.165, p.1.

nor less advertised. A paper shop located on Rua do Ouvidor, on the corner of Largo de São Francisco de Paula, sold anti-fever liquor, which not only cured intermittent fever and migraine, but was also famous against cramps, rheumatism, and indigestion.

Simultaneously with the healers and their drugs, we had a plethora of foreign remedies, not to mention the famous *American plant pills*. What will I say of a *Jacoris Assorti oil*, effective for rheumatism, no less than *sympathetic homogeneous balm*, without a maker's name or indication of the maladies, but no less powerful and sought after?

All these drugs healed, both the legitimate and the spurious. If they no longer heal, it's because all things in this world have beginning, middle, and end. Others ceased with the inventors. Time will come when the quinine, so brave now, will age and expire. In this sense one can compare an old newspaper to the cemetery, but to the cemetery of Constantinople, where people stroll, talk, and laugh.

Pliny,[3] speaking of medicine in Rome, asserts that it suffices for one to call oneself a physician to be immediately believed and accepted; and his drugs were soon drunk, "so sweet is hope!" he concludes. The late Antônio Gomes and his current colleagues might well have lived in Rome; they would be there like here (in 1841), truly worshiped. Good healers! Everything passes with the years, everything, the Roman protection, and the *carioca*[4] tolerance; everything passes with the years... Oh sweet, Oh long, Oh unspeakable melancholy of the old newspapers!

GOOD NIGHTS.

Original Publication: Rio de Janeiro: *Gazeta de Notícias*, 14.06.1889, N.165, p.1.

46

*Nesta crônica o narrador discute a situação política da
Venezuela argumentando que o telegrama que lhe deu
a notícia a respeito estava errado. Ele critica a situação
política do Brasil contando uma anedota que alegoriza a
participação do povo na política e fornece, ao final, uma
explicação para a situação da Venezuela.*

29 de junho de 1889

BONS DIAS!

"Em Venezuela (diz um telegrama de Nova York, de 25, publicado no dia 26) *dissolveu-se o partido* do General Guzmán
Blanco."

Fiquei como não imaginam; tanto que não tive tempo de vir
cumprimentá-los, segundo o meu desejo. Corri ao escritório da
companhia telegráfica, para saber se não haveria erro na tradução do
telegrama. Podia ser *patrulha*, podia ser *patuscada*; podia ser mesmo
um *batalhão*. Nós dissolvemos batalhões. Partidos é que eu achava...

"Está aqui o telegrama, senhorr," disse-me o inglês de alto a
baixo, com um ar de sobressalente; "senhorr pode egzamina ele, e
reconhece que company não tem interesse de inventa telegramas."

"Há de perdoar, mas o Príncipe de Bismarck pensa o contrário."

"Contrário à Company?"

46

*In this chronicle the narrator discusses the political situation
of Venezuela by arguing that the telegram which gave the
news about it was wrong. He criticizes the political situation
of Brazil by telling an anecdote which allegorizes the
participation of the people in politics and gives, at the end,
an explanation for the situation of Venezuela.*

June 29, 1889

GOOD DAYS!

"In Venezuela (says a telegram from New York, of the 25th, published on the 26th), the party of General Guzmán Blanco was
dissolved."[1]

I became as you cannot imagine; so much so that I didn't have time
to come and greet you according to my desire. I ran to the telegraph
office to see if there was no error in the translation of the telegram.
It could be *patrol*, it could be *spree*; could even be a *battalion*. We
dissolved battalions. Political parties is that I thought...

"Here is the telegram, my sirr," said the head to toe Englishman,
with a distinguished air; "you can examine it, and acknowledge that
the company has no interest in forging telegrams."

"You have to forgive me, but the Prince of Bismarck[2] thinks the
opposite."

"Não, aos telegramas. Disse ele, uma vez, em aparte a um orador da câmara: "O Sr. Deputado mente como um telegrama." Mas eu não vou tão longe; os telegramas não mentem, mas podem ser tatibitate..."

"Senhorr fala latim; eu deixa senhorr..."

E foi para dentro o inglês; desci as escadas e vim para a rua, desorientado e cada vez mais curioso de achar explicação à notícia, que me parecia estrambólica. Custava-me entender que um partido se dissolvesse assim, em certo dia, como se expede um decreto. Compreendo que uma reunião familiar se dissolva, em certa hora; assim o tenho lido, mil vezes: "As danças prolongaram-se até a madrugada, e dissolveu-se a reunião, deixando a todos penhorados com as maneiras da diretoria (ou dos donos da casa); e, com efeito, não se podia ser mais etc." Mas um partido, uma vegetação política, lá me custava a engolir.

Desse estado, que não ouso a chamar ignorante, para me não descompor, fui arrancado agora mesmo por um artigo de muitos de Vassouras. Eu fui a Vassouras há muitos anos, quando ali era juiz municipal o Calvet, e juiz de direito o Dario Callado. Na vila não havia então republicanos, não havia mesmo ninguém, exceto os dois magistrados, o vigário, o meu hospedeiro e eu. Ao domingo, o vigário reproduzia o milagre da multiplicação dos pães; para dizer missa, fazia de nós quatro umas cinquenta moças, muito lindas; mas, acabada a missa, voltavamos a ser cinco, ele vigário, eu, o meu hospedeiro, o Dario e o Calvet. *Où vont les neiges d'antan?*

Como ia dizendo, foi o artigo que me deu a explicação.

Afirmam os autores, que a lembrança de fazer eleger por ali um candidato republicano de fora, que lá não nasceu nem mora, era antes

"Opposite of the Company?"

"No, to the telegrams. He once said to one of the chamber's speakers, 'Mr. Deputy lies like a telegram.' But I don't go that far; telegrams don't lie, but they can be stammered..."

"You speak Latin, sirr; I leave you..."

And the English went inside; I went downstairs and out into the street, disoriented and ever more curious to find an explanation for the news, which seemed to me to be bizarre. It was hard for me to understand that a party could be dissolved like that, on a certain day, like issuing a decree. I understand that a family reunion dissolves at a certain time; so I have read a thousand times: "The dances continued until dawn, and the meeting was dissolved, leaving everyone to be bound by the manners of the board (or housekeepers); and, indeed, it couldn't be more, etc." But a party, a political vegetation—I could hardly swallow it.

From this state, which I dare not call ignorant, in order not to discompose myself, I was just now yanked away by an article like many from Vassouras.[3] I went to Vassouras many years ago, when Calvet[4] was municipal judge there, and Dario Callado[5] was court judge. There were no Republicans in the village at the time; there was no one else but the two magistrates, the vicar, my host, and myself. On Sundays, the vicar reproduced the miracle of the multiplication of the loaves; for the mass, he made from the four of us some fifty girls, very pretty; but when mass was over, we were five again, the vicar, me, my host, Dario, and Calvet. *Où vont les neiges d'antan?*[6]

As I was saying, it was the article that gave me the explanation.

The authors state that the memory of electing a Republican

um esquecimento, e parece ter por fim ofender os brios do 10º distrito e o caráter de dois candidatos do lugar. "Não acreditamos que esses distintos cidadãos se humilhem ao ponto de sujeitarem-se ao insulto que lhes é irrogado." Acrescentam que o 10º distrito não é burgo podre; e concluem: "O caso é para dizer-se: perca-se o partido, mas salve-se a honra do distrito."

Mas, senhores, aqui está a federação feita; é a dos distritos. Todos os partidos a aceitam, antigos ou novos. Havia dúvidas sobre se os partidos mais recentes trariam este mesmo sabor *du terroir*; vemos que sim, e até com maior intensidade, o que está muito bem. Quanto ao lema: "perca-se o partido, mas salve-se a honra do distrito,"—aí fica a mais alta significação das liberdades locais. Aproveitemos este *filon*, que vai dar à grande mina.

Isto faz-me lembrar a anedota do campônio de uma freguesia, que foi a outra, onde chegou a tempo de ouvir um sermão de lágrimas. O pregador era patético, todos os fiéis choravam a valer; só o campônio ouvia de olhos enxutos as passagens mais sublimes. Interrogado por um dos presentes, acerca da falta de lágrimas, quando o pregador as arrancava a todos, respondeu tranquilamente: "É que eu não sou cá desta freguesia."

Em política (ao menos aqui) só choram na paróquia os da paróquia, entendendo-se que chorar quer dizer rir. Quem nasceu no alto mar, faça-se eleger pelos tubarões. Há aqui uma emenda à Lei Saraiva.

Que tem isto com a notícia telegráfica de Venezuela? Leve-me o diabo se me lembra onde é que estava a ligação. Vá esta, em falta de outra. Provavelmente, o partido de Guzmán Blanco compunha-se de todos os distritos de Venezuela; começou a perdê-los, até que chegou a um só, depois uma cidade, uma vila, uma rua, um beco, um quarteirão, uma casa, finalmente uma alcova. Morreu o homem

candidate from outside, who wasn't born or lived there, was rather forgetfulness, and seems to have the purpose of offending the victims of the 10th district and the character of two candidates from the place. "We don't believe that these different citizens humble themselves to the point of being subjected to the insult that comes to them." They add that the 10th district isn't a rotten borough; and they conclude: "The case is to be said: lose the party, but save the honor of the district."

But, gentlemen, here the federation is made; it's that of the districts. All parties, old or new, accept it. There were doubts as to whether the most recent parties would bring this same flavor to the *du terroir*;[7] we see that it's true, and even with greater intensity, which is very good. As for the motto: "lose the party, but save the honor of the district,"—there is the highest significance for the local liberties. Let's take advantage of this *filon*,[8] which will reach the great mine.

This reminds me of the anecdote of the peasant of one parish who went to the other, where he arrived in time to hear a sermon of tears.[9] The preacher was pathetic, all the faithful wept; only the boor listened with dry eyes to the most sublime passages. Asked by one of the attendants about the lack of tears, when the preacher pulled them out of everybody else, he replied quietly: "I am not from this parish."

In politics (at least here) only those from the parish weep in the parish, being understood that to cry means to laugh. Whoever was born on the high seas gets elected by the sharks. There is an amendment to Saraiva's Law[10] here.

What has it to do with the telegraph news from Venezuela? The devil takes me if I remember where the connection was. Take this one, in the absence of another: Guzmán Blanco's party was probably made up of all the districts of Venezuela; he began to lose them, until he

que dormia na alcova: dissolveu-se o partido. Note-se que isto não liga coisa nenhuma, mas é um modo de casar (como dizia Molière) a república de Venezuela com o Grão-Turco. Grão-Turco é o Gusmán Blanco.

BOAS NOITES.

Publicação Original: Rio de Janeiro: *Gazeta de Notícias*, 29.06.1889, N.180, p.1.

came to one, then a town, a village, a street, an alley, a block, a house, and finally an alcove. The man who slept in the alcove died: the party dissolved. Note that this doesn't connect anything at all, but it's a way of marrying (as Molière said) the Republic of Venezuela with the Grand Turk.[11] The Grand Turk is the Guzmán Blanco.

GOOD NIGHTS.

Original Publication: Rio de Janeiro: *Gazeta de Notícias*, 29.06.1889, N.180, p.1.

47

Nesta crônica o narrador comenta sobre o aniversário da
Gazeta de Notícias, *e elogia a si mesmo por sua escrita no*
jornal, bem como pelo aumento em sua circulação, aumento
este atribuído a suas habilidades como escritor, no que pode
ser considerado um comentário metaliterário da Machado
de Assis. Ele discorre acerca da Companhia Sanitária do
Rio de Janeiro e da batalha legal pela patente do elixir
Cabeça de Negro, usado por ele mesmo.

3 de agosto de 1889

BONS DIAS!

Não venho desmentir o que ontem escreveu a *Revistinha*, a meu respeito. Quando um homem tem exposto na *vitrine* do Bernardo a certidão da idade, pela qual se vê que não perdeu vintém na quebra do Souto, nem os sapatos na grande enchente de 1864, e tudo pela razão de que os sapatos, pelo menos, só se calçam depois que a gente nasce, pode rir à vontade das calúnias de um quarentão inventivo e implicante.

Há muito tempo que eu andava com duas pedras na mão para atirar à cara deste homem,-ou às cotas, porque ele foge, como o atual cometa Davidson, que, segundo nos dizem lá do Observatório, esta saindo da constelação da Virgem para entrar na da Serpente. Já é correr! Pois muito mais corre o nosso homem, quando a coisa lhe cheira a pedradas. Não fica bonito, porque a polidez não aformoseia

47

In this chronicle the narrator comments on the anniversary of Gazeta de Notícias, *and praises himself for his writing in this newspaper, as well as for its increasing circulation. He attributes the increase to his ability as a writer, which can be considered a metaliterary comment by Machado de Assis. He comments on the Sanitation Company of Rio de Janeiro and to the legal battle for the patent of the elixir Cabeça de Negro, which he used.*

August 3, 1889

GOOD DAYS!

I don't come here to deny what the *Revistinha*[1] wrote about me yesterday. When a man has the certificate of his age exhibited in Bernardo's window,[2] which shows that he didn't lose a penny in the Souto crash,[3] nor the shoes in the great flood of 1864,[4] and all for the reason that shoes, at least, are only worn after we are born, you can laugh at the silliness of an inventive and impromptu forty-year-old.

For a long time I went around with two stones in my hand to throw at this man's face, or at his back, because he flees, like the current comet Davidson,[5] which, we are told by the Observatory,[6] is coming out of the constellation of the Virgin to enter the Serpent. We better run! Because our man runs much more when he smells a stoning. It doesn't look beautiful, because politeness doesn't embellish anyone except the virgins of 1840:

ninguém, exceto as virgens de 1840:

Pálida virgem, que minh'alma adora; mas fica leve e rápido, que nem lhe ganha o melhor galgo.

Negar que o aumento da tiragem da *Gazeta* é devido aos meus cumprimentos, é tapar o sol com uma peneira. Ninguém ignora que as pessoas bem criadas fazem mais atrativas as casas e reuniões. Aqui que me conste, ninguém fala aos leitores saudando-os antes de começar, senão eu. Todos entram com o seu discurso, prosa ou verso, e o estendem logo, sem fazer caso dos que os ouvem. Daí vem que a *Gazeta* nunca teve mais de onze a treze assinantes, e sete leitores. Entrei eu, com estes gestos corteses, e a coisa mudou. A Fortuna é mulher; gosta de ser cortejada. Ao ver um jovem simples, bom caráter, mansueto, de chapéu na mão, disse consigo: "Aqui está um cavalheiro distinto". E abençoou estes tetos com ambas as suas mãos divinas.

Senhores, as maneiras finas, polidas e até graciosas, não são apenas, como podem supor os frívolos, uma questão de bom-tom. Constituem virtude; dão de si utilidades práticas.

Há por aí agora uma porção de conflitos públicos. Um deles, por exemplo, é o da Companhia de Saneamento do Rio de Janeiro, cujos fundadores estão desavindos, segundo parece, por motivos mui complicados. Pois eu seria capaz de os conciliar, tão somente com este meu ar cortês, que me faz entrar em todos os corações. O mesmo direi do Elixir Cabeça de Negro, destinado a outro saneamento, e parece que com dois autores ou possuidores, ambos tenazes defensores dos seus direitos. A qual dos dois caibam este, não sei; apenas juro que, no fim de cinco dias de briga, fui comprar o Elixir e tenho tirado imenso proveito. Não digo qual deles me curou; mas, se os contendores me confiassem a decisão do negócio, achariam o melhor dos Salomões, porque não consta da Escritura (posto não conste o contrário) que

Pale virgin, whom my soul adores;[7] but this is so light and fast that even the best greyhound doesn't win.

To deny that the increase in circulation of the *Gazeta* is due to my compliments is to carry water with a sieve. No one is unaware that well-bred people make homes and meetings more attractive. Here, no one speaks to the readers greeting them before they begin, if not me. They all enter with their speech, prose or verse, and soon stretch it out, ignoring those who hear them. That's why the *Gazeta* never had more than eleven to thirteen subscribers and seven readers. I came in with these courteous gestures, and the thing changed. Fortune is a woman; she likes to be courted. When she saw a simple young man of good character, gentlemanly, with a hat in his hand, she said to herself, "Here is a distinguished gentleman." And she blessed these roofs with both her divine hands.

Gentlemen, fine, polite, and even graceful manners aren't only, as the frivolous may suppose, a matter of good manners. They constitute virtue; they give themselves practical uses.

There are now a lot of public disputes around. One of them, for example, is the Sanitation Company of Rio de Janeiro, whose founders are on bad terms, it seems, for a very complicated reason. For I would be able to reconcile them, only with this polite air of mine, which makes me enter into every heart. The same will be said of Elixir Cabeça de Negro,[8] destined for another sanitation, and it seems that with two authors or possessors, both tenacious defenders of their rights. To which of these two this falls, I don't know; I can only swear that at the end of five days of fighting, I went to buy the Elixir, and I have taken great advantage of it. I don't say which one healed me; but if the disputants entrusted me with the decision on the matter, they would find the best of Solomons, for it's not written in Scripture (not

Salomão fosse tão primoroso e delicado como eu. Bárbaro era, ordenando a divisão do filho; eu, no caso dele, insinuaria a aliança das mães.

Reconciliar adversários é pouco? Certo que não. Será pouco dar vida a ideias que acham contra si a inércia dos legisladores e da própria opinião pública? O teatro nacional, por exemplo, não é tempo de o decretar, ou por meio de uma lei especial, ou por um aditivo ao orçamento do exercício de 1890, como disposição permanente, votando-se todos os anos uma verba para as despesas da invenção, composição, lances dramáticos, *la scène à faire* de Sarcey, e outras necessidades iniludíveis? Pois tudo isso alcançarei no dia em que quiser, só com estas barretadas, que me fazem gastar mais chapéus que pantalonas. Entrar cortês e dizer macio—é a divisa de todo cidadão discreto.

E tudo isso se esquece no dia em que a *Gazeta* faz anos! Não importa; a ingratidão é assim. Ir-me-ei daqui, sacudirei à porta desta casa os meus sapatos, esquecerei as boas horas passadas debaixo desses tetos, e cá não tornarei antes que me digam:—Volta, volta.

BOAS NOITES.

Publicação Original: Rio de Janeiro: *Gazeta de Notícias*, 03.08.1889, N.215, p.2.

the contrary either) that Solomon was as exquisite and delicate as I. A barbarian he was, ordering the splitting of the son;[9] I, in his case, would insinuate the alliance of the mothers.

Is reconciling adversaries a small thing? Certainly not. Is it a small thing to give life to ideas that are against the inertia of legislators and public opinion itself? The national theater, for example, isn't the time to enact it, either by means of a special law, or by an addendum to the budget for 1890, as a permanent provision, voting every year for a budget for the expenses with the invention, composition, dramatic biddings, Sarcey's *la scène à faire*,[10] and other inescapable needs? For all this I will attain on the day I want, only with these hat-tips, which make me wear more hats than pantaloons. To enter courteous and speak softly—it's the motto of every discreet citizen.

And all this is forgotten the day the *Gazeta* has its anniversary! It doesn't matter; ingratitude is like this. I will go from here, I will shake my shoes at the door of this house, I will forget the good hours I've spent under these roofs, and I won't return here before they tell me:—Return, return.

GOOD NIGHTS.

Original Publication: Rio de Janeiro: *Gazeta de Notícias*, 03.08.1889, N.215, p.2.

48

Esta crônica é um diálogo entre o narrador e um homem chamado Lulu Senior, que pode ser identificado como o director da Gazeta de Notícias, *o jornal no qual a crônica foi publicada. Lulu Senior tenta convencer o narrador a se candidatar para a câmara temporária, e o diálogo se desenvolve no sentido de mostrar as estratégias que seriam utilizadas para lancer a candidatura.*

13 de agosto de 1889

BONS DIAS!

Dizia-me ontem um homem gordo... para que ocultá-lo?... Lulu Sênior:

"Você não pode deixar de ser candidato à câmara temporária. Um homem dos seus merecimentos não deve ficar à toa, passeando o triste fraque da modéstia pelas vielas da obscuridade. Eu, se fosse magro, como você, é o que fazia, mas as minhas formas atléticas pedem evidentemente o Senado; lá irei acabar estes meus dias alegres. Passei o cabo dos quarenta; vou a Melinde buscar piloto que me guie pelo oceano Índico, até chegar à terra desejada...

Já se viam chegados junto à terra.

Que desejada já de tantos fora.

"Bem," respondi eu, "mas é preciso um programa; é preciso dizer alguma coisa aos eleitores; pelo menos de onde venho e para onde vou. Ora, eu não tenho ideias, nem políticas nem outras."

"Está zombando!"

48

This chronicle is a dialogue between the narrator and a man called Lulu Senior, who can be identified as the director of Gazeta de Notícias, *the newspaper in which the chronicle was published. Lulu Senior tries to convince the narrator to become a candidate for the temporary chamber, and the dialogue develops around the strategies that will be used to launch the candidacy.*

August 13, 1889

GOOD DAYS!

I was told yesterday by a fat man... why hide it?... Lulu Senior:[1]

"You cannot help but become a candidate for the temporary chamber.[2] A man of your merits shouldn't be idle, strolling the sad coat of modesty through the alleys of obscurity. I, if I were thin, like you, would do that, but my athletic form evidently asks for the Senate; there I will end these happy days of mine. I've crossed the line of the forties; I'm going to Melinde[3] to get a pilot to guide me through the Indian Ocean, until I reach the desired land..."

And now land was close at hand,

The land so many others had longed to reach.[4]

"Well," I replied, "but a program is needed; something must be said to the voters; at least something about where I come from and where I'm going. Well, I have no ideas, neither political nor others."

"You're mocking me!"

"Não, senhor, juro por esta luz que me alumia. Na distribuição geral das ideias... Talvez você não saiba como é que se distribuem as ideias, antes da gente vir a este mundo. Deus mete alguns milhões delas num grande vaso de jaspe, correspondente às levas de almas que têm de descer. Chegam as almas, ele atira as ideias aos punhados; as mais ativas apanham maior número, as moleironas ficam com um pouco mais de uma dúzia, que se gasta logo, em pouco tempo; foi o que me sucedeu."

"Mas trata-se justamente de suprimi-las; não as ter é meio caminho andado. Tem lido as circulares eleitorais?"

"Uma ou outra."

"Aí está por que você anda baldo ao naipe; não lê nada, ou quase nada, os jornais passam-lhe pelas mãos à toa, e quer ter ideias. Há opiniões que eu ouço às vezes, e fico meio desconfiado; corro às folhas da semana anterior, e lá dou com elas inteirinhas. Pois as circulares, se nem todas são originais, são geralmente escritas com facilidade, algumas com vigor, com brilho e... Umas falam de ficar parado, outras de andar um bom pedaço, outras de correr, outras de andar para trás..."

"Justamente. Que hei de escolher entre tantos alvitres?"

"Um só."

"Mas qual?"

"De tantos homens que falaram aos eleitores, um só teve para mim a intuição política: 'Conhecido dos meus amigos (escreveu o Sr. Dr. Nobre, presidente da Câmara Municipal), julgo-me dispensado de definir a minha individualidade política.' Tem você amigos?"

"Alguns."

"Tem muitos. Bota para fora essa morrinha da modéstia. Você não terá ideias, mas amigos não lhe faltam. Eu tenho ouvido coisas

"No, sir, I swear by this light that shines on me. In the general distribution of ideas... One may not know how ideas are distributed before we come to this world. God puts a few million of them in a large jasper vessel, corresponding to the levies of souls that have to descend. The souls arrive, he throws handfuls of ideas; the more active catch a greater number, the sluggards keep a little more than a dozen, which are spent quickly, in a little time; that's what happened to me."

"But it's just about suppressing them; not having them is half the battle. Have you read the electoral circulars?"

"Here and there."

"That's why you're penniless; you read nothing, or almost nothing, the newspapers pass by your hands idly, and you want to have ideas. There are opinions I hear at times, and I'm rather suspicious; I run to the newspapers of the previous week, and I find them all there. For the circulars, if not all of them are original, they're usually written with ease, some with vigor, with brilliance and... Some speak of being motionless, others of walking a good stretch, others of running, others of walking backwards..."

"Exactly. What shall I choose among so many opinions?"

"Only one."

"But which?"

"Of the many men who spoke to the voters, only one had the political intuition: 'Known by my friends (wrote Mr. Dr. Nobre, president of the City Hall), I consider myself exempt from defining my political individuality.' Do you have friends?"

"Some."

"You have many. Put that little bit of modesty away. You won't have ideas, but you won't be short of friends. I have heard things about you, which even surprise me, it's true. I've seen two fellows

a seu respeito, que até me admira, é verdade. Já vi baterem-se dois sujeitos por sua causa. Vinham num *bond* ao pé de mim. Um disse que o encontrara nesse dia de fraque cor de rapé, o outro que também o vira, mas que o fraque tirava mais a cor de vinho. O primeiro teimou, o segundo não cedeu, até que um deles chamou ao outro pedaço d'asno; o outro retorque-lhe, não lhe digo nada, engalfinharam-se e esmurraram-se à grande. Eu nunca me benzi com um sacrifício destes. Vamos, amigos não lhe faltam."

"Pois sim; e depois?"

"Depois é o que escreveu o candidato. Conhecido dos seus amigos, que necessidade tem você de definir-se? É o mesmo que dar um chá ou um baile, e distribuir à entrada o seu retrato em fotografia. Não se explique; apareça. Diga que deseja ser deputado, e que conta com os seus amigos."

"Só isso?"

"Ó palerma, eles conhecem-te, mas é preciso visitá-los. A maior parte dos amigos não votam sem visita. A questão é esta. O eleitor tem três fases; está na segunda, em que a cédula é considerada um chapéu, que ele não tira sem o outro tirar primeiro o seu chapéu de verdade. Se houver intimidade, ainda podes dizer brincando: 'Ó Cunha, tira o chapéu.' Mas o teu há de estar na mão."

"Bem, se é só isso, estou eleito."

"Isso, e amigos."

"E amigos, justo."

"Não te definas, eles conhecem-te; procura-os. Quando o filhinho de algum vier à .sala, pega nele, assenta-o na perna; se o menino meter o dedo no nariz, acha-lhe graça. E pergunta ao pai como vai a senhora; afirma que tens estado para lá ir, mas as bronquites são tantas em casa... Elogia-lhe as bambinelas. Não ofereças charuto,

fight because of you. They were in a trolley near me. One said that he had seen you that day in a snuff-colored coat, the other had also seen you, but in a more wine-color coat. The first insisted, the second didn't yield, until one of them called the other an ass; the other answered back, I'm not telling you anything, they wrestled and punched each other badly. I've never crossed myself with a sacrifice like that. Come on, you're not short of friends."

"Yes, yes; and then?"

"Then that's what the candidate wrote. Known to your friends, what need do you have to define yourself? It's the same as throwing a tea party or a ball and distributing your photographic portrait at the entrance. Don't explain yourself; show up. Say that you want to be a deputy and that you count on your friends."

"Is that all?"

"Oh fool, they know you, but you must visit them. Most friends don't vote without a visit. The point is this. The voter has three phases; you're in the second, in which the ballot is considered a hat, which he doesn't remove without the other taking his real hat first. If you're intimate, you can still say jokingly: 'Hey Cunha, take off your hat.' But yours has to be in your hand."

"Well, if that's all, I'm elected."

"That, and friends."

"And friends, fair."

"Don't define yourself, they know you; call on them. When someone's little son comes to the room, touch him, and sit him on your leg; if the boy puts his finger up his nose, laugh about it. And ask the father how the wife is doing; reassure him that you've been planning to go there, but there are so many bronchitis cases at home... Don't offer a cigar, which may seem like corruption; but accept he gives you

que pode parecer corrupção; mas aceita-lhe o que ele te der. Se for quebra-queixo, pergunta-lhe interessado onde é que os compra."

"Já se vê, em cada casa a mesma cantilena. Uma só música, embora com palavras diversas. O eleitor pode ser um ruim poeta..."

"Justamente; leva-lhe decorado o último soneto, um primor."

"Compreendi tudo. Definição é que nada, visto que são meus amigos. Compreendi tudo. Posso oferecer a minha gratidão?"

"Podes; toda a questão é ir ao encontro do sentimento do eleitor, isto é, que ele te faz um favor votando; não escolhe um representante dos seus interesses. Anda vai-te embora e volta-me deputado."

BOAS NOITES.

Publicação Original: Rio de Janeiro: *Gazeta de Notícias*, 13.08.1889, N.225, p.1.

one. If it's a cheap stogy, ask him with interest where he buys them."

"You can already see in each house the same ditty. One single song, albeit with different words. The voter may be a poor poet..."

"Precisely; bring him the last sonnet memorized, a beauty."

"I understood everything. No definition, since they're my friends. I understood everything. May I offer my gratitude?"

"You may; the whole point is to meet the sensibility of the voter, that is, that he does you a favor by voting; he doesn't choose a representative of his interest. Come on, go away and come back a deputy."

GOOD NIGHTS.

Original Publication: Rio de Janeiro: *Gazeta de Notícias*, 13.08.1889, N.225, p.1.

49

Em uma continuação da Crônica 48, o narrador afirma que
está com inveja de um deputado a candidato apoiado pelos
três importantes partidos da política brasileira da época:
Liberal, Conservador e Republicano. Ele segue discutindo
as lutas entre os partidos liberal e conservador e argumenta,
no final da crônica, a respeito da importância de se manter
fiel a seus princípios, ideia simbolizada pelo ato de mudar
de casa.

22 de agosto de 1889

BONS DIAS!

Quem nunca invejou, não sabe o que é padecer. Eu sou uma lásti-ma. Não posso ver uma roupinha melhor em outra pessoa, que não sinta o dente da inveja morder-me as entranhas. E uma comoção tão ruim, tão triste, tão profunda, que dá vontade de matar. Não há remédio para esta doença. Eu procuro distrair-me nas ocasiões; como não posso falar, entro a contar os pingos de chuva, se chove, ou os basbaques que andam pela rua, se faz sol; mas não passo de algumas dezenas. O pensamento não me deixa ir avante. A roupinha melhor faz-me foscas, a cara do dono faz-me caretas...

Foi o que me aconteceu, depois da última vez que estive aqui. Há dias, pegando numa folha da manhã, li uma lista de candidaturas para deputados por Minas, com seus comentos e prognósticos. Chego a um dos distritos, não me lembra qual, o nome da pessoa, e que hei de ler? Que o candidato era apresentado pelos três partidos, liberal, conservador e republicano.

A primeira coisa que senti, foi uma vertigem. Depois, vi amarelo. Depois, não vi mais nada. As entranhas doíam-me, como se um facão

49

In a continuation of Chronicle 48, the narrator claims he became envious of a deputy candidate who was supported by the three important parties of Brazilian politics at that time: Liberal, Conservative and Republican. He goes on discussing the battles between the Liberal and Conservative Parties and argues, at the end, about the importance of being faithful to one's beliefs, an idea which is symbolized by the moving houses.

August 22, 1889

GOOD DAYS!

Who has never envied, doesn't know what it is to suffer. I'm worthless. I cannot see a "better" outfit on another person without feeling the tooth of envy biting my guts. And it's such a bad commotion, so sad, so deep, I feel like killing. There is no remedy for this disease. I try to distract myself on occasions; as I cannot speak, I start counting raindrops, if it rains; or the blockheads who walk down the street, if it's sunny; but I get no further than a few tens. The thinking won't let me go on. The "better" outfit makes me grimace; the owner's face makes me make faces...

That's what happened to me after the last time I was here. Some days ago, picking up a newspaper in the morning, I read a list of deputy candidacies for Minas,[1] with their comments and predictions. I come to one of the districts, I don't remember which one, or the person's name, and what shall I read? That the candidate was presented by the three parties, Liberal, Conservative and Republican.

The first thing I felt was a vertigo. Then I saw yellow. Then I didn't

as rasgasse, a boca tinha um sabor de fel, e nunca mais pude encarar as linhas da notícia. Rasguei afinal a folha, e perdi os dois vinténs; mas eu estava pronto a perder dois milhões, contando que aquilo fosse comigo.

Upa! que caso único. Todos os partidos armados uns contra os outros no resto do império, naquele ponto uniam-se e depositavam sobre a cabeça de um homem os seus princípios. Não faltará quem ache tremenda a responsabilidade do eleito,—porque a eleição, em tais circunstâncias, é certa; cá para mim é exatamente o contrário. Dêem-me dessas responsabilidades, e verão se me saio delas, sem demora, logo na discussão do voto de graças.

"Trazido a esta Câmara (diria eu) nos paveses de gregos e troianos, e não só dos gregos que amam o colérico Aquiles, filho de Peleu, como dos que estão com Agamenon, chefe dos chefes, posso exultar mais que nenhum outro, porque nenhum outro é, como eu, a unidade nacional. Vós representais os vários membros do corpo; eu sou o corpo inteiro, completo. Disforme, não; não monstro de Horácio, por quê? Vou dizê-lo."

E diria então que ser conservador era ser essencialmente liberal, e que no uso da liberdade, no seu desenvolvimento, nas suas mais amplas reformas, estava a melhor conservação. Vede uma floresta! (exclamaria, levantando os braços). Que potente liberdade! e que ordem segura! A natureza, liberal e pródiga na produção, é conservadora por excelência na harmonia em que aquela vertigem de troncos, folhas e cipós, em que aquela passarada estridula, se unem para formar a floresta. Que exemplo às sociedades! que lição aos partidos!

O mais difícil parece que era a união dos princípios monárquicos e dos princípios republicanos; puro engano. Eu diria: 1°, que não vinha ali combatê-los, mas representá-los, coisa diferente; 2°, que

see anything else. My insides ached, as if a machete had ripped them, my mouth tasted like bile, and I could never again face the lines of the news. In the end I tore the page up and wasted the two *vinténs*;[2] but I was ready to waste two million, as long as that happened to me.

Whoa! What a unique case. All the parties armed against each other in the rest of the empire at that point united and deposited their principle on the head of one man. There will be no shortage of those who find the responsibility of the elected to be tremendous—because the election, under such circumstances, is certain; if you ask me it's just the opposite. Give me these responsibilities, and you will see if I don't get out of them, without delay, right from the wishes of grace. the discussion of votes.

"Brought to this Chamber (I would say) in the large shields of Greeks and Trojans, and not only of the Greeks who love the choleric Achilles, son of Peleus, but also of those who are with Agamemnon, chief of the chiefs, I can exult more than any other, because no other is, like me, the national unity. You represent the various members of the body; I am the whole body, complete. Shapeless, no; not Horace's monster, why? I'll tell you."

And I would say that to be conservative was to be essentially liberal, and that in the use of liberty, in its development, in its broadest reforms, was the best conservation. Look at a forest! (I'd exclaim, rising my arms). What powerful freedom! And what safe order! Nature, liberal and prodigal in its production, is conservative par excellence in the harmony in which that vertigo of trunks, leaves, and vines, in which that stridulate flock, unite to form the forest. What an example to societies! What a lesson to the parties!

The most difficult thing seems to be the fusion of monarchical and republican principles; pure deception. I would say: 1st, that I didn't come there to fight you, but to represent you, a different thing; 2nd,

jamais consentiria que nenhuma das duas formas de governo se sacrificasse por mim; eu é que era por ambas; 3°, que considerava tão necessária uma como outra, não dependendo tudo senão dos termos, assim podíamos ter na monarquia a república coroada, enquanto que a república podia ser a liberdade no trono, etc., etc.

Nem todos concordariam comigo; creio até que ninguém, ou concordariam todos, mas cada um com uma parte. Sim, o acordo pleno das opiniões só uma vez se deu abaixo do sol, há muitos anos, e foi na assembléia provincial do Rio de Janeiro. Orava um deputado, cujo nome absolutamente me esqueceu, como o de dois, um liberal, outro conservador, que virgulavam o discurso com apartes,—os mesmos apartes. A questão era simples.

O orador, que era novo, expunha as suas ideias políticas. Dizia que opinava por isso ou por aquilo. Um dos apartistas acudia: é liberal. Redarguía o outro: é conservador. Tinha o orador mais este e aquele propósito. É conservador, dizia o segundo, é liberal, teimava o primeiro. Em tais condições, prosseguia o novato, é meu intuito seguir este caminho. Redarguía o liberal: é liberal; e o conservador: é conservador. Durou este divertimento três quartos de colunas do *Jornal do Commercio*. Eu guardei um exemplar da folha para acudir às minhas melancolias, mas perdi-o numa das mudanças de casa.

Oh! não mudeis de casa! Mudai de roupa, mudai de fortuna, de amigos, de opinião, de criados, mudai de tudo, mas não mudeis de casa!

BOAS NOITES.

Publicação Original: Rio de Janeiro: *Gazeta de Notícias*, 22.08.1889, N.234, p.1.

that I would never consent that neither of the two forms of government sacrifice itself for me; I was the one to sacrifice for both; 3rd, that I considered one as necessary as the other, all depending but on the terms, so that we could have the crowned republic in the monarchy, whereas the republic could be the freedom on the throne, and so on.

Not everyone would agree with me; I even believe that no one would; or they would all agree, but each one with a part. Yes, the full agreement of opinions happened only once under the sun, many years ago, and it was in the provincial assembly of Rio de Janeiro.[3] A deputy was making a speech, whose name I forgot, like two others, a Liberal, the other a Conservative, who inserted commas to the speech with side-remarks, the same side-remarks. The question was simple.

The speaker, who was new, expounded his political views. He said he thought about this or that. One of the interrupters helped: he's Liberal. The other retorted: he's Conservative. The speaker had this and that other purpose. He's Conservative, said the second, he's Liberal, insisted the first. In such conditions, the novice continued, it's my intention to follow this path. The Liberal rebutted: he's Liberal; and the Conservative: he's Conservative. This amusement lasted through three quarters of the columns of the *Jornal do Commercio*. I kept a copy of the newspaper to help with my melancholy, but I lost it in one of the house moves.

Oh! Don't change houses! Change your clothes, change your fortune, your friends, your opinion, your servants, change everything, but don't change houses!

GOOD NIGHTS.

Original Publication: Rio de Janeiro: *Gazeta de Notícias*, 22.08.1889, N.234, p.1.

50

*Nesta crônica o narrador discute a prisão de um curandeiro
chamado Tobias Figueira de Melo, que havia sido preso um
dia antes, de acordo com notícia publicada no Diário de
Notícias, outro jornal famoso no Rio de Janeiro. O narrador
parece usar este incidente para criticar o Espiritismo, o qual
ele considera muito pior do que o curandeirismo popular.
Sua opinião em relação ao Espiritismo é clara ao final
da crônica, pois ele argumenta que todas as igrejas desta
religião deveriam ser fechadas.*

29 de agosto de 1889

BONS DIAS!

Hão de fazer-me esta justiça, ainda os meus mais ferrenhos inimigos: é que não sou curandeiro, eu não tenho parente curandeiro, não conheço curandeiro, e nunca vi cara, fotografia ou relíquia, sequer, de curandeiro. Quando adoeço não é de espinhela caída,— coisa que podia aconselhar-me a curandeira; é sempre de moléstias latinas ou gregas. Estou na regra; pago impostos, sou jurado, não me podem arguir a menor quebra de dever público.

Sou obrigado a dizer tudo isso, como uma profissão de fé, porque acabo de ler o relatório médico acerca das drogas achadas em casa do curandeiro Tobias. Saiu hoje; é um bom documento. Falo também porque outras muitas coisas me estimulam a falar, como dizia o curandeiro-mor, Mal das Vinhas, chamado, que já lá está no outro

50

In this chronicle the narrator discusses the imprisonment of a healer called Tobias Figueira de Melo, who was arrested the day before, according to news published in Diário de Notícias, *another famous newspaper in Rio de Janeiro. The narrator seems to use this incident to criticize Spiritualism, which he considers much worse than popular healing. His opinion on Spiritualism is clear at the end of the chronicle, as he argues that all the churches of this religion should be closed down.*

August 29, 1889

GOOD DAYS!

You will do me this justice, even my fiercest enemies: I'm not a healer, I have no healer relative, I don't know a healer, and I have never seen face, photograph or relic even, of a healer. When I fall ill it isn't lumbago—a thing that the female healer could advise me on; it's always from a Latin or Greek malady. I follow the rules: I pay taxes, I'm a juror, no one can accuse me of the slightest breach of public duty.

I am obliged to say all this, as a profession of faith, because I have just read the medical report on the drugs found in the house of the healer Tobias. It was out today; it's a good document. I also speak because many other things stimulate me to speak, as the master healer, Mal das Vinhas,[1] used to say, who is already in the other world. I still speak because I have never seen so many healers being

mundo. Falo ainda, porque nunca vi tanto curandeiro apanhado,–o que prova que a indústria é lucrativa.

Pelo relatório se vê que Tobias é um tanto Monsieur Jourdain que falava em prosa sem o saber; Tobias curava em línguas clássicas. Aplicava, por exemplo, *solanum argentum*, certa erva, que não vem com outro nome, possuía umas cinquenta gramas de *aristolochia appendiculata*, que dava aos clientes; é a raiz de mil-homens. Tinha porém, umas bugigangas curiosas, esporões de galo, pés de galinha secos, medalhas, pólvora e até um chicote feito de rabo de raia, que eu li rabo de saia, coisa que me espantou, porque estava, estou e morrerei na crença de que rabo de saia é simples metáfora. Vi depois o que era rabo de raia. Chicote para quê?

Tudo isto, e ainda mais, foi apanhado ao Tobias, no que fizeram muito bem, e oxalá se apanhem as bugigangas e drogas aos demais curandeiros, e se punam estes, como manda a lei.

A minha questão é outra, e tem duas faces.

A primeira face é toda de veneração; punamos o curandeiro, mas não esqueçamos que a curanderia foi a célula da medicina. Os primeiros doentes que houve no mundo, ou morreram ou ficaram bons. Interveio depois o curandeiro, com algumas observações rudimentárias, aplicou ervas, que é o que havia à mão, e ajudou a sarar ou a morrer o doente. Daí vieram andando, até que apareceu o médico. Darwin explica por modo análogo a presença do homem na terra. Eu tenho um sobrinho, estudante de medicina, a quem digo sempre que o curandeiro é pai de Hipócrates, e, sendo o meu sobrinho filho de Hipócrates, o curandeiro é avô do meu sobrinho; e descubro agora que vem a ser meu tio,—fato que eu neguei a princípio. Também não borro o que lá está. Vamos à segunda face.

A segunda é que o espiritismo não é menos curanderia que a

caught—which proves that the industry is profitable.

From the report we see that Tobias[2] is somewhat a Monsieur Jourdain[3], who spoke in prose without knowing it; Tobias healed in classical languages. He applied, for example, *solanum argenteum*,[4] a certain herb, which doesn't appear under another name; he possessed some fifty grams of *aristolochia appendiculata*,[5] which he gave to his clients; it's called the thousand-man root. But he also had some curious trinkets: rooster spurs, dried chicken feet, medals, gunpowder, and even a whip made of a stingray tail, which I read as a "sting-skirt,"[6] which boggled me because I was, I am, and I will die in the belief that skirt is a simple metaphor. Then I saw what a stingray tail. A whip for what?

All this, and much more, was seized with Tobias, which they did very well, and God willing they seize the trinkets and drugs from other healers, and they are punished, according to the law.

My question is something else, and it has two sides.

The first side is all about veneration; we punish the healer, but let us not forget that healing was the beginning of medicine. The first sick people in the world either died or became well. The healer then intervened with some rudimentary remarks, applying herbs, which was whatever was at hand, and helped to heal or kill the sick. Then they went on, until the doctor appeared. Darwin explains in an analogous way the presence of mankind on earth. I have a nephew, a medical student, to whom I always say that the healer is Hippocrates' father, and, being my nephew Hippocrates' son, the healer is my nephew's grandfather; and I now discover that he is my uncle—which I denied at first. I also don't strike out what is there. Let's go to the second side.

The second is that spiritualism is no less healing than the other, and it's more serious, because if the healer causes his clients to become

outra, e é mais grave, porque se o curandeiro deixa os seus clientes estropiados e dispépticos, o espírita deixa-os simplesmente doidos. O espiritismo é uma fábrica de idiotas c alienados, que não pode subsistir. Não há muitos dias deram notícia as nossas folhas de um brasileiro que, fora daqui, em Lisboa, foi recolhido em Rilhafoles, levado pela mão do espiritismo.

Mas não é preciso que dêem entrada solene nos hospícios. O simples fato de engolir aqueles rabos de raia, pés de galinha, raiz de mil-homens e outras drogas vira o juízo, embora a pessoa continue a andar na rua, a cumprimentar os conhecidos, a pagar as contas, e até a não pagá-las, que é meio de parecer ajuizado. Substancialmente, é homem perdido. Quando eles me vêm contar uns ditos de Samuel e de Jesus Cristo, sublinhados de filosofia de armarinho, para dar na perfeição sucessiva das almas, segundo estas mesmas relatam a quem as quer ouvir, palavra que me dá vontade de chamar a polícia e um carro.

Os espíritas que me lerem hão de rir-se de mim, porque é balda certa de todo maníaco lastimar a ignorância dos outros. Eu, legislador, mandava fechar todas as igrejas dessa religião, pegava dos religionários e fazia-os purgar espiritualmente de todas as suas doutrinas; depois, dava-lhes uma aposentadoria razoável.

BOAS NOITES.

Publicação Original: Rio de Janeiro: *Gazeta de Notícias*, 29.08.1889, N.241, p.1.

crippled and dyspeptic, the spiritualist causes them go simply mad. Spiritualism is a factory of idiots and lunatics who cannot subsist. Not many days ago our newspapers gave news of a Brazilian who, not here, in… Lisbon, was taken to Rilhafoles,[7] taken by the hand of spiritualism.

But they don't have to be given solemn entry in the asylums. The mere swallowing of those stingray tails, crow's feet, thousand-man roots, and other drugs messes with one's mind, although the person continues to walk in the street, to greet acquaintances, to pay the bills, and even not to pay them, which is a means of appearing to be judicious. Substantially, he's a lost man. When they come to tell me some sayings of Samuel and Jesus Christ,[3] underlaid with common-sense philosophy, to reach out to the successive perfection of souls, as these same ones tell whoever wants to listen to them, words that make me want to call the police and a taxi.

The spiritualists who read me will laugh at me, because it's the sure foible of every maniac to lament the ignorance of others. I, as a legislator, would order all churches of this religion to be closed down, would take the sectarians and make them spiritually purge all their doctrines; and then, I would give them a reasonable retirement.

GOOD NIGHTS.

Original Publication: Rio de Janeiro: *Gazeta de Notícias*, 29.08.1889, N.241, p.1.

Anno XV

Rio de Janeiro — Quinta-feira 7 de Março de 1889

N. 66

GAZETA DE NOTICIAS

Stereotypada e impressa nas machinas rotativas de Marinoni, na typographia da officina da Gazeta de Noticias, de propriedade de Araujo & Montts

NUMERO AVULSO 40 RS.

NUMERO AVULSO 40 RS.

Tiragem 24,000 exemplares

A GAZETA DE NOTICIAS

O OURO

RUY BARBOSA

ELEIÇÃO GERAL

FOLHETIM

O COLLAR DE AMBAR

por
GEORGE PRADEL

SEGUNDA PARTE
IV

CONDE DE LA MURE

MINISTERIO ITALIANO

Exercito

CARNAVAL

BONS DIAS!

Armada

Sarah Bernhardt no Brazil

Notes

Chapter 1

[1]   The speech was delivered at the Beethoven Club in the beginning of April 1888 by Antônio Ferreira Viana (1833–1903), the Minister of Justice of the Empire, who said, on the occasion, that the abolition of slavery was imminent.

[2]   The Beethoven Club, chaired by Machado and located in the neighborhood of Glória, Rio de Janeiro, was created in 1882 by a group of intellectuals who, meeting in an old casino, played chess, chatted, and performed activities related to their interests.

[3]   Otto Eduard Leopold, Prince of Bismarck, Duke of Lauenburg (1815–1898), known as Otto von Bismarck, or the "Iron Chancellor," was a conservative Prussian statesman who dominated German and European affairs between 1860 and 1890. He led a series of wars which unified Germany.

[4]   Built in 1761 as the Igreja de Nossa Senhora do Carmo, the church was renamed Capela Real in 1808 when the Portuguese royal family fled Lisbon and installed itself in Rio de Janeiro. Today the church is known as Nossa Senhora do Monte do Carmo da Antiga Sé.

[5]   French for *to astonish the bourgeois.*

[6]   The Liberal Party was a Brazilian political party of the Imperial Period, originating around 1831 and dying out with the Proclamation of the Republic in 1889. Its ideology defended the interests of rural lords and the urban middle strata without direct commitments to slavery, having the Conservative Party (1836–1889), which defended the maintenance of the political domination of the rural slave-owning elites as its great rival.

[7]   Manuel Pinto de Sousa Dantas (1831–1894), was a Brazilian lawyer and liberal politician, who gave an enormous impulse to the abolitionist movement, proposed a broad social reform, including an agrarian reform and the democratization of education.

[8]   José Antônio Saraiva (1823–1895), also known as Conselheiro Saraiva, was a Brazilian lawyer, politician, and prime minister. In his mandates as prime minister he was responsible for the first electoral reform (Lei Saraiva, 1881), and the freedom of slaves over 60 years old (Lei dos Sexagenários, 1885), proposed by his political ally, Dantas.

[9]   Chapelaria Aristocrata was a real hatter's shop which belonged to Jacintho Lopes, located on Rua do Ouvidor in the centre of Rio de Janeiro. (*Gazeta de Notícias*, May 5, 1888, N.126, p.2, col.7)

[10]   Machado is mentioning the Bendegó meteorite, also known as Pedra do Bendegó (or Bendengó), which was found in the Bahian backlands, and is also the largest siderite (consisting almost entirely of metallic minerals) ever found on Brazilian soil. It has been on exhibition in Rio de Janeiro since 1889.

[11]   Joaquim Elísio Pereira Marinho (1841–1914), also known as Visconde of Guahy, was a Brazilian banker, businessman, military man and politician who sponsored the transportation of Bendegó from Salvador to Rio de Janeiro in 1888.

Chapter 2

1   Machado refers here to a report published at *Gazeta de Notícias* (N.99, 08.04.1888, p.2, col. 3) about accidents caused by the trolleys.

[2]   One of the seven hills of Rome, it was considered the religious and political center of the Roman Empire.

[3]   Pinto Júnior was sentenced for the murder of Vitorino de Meneses. The homicide was widely covered in the press at that time.

[4]   Referring to unsucceedful revolutions. In the case of Minas Gerais, a state inland from Rio de Janeiro, one could think of the Inconfidência Mineira (1792), and Revoltas Liberais (1842).

[5]   French for *pun* or *quibble*.

[6]   Here Machado plays with the word 'corso' which in Portuguese means 'plunder or piracy.'

[7]   In reference to The Corsair, by George Gordon Byron, 6th Baron Byron (1788–1824), a British poet, politician, and leading figure of the Romantic movement (1770–1850), well known for his Don Juan (1819).

[8]   José Ignacio Javier Oriol Encarnación de Espronceda y Delgado (1808–1842), was a Spanish Romantic poet who wrote and published La Canción del Pirata on the magazine El Artista in 1835. "Damned to death I am!/I laugh;/Luck don't abandon me... etc. etc. etc."

[9]   Adolfo Bezerra de Menezes Cavalcanti (1831–1900), better known as Bezerra de Menezes, was a physician, military officer, writer, journalist,

politician, philanthropist and exponent of the Spiritist Doctrine. Also known as The Doctor of the Poor. Machado being an antagonist of Spiritism, maybe that's the reason he considers that Bezerra de Menezes needs "to be explained."

[10]   Francisco Octaviano de Almeida Rosa (1825–1889) was a Brazilian poet, lawyer, diplomat, journalist and politician. He is famous for translating works by famous writers such as Lord Byron, William Shakespeare, and Victor Hugo, most of them for the first time. He was general deputy and senator of the Empire of Brazil from 1867 to 1889.

[11]   French for *small role*, as in the theatre.

[12]   Robert Arthur Talbot Gascoyne–Cecil, 3rd Marquis of Salisbury (1830–1903), was a British Conservative statesman, who served as Prime Minister three times, over 13 years (1885–6, 1886–92, and 1895–1902). He was the last prime minister to head his full administration from the House of Lords.

[13]   William Ewart Gladstone (1809–1898), was a British Liberal and earlier conservative politician. He served as Prime Minister four separate times (1868–74, 1880–85, 1886, and 1892–94) for over 60 years.

[14]   Machado is referring to the Local Government Bill (England and Wales) introduced to the House of Commons in that session by Charles Ritchie, President of the Local Government Board. The Bill proposed the creation of elected county councils to take over the administrative functions of the magistrates.

[15]   Passage translated by Machado from the London *Daily News*, 20th March 1888, pp.4–5.

[16]   Ladislau de Sousa Melo Neto (1838–1894) was a Brazilian botanist, ethnologist, naturalist, draftsman, provincial and federal deputy, and director of the Nacional Museum.

[17]   Here Machado mentions a threshold where one could read at the top: "Look, Mary, the first ruler rises from the dust. And the house where Vasconcellos stands." (Lessa–Schmidt translation). The threshold was demolished for the construction of the new building, which is known today as Casa França–Brasil, in the center of Rio de Janeiro.

[18]   Luiz Gonçalves dos Santos (1767–1844), better known as Father Perereca (Tree Frog, for his small and slender body and bulging eyes), was a writer, teacher, chronicler, translator, and canon of Imperial Brazil.

[19]   From Padre Perereca's most important work, *Memória para Servir à*

História do Reino do Brasil (1825).

Chapter 3

1 The use of the word "court" signals a political situation characteristic of Brazilian society that determined the existence of social and economic relationships of dependence between the dominant classes and the flatterers or "aggregates." Here the term is used to refer not only to dependence itself, but to the lack of education of the ones who are dependent.

2 Machado is mentioning Dr. Fernando Francisco da Costa Ferraz (1838–1907), who graduated from the Faculty of Medicine of Rio de Janeiro in 1866, defending a thesis entitled "Leite, sua composição, conservação, falsificação e meios de reconhecê–lo" (Milk, its composition, conservation, falsification and ways of recognizing it).

3 Machado is referring to the loan made on the 13th April 1888 by the British government in the amount of £6 million, via the independent financial advisory group Rothschild & Co. According to John Schulz, em A Crise Financeira da Abolição (1996, p.66), "The prime minister has launched these bonuses to have funds in hand in order to solve any financial emergency arising from abolition."

4 In October 1887 the Emperor approved the budget for the transference of the railroad, in which a huge amount of money was invested. The narrator refers to the corruption involved in the process.

5 French for *what's my opinion*.

6 Card game, with no eight, nine and two, in which two people play against one, similar to the Voltarete.

7 Person or thing from which one takes advantage continuously, it's also a 'source' (of revenues, profit, etc.)

8 Meaning that someone mismanaged private or public funds; swindled.

9 Informal way of saying that something was done without payment.

10 It was a bank of royal credit which financed loans based on the value of properties towards buildings, land, and even coffee trees and slaves. The money taken from the bank by a person or a business could be used for anything.

11 Luiz Vaz de Camões (1524–1580) was a Portuguese poet, considered the country's greatest.

[12] From Camões's Os Lusíadas (1572), a Homeric epic poem, which speaks of the Portuguese discovery voyages during the 15th and 16th centuries. This passage was taken from Lt.–Col. Sir T. Livingston Mitchell's translation The Lusiad (1854, Canto I, stanzaXLI, p.11).

[13] José Luís Fernandes Vilela (1875–1957) was a Portuguese nobleman who from a very young age dedicated himself to business, especially tannery. He came to form a great fortune, and in the final phase of his life sponsored various cultural and charitable institutions by offering them large sums of money. King D. Carlos I of Portugal (1863–1908) gave him two noble titles in the same year, 1907: Viscount of Vilela; and Count of Vilela.

[14] 'Black' here is used in a demeaning and racist way, meaning 'of or belonging to black people,' as being lower in class or standard.

[15] Aristides Cezar Spínola Zama (1837–1906), was a Brazilian doctor, politician, abolitionist, and writer.

Chapter 4

1 In the context of this chronicle, "morbid condition owing to absence or insufficiency of the thyroid gland."

2 Maximiano Marques de Carvalho (1820–1896), was a clinician and adept of homeopathy, one of the founders of the Academia Homeopática do Rio de Janeiro (1851), and director of the Escola Homeopática do Brasil (1858).

3 A fleshy tumor or enlargement of the testicle.

4 An accumulation of serous fluid, especially in the testicle.

5 A collection of blood in a body cavity, commonly refers to blood in the serous membrane (*tunica vaginalis*) which covers the testicle.

6 One of the most famous streets of Rio de Janeiro in the 19th century, widely known for its modernity and for being a meeting point for the members of the Brazilian elite.

7 The epigraph of the slave establishment due to its extensive coffee plantation expansion, found in In the municipality of Cantagalo, in the region of Nova Friburgo, northeast of Rio de Janeiro. The number of the free population of the city in 1857 was 13,250 compared to that of slaves, 19,573. Between 1850 and 1877 the slave population increased from 9,850 to 22,485. The farmers of the region were renowned for their cruelty, and it was common to threaten escaped slaves to be sent off to the region, which

discouraged many rebellions and run–aways.

8   Manuel José de Araújo Porto–Alegre, first and only Baron of Santo Ângelo, was a Brazilian painter, Romantic writer, caricaturist, teacher, poet, playwright, translator, and diplomat. He was the founder of three magazines: *Minerva Brasiliense, Jornal de Ciências, Letras e Artes* (1843); *Lanterna Mágica, Periódico Plástico–filosófico* (1844); *and Guanabara, Revista Mensal Artística, Científica e Literária* (1849).

9   In reference to the *Collecção das Decisões do Governo do Império do Brazil de 1824*, Rio de Janeiro: *Imprensa Nacional*, 1886, N. 44, p.30. (http://www2.camara.leg.br/atividade–legislativa/legislacao/publicacoes/ doimperio/colecao2.html)

10   Possibly a reference to *Don Juan Tenório* (1844), by Spanish Romantic poet and writer José Zorrilla y Moral (1817–1893), and his service to himself as a lover and womanizer.

11   Probably a store located on Rua do Ouvidor.

12   The term sociology (or sociologie) is derived from both Latin and Greek. It was first coined in 1780 by the French essayist Emmanuel–Joseph Sieyès (1748–1836) in an unpublished manuscript *(Des Manuscrits de Sieyès*, 1773–1799). Then it was defined independently as a new way of looking at society by the French philosopher Auguste Comte (1798–1857), in his 1838's article *A Dictionary of Sociology*.

13   The *Sociedade de Beneficência dos Dez Mil* was a group who sold funeral "insurance" titles. The narrator refers to this ironically, as it would be a resource for helping the free slaves.

14   The narrator refers to the conflicts experienced between the two Sociedade Benemérita boards.

15   Spanish for *good fortune*.

16   From a French children's song *Je suis un petit poupon (La bonne aventure)*, from Jean Batiste Weckerlin's book *Chansons et rondes enfantines* (1870, p.6–7), meaning "A fine adventure, oh joy! A fine adventure."

Chapter 5

1   A play with words from the Latin expression *"ex auctoritate propria"* (by his own authority), and the verb *fungor* (to perform), meaning "performed by his own authority."

[2] Machado is talking about the opening of the Câmara Geral (General Chambers), nowadays Câmara dos Deputados (House of Representatives), which received the project for the Abolition of Slavery in Brazil, on the 7th May 1888, culminating with the sanctioning by Dona Isabel, Brazil's temporary regent, of the Lei.3353 on the 13th May 1888, known as *Lei Áurea* (Golden Law).

[3] Isabel Cristina Leopoldina Augusta Micaela Gabriela Rafaela Gonzaga (1846–1921), Countess of Eu, Princess Imperial Regent of Brazil (1887–88).

[4] Machado is ironizing the complicated, and quite difficult to understand, state of affairs in the State of Ceará, northeast of Brazil, at the time.

[5] Liberato de Castro Carreira (1820–1903), was a Brazilian doctor and politician from Ceará who became a Senator Imperial of Brazil (1882–89). He was the writer of *História Financeira e Orçamentaria do Império do Brazil desde a sua fundação, precedida de alguns apontamentos acerca de sua Independência (1889)*.

[6] Aquirás (ou Aquiraz) and Ibiapaba are two towns, on the northeast and northwest respectively, of the State of Ceará.

[7] Referring to Baron Louis Joseph Dominicue (1755–1837), a French statesman and financier, who famously said: *"Faites–moi de bonnes politiques, je vous ferai de bonnes finances"* or "Give me good policies, I will give you good finances," when he was the Minister of Finance (1814–15) under the French Bourbon Restoration (1814–30)

[8] A reference to Hamlet's response to Horatio (1.5.167–8): "There are more things in heaven and earth, Horatio, than are dreamt of in your philosophy."

[9] A very common gesture in Christian cultures, as if to send the bad spirits away.

Chapter 6

1 In the original, "significação" (meaning) rhyming with "opinião" (opinion)

[2] Many of these manumissions were reported or announced in the *Gazeta de Notícias*, even before the *Lei Áurea* (Golden Law) abolishing slavery came into force (13.5.1888), as is the case of this news: "That the new ministry has already done much, by what its program, now in progress, announces, it's proof of the movement that is noticed everywhere, towards the freedom of

slaves. There is the municipality of Itajubá, Minas [Gerais], which is already free; that of Campos, once a stronghold of slavery, almost free; everywhere the accelerated movement—and now the act of a meritorious female farmer in Vassouras who granted freedom to about two hundred slaves. Vassouras! One of the terrible districts of the Rio de Janeiro trading post!" (*Gazeta de Notícias*, 25.03.1888, N.85, p.1, col. 1).

[3] Campos dos Goytacazes is a municipality in the northeast of the State of Rio de Janeiro.

[4] Ouro Preto is a municipality in the southeast of the State of Minas Gerais.

[5] João Fernandes Clapp (1840–1902) was a Brazilian merchant and abolitionist. He was president of the abolitionist confederation, and a pioneer in promoting free education for ex–slaves.

[6] Machado mentions a passage of Molière's farce Le Médecin malgré lui (The Doctor in spite of himself–1666), "GERONTE, to Sganarelle: 'Sir, I am delighted to see that you have come, for we have great need of you.' SGANARELLE (In a doctor's gown, with a very pointy hat.): 'Hippocrates says... that we should both cover ourselves.' GERONTE: 'Hippocrates said that?' SGANARELLE: 'Indeed.' GERONTE: 'In what chapter, if you please?' SGANARELLE: 'In the chapter on hats.' GERONTE: 'Since Hippocrates said it, we must do it.' (Act II, Scene II).

[7] The Rio–Post was a newspaper for the German citizens in Brazil, printed in Hamburg, having as its tenor: "Unbiased and independent report of the trends in Brazil."

[8] Like in the passage of Molière's farce Le Médecin malgré lui (The Doctor in spite of himself–1666): SGANARELLE: '... as one can say... from... do you understand Latin?' GERONTE: 'Not a word.' SGANARELLE, standing up in astonishment: 'You don't know Latin!' GERONTE 'No.' (Act II, Scene II).

[9] My own translation: "It should be easy to prove that Brazil is less of a constitutional monarchy than an absolute oligarchy." (*Rio–Post*, 21.06.1887, N.85, p.1, col.2).

Chapter 7

1 French for *after the coup*.

2 Latin for *after the fact*.

3   Monday, May 7, 1888. Brazil abolished slavery on May 13, 1888.

4   The coup du milieu (from French) is the 'shot in the middle' of a meal (brandy in general) used as a digestive between the coup d'avant (shot before dinner) and the coup d'aprés (shot after dinner).

5   Pancratius is a Latinized form of the Greek Pankratios, origin, and ironically here, means "the keeper of all powers," also used by Early Byzantine Christians as a title of Christ.

6   Someone or something from the city of Rio de Janeiro. A mid–19th century Brazilian Portuguese word derived fro;m the Tupi (language spoken by the Tupi natives) word "kari'oka," meaning *house of the white man.*

7   *Contos de réi*s, Brazilian currency of the period, *réis* (plural of *real*). One *conto de réis* was equivalent to 1,000,000 *réis* or 900 grams of gold. Measured against the relative price of gold, one *conto de réis* would be equivalent to approximately USD 36,000 (June 2018).

8   A Kaingang Indigenous Reservation establ:shed in 1901 in the southern state of Paraná, between the cities of Cascavel and Guarapuava.

Chapter 8

1   On May 17, 1888, four days after the Abolition of Slavery (*Lei Áurea*, the Golden Law) in Brazil, a thanksgiving mass was held in Campo de São Cristóvão, Rio de Janeiro.

2   João Maurício Wanderley, also written Vanderlei, Baron of Cotegipe (1815–89), was a Brazilian nobleman, magistrate and politician. He was President of the Senate of Brazil between 1882 and 1885, Prime Minister of Brazil from 1885 to 1888, and president of the Banco do Brasil. Cotegipe was responsible for the approval of the Saraiva–Cotegipe Law in 1885, which granted freedom to slaves over the age of 60. He was dismissed from his post by Princess Isabel in 1888. Months later, as a Senator, he was the only one to vote against the approval of the Golden Law.

3   Isabel Cristina Leopoldina Augusta Micaela Gabriela Rafaela Gonzaga (1846–1921), Countess of Eu, Princess Imperial Regent of Brazil (1887–88), who signed the Abolition of Slavery (Golden Law) on the May 13, 1888.

4   Antônio da Silva Prado (1840–1929), was a Brazilian lawyer, farmer, politician and businessman. He was the first mayor of São Paulo and was a member of the cabinet which produced the Golden Law.

5   José Maria da Silva Paranhos, Viscount of Rio Branco (1819–80), was

a Brazilian politician, monarchist, diplomat and journalist. He was the one who approved the *Lei do Ventre Livre* (Law of the Free Womb), also known as Rio Branco Law, promulgated on September 28, 1871, which considered all children born from slave women free from that date on in the Empire of Brazil.

[6]   João Alfredo Correa de Oliveira (1835–1919) was a Brazilian politician, abolitionist and monarchist. He succeeded Cotegipe as president of the Council of Ministers (prime minister of D. Pedro II), from 1888 to 1889. His ministry secured the parliamentary approval of the project of the Golden Law, sanctioned by Princess Isabel.

[7]   Campo de Santana nowadays, is an area in the city center of Rio de Janeiro, which was initially called Campo da Cidade (XVII century), then Campo de São Domingos (end of XVII century); then Praça dos Curros in 1817. It became Campo da Aclamação (1882–89) because of the festivities of the Proclamation of Independence (1822), to retake its original name in 1853.

[8]   Gledson [Lessa–Schmidt's translation]: "Galiléia is a famous mill in Pernambuco, province where João Alfredo was a Senator (the ironic religious meaning is clear enough)."

[9]   Neighborhood of Rio de Janeiro where the official resident of the Regent, Paço Isabel, Palácio Guanabara nowadays (in the new neighborhood of Laranjeiras), was located.

[10]   Neighborhood of São Paulo where Antônio Prado's residence (Chácara do Carvalho, 1893–1931), was located, the neighborhood is called Barra Funda nowadays.

[11]   Antônio Ferreira Vianna (1833–1903), was a Brazilian lawyer, speaker, lecturer, jurist, polemicist, civil servant, politician (deputy, mayor of the city, minister of justice and of the empire); he represented the court and province of Rio de Janeiro in the temporary chamber in the legislatures from 1869 to 1877. As a writer he founded and directed the newspaper *A Nação*, and wrote with the pseudonyms of Suetônio at the newspaper *Paiz*.

[12]   Augustine of Hippo (354–430), also known as Saint Augustine, was Roman African early Christian theologian and philosopher whose writings highly influenced the development of the faith in the Western world.

[13]   Marcus Tullius Cicero (103–43 BC), was a Roman orator, lawyer, politician, and philosopher

[14]   Luís Antônio Vieira da Silva, Viscount of Vieira da Silva (1828–89),

was a Brazilian lawyer, banker, and politician. He was a provincial deputy, general deputy, provincial president, minister, state councilor, and senator of the Empire of Brazil (1871–89).

[15]   Counselor Rodrigo Augusto da Silva (1833–89), was a Brazilian lawyer and politician, author and co–signer of the Golden Law. He was Minister of Agriculture, Commerce, and Public Works under Cotegipe.

[16]   Machado is commenting on the alleged state of Antônio Prado's health, which took him away to São Paulo.

[17]   Tomas José Coelho de Almeida (1838–95), was a Brazilian rural proprietor, magistrate and politician. He was a councilman, provincial deputy, deputy general, Navy and War Minister, and senator of the Empire of Brazil (1887–89). He was also creator of the Military College of Rio de Janeiro.

[18]   Campos dos Goytacazes is a municipality in northern Rio de Janeiro, where Almeida had a sugarcane farm.

[19]   José Fernandes da Costa Pereira Júnior (1833–1899) was a Brazilian lawyer and politician. He was president of the State of São Paulo between 1871 to 1872, possibly this is the reason for Machado's subsequent commentary.

[20]   In his book *Sob o Signo de Caim* [Under the Sign of Cain] (2014, p.110), Paulo Proença says that "The ointment of the Gospel was the good news preached by Jesus. In the political injunctions suggested by the chronicle, apart from the idealism of the abolitionists, the freedom of the slaves was a concession of the power holders to avoid the greater evil; it was better to lose one leg than lose the whole body."

[21]   A citation from Deuteronomy 15:12–14: "12. If any of your people—Hebrew men or women—sell themselves to you and serve you six years, in the seventh year you must let them go free. 13. And when you release them, do not send them away empty–handed. 14. Supply them liberally from your flock, your threshing floor and your winepress. Give to them as the Lord your God has blessed you.

[22]   A State in the northeast of Brazil.

[23]   According to Proença (ibid), "Babylon here means not only the confusion of languages, but, mainly, exile and slavery. Which might be the effect of the expression *Babilônia Carioca*," or Rio de Janeiro's Babylon.

[24]   A citation from *Ecclesiastes* 8:9 "All this I saw, as I applied my mind to everything done under the sun. There is a time when a man lords it over

others to his own hurt."

Chapter 9

1   Machado is mentioning the Bendegó meteorite, also known as Pedra do Bendegó (or Bendengó), which was found in the Bahian backlands, and is also the largest siderite (consisting almost entirely of metallic minerals) ever found on Brazilian soil. It has been on exhibition in Rio de Janeiro since 1889.

2   Commander José Carlos de Carvalho (1847–1910?), was a Rear Admiral in the Brazilian Navy, member of the Geographical Society, head of the expedition that took the meteorite to the National Museum, in Rio de Janeiro.

3   Epicurus (341–270 BC) was a Greek philosopher, who believed in the immortality of the gods.

4   The Federalist movement happened after the Proclamation of the Republic, between 1893 and 1895, and involved the three states in the South of Brazil: Paraná, Rio Grande do Sul, and Santa Catarina. The federalists wanted to liberate Rio Grande do Sul from the government of Júlio Prates de Castilhos (1860–1903), and also obtain greater autonomy in the recently proclaimed Brazilian republic. Echoes of the Revolution were felt in 1888, the year this chronicle was published, and were intensified by 1889.

5   French for *Black? As white as any other. / Why! Are you making puns?*

6   Manuel do Nascimento Machado Portela (1833–1895) was a Brazilian politician. He was president of the provinces of Pernambuco in 1869, and 1871; and Bahia from 1888 to 1889.

Chapter 10

1   In 1831 the slave trade was declared illegal in the Brazilian territory.

2   The periodical *A Pátria [The Country]*, which circulated from 1851 until 1860.

3   Carlos Bernardino de Moura (1826–?) was the founder of *A Revolução Pacífica* [The Peaceful Revolution], a weekly published in Niterói (RJ) in 1862, in a probable continuity to the periodicals *A Pátria*, and *Echo da Nação [Echo of the Nation]* which circulated 1860 to 1861. All three, as can be inferred from their pages, opposed certain conservative groups during the Second Reign (1840–1889).

[4]   The Central Committee of the Fluminense Press was founded to organize and schedule the festivities around the Abolition of Slavery (1888).

[5]   João Carlos de Sousa Ferreira (1831–1907), editor of Jornal do Commercio (1888–1889).

[6]   Machado is referring to the news on the 11th April the *Gazeta de Notícias* announcing news from London, the day before, of a £6m loan taken by the Brazilian government.

[7]   Inocêncio Sezerdelo Correia (1858–1932) was a Brazilian military officer and politician. He was one of those responsible for the idealization and creation of the Tribunal de Contas da União [Federal Court of Accounts] (1891).

[8]   Oscar Veloso Paranhos Pederneiras (1860–1890) was a Brazilian lawyer and a journalist.

[9]   José Ferreira de Souza Araújo (1848–1900), was one of the main journalists of Rio de Janeiro in the last three decades of the XIX century. He was the founder, owner and chief editor of *Gazeta de Notícias*, where Machado de Assis collaborated as a writer for many years. He was called "José Telha" by his fellows.

[10]   Benoît–Constant Coquelin (1841–1909) was a French actor, and one of the most important theatre figures of his time.

[11]   In 1844 the Alves Branco tariff was promulgated, and that significantly altered the trade between Brazil and England, which had a monopoly on trade until that moment. A year later, the Aberdeen Bill was passed, stopping the slave traffic in Brazil by pressure from England.

[12]   A theatre located at Rua do Espírito Santo, today's Rua 21 de Abril, in the center of Rio de Janeiro. It was inaugurated by Eugene Roger in 1877, with the name of Theatre des Varietés.

[13]   Nineveh was an ancient Assyrian city of Upper Mesopotamia, located on the outskirts of Mosul in modern–day northern Iraq.

[14]   Probably some wine proceeding from that region in Spain.

[15]   Idiomatic expression *(ir à Glória...* to go to Glória...), meaning "there is no such thing as free lunch." Machado, used to say that we have to pay for everything in life, even the trolley to go to Glória Church, in Rio de Janeiro.

[16]   Opened in 1882, the Beethoven Club housed soirées with the top figures of classical music at Catete, center of Rio de Janeiro.

Chapter 11

[1]   Frederick III (1831–1888) was the German Emperor and King of Prussia for ninety–nine days, in 1888.

[2]   Max von Puttkamer (1831–1906), cousin of the Prussian Minister Robert von Puttkamer, was promoted to State Secretary in 1887, and continued to lead Justice and Religious Affairs until 1894.

[3]   Alcibíades Clinias Escambonidas (450–404 BC) was a Greek general and politician.

[4]   Aristides Cezar Spínola Zama (1837–1906), was a Brazilian doctor, politician, abolitionist, and writer.

[5]   *Contos de réi*s, Brazilian currency of the period, *réis* (plural of *real).* One *conto de réis* was equivalent to 1,000,000 *réis* or 900 grams of gold. Measured against the relative price of gold, one *conto de réis* would be equivalent to approximately USD 36,000 (June 2018).

[6]   Machado could be making a sarcastic comparison with the Dia do Fico [I Stay Day], January 8, 1822, when Pedro I of Brazil, the last Portuguese Emperor, announced he was going to stay in the country, which later leads to the Independence Day, September 7, 1822.

[7]   Machado's comment could relate to the regiment which the Chamber of Deputies approved in 1857 (Article 25, page 22), which says that the deputies could make requirements about anything of their concern. This could have opened the precedent for a complaint about the allowance.

[8]   Machado is referring to the voting for the second vice–presidency of the Senate when there were 90 ballots but only 84 people were present.

[9]   Diogenes (c. 412–323 BC), also known as Diogenes the Cynic, was a Greek philosopher and one of the founders of Cynic philosophy.

[10]   Johann Wolfgang Von Goethe (1749–1832) was one of the most representative writers of the Romantic movement in Germany.

[11]   *Aerólito* ("*aeorito*" in the original publication) is a stony meteorite. Here it is a reference to the Bendegó meteorite, also known as *Pedra do Bendegó* (or Bendengó), which was found in the Bahian backlands, and is also the largest siderite (consisting almost entirely of metallic minerals) ever found on Brazilian soil. It has been on exhibition in Rio de Janeiro since 1889.

[12]   Latin for *Without having studied, having read, having known or without*

having perceived something.

[13]   Agesilaus II (c. 444–c. 360 BC), was a Eurypontid king of the Ancient Greek city–state of Sparta, ruling from c. 398 to c. 360 BC.

[14]   French for *I have seen Agesilaus, Alas! / But after Attila, Hello!* It's an epigram from Nicolas Baileau–Despréaux's (1636–1711) *Epigram XV* (1772), regarding two tragedies by French tragedian Pierre Corneille (1606–1684): *Agésilas* (1666), and *Attila* (1667), respectively.

Chapter 12

[1]   Caxambu is a city located in the south of Minas Gerais, known for its sources of mineral water, acclaimed since the end of the 19th century, when this chronicle was written.

[2]   The date, in 1888, when the slavery was abolished in Brazil.

Chapter 13

[1]   *Contos de réis*, Brazilian currency of the period, *réis* (plural of *real*). One *conto de réis* was equivalent to 1,000,000 *réis* or 900 grams of gold. Measured against the relative price of gold, one *conto de réis* would be equivalent to approximately USD 36,000 (June 2018)..

[2]   Published in 1842, the purpose of this novel, written by Nikolai Gogol, was to criticize the Russian mentality and character. The main character of the novel is Pavel Ivanovich Chichikov, through which Gogol performs his criticism. This character is described by the chronicle's narrator as an example of the citizen who would buy freedmen.

[3]   Monte de Socorro during monarchic period in Brazil was inspired by the Montes Pio or Montes de Piedade in Europe, and was intended to lend, for modest interest and under pledge, the sums necessary to meet the urgent needs of the less favored classes, who had no access to banking establishments.

[4]   Russian currency.

[5]   A printed cotton fabric, glazed or unglazed, used especially for draperies.

[6]   Old silver Brazilian currency, which was worth 320 *réis*.

[7]   A city in the state of Rio de Janeiro.

Chapter 14

1   Antonio Joaquim de Macedo Soares (1838–1905) was an important intellectual, politician, writer and lexicographer.

²   Titus Lucretius Carus (99 BC–55 BC) was a Roman poet and philosopher, according to whom Epicureanism would be the key to find happiness in life.

³   Together with the notion of the 'shipwreck of others,' *Suave, mari magno turbantibus...* [It is sweet, when the stormy winds have roused/The boisterous ocean...] comes from Latin poet Lucretius' (95–55 BC) *De Rerum Natura* (Book II, Line 1–4).

⁴   One of the most traditional parks in Rio de Janeiro, its name was changed several times until 1822, the year of Brazilian Independence, when it began to be called Campo da Aclamação. It was the place where D. Pedro I was acclaimed an emperor. It began to be called Praça da República in 1889 with the Proclamation of Brazilian Republic.

⁵   The first public street of Rio de Janeiro. It was opened in 1567 and preserves its original pavements until today.

⁶   The Chamber of Deputies (House of Representatives), the most important representative of legislative power in Brazil. It is composed of several politicians that represent the interests of Brazilian people and supervise the application of financial resources.

⁷   Carlos Frederico Castrioto (1833–1894) was a Brazilian lawyer and politician. He was from the Conservative Party and became a provincial deputy in 1885 and a general deputy between 1886 and 1889. He also became a senator during the first phase of Brazilian Republic.

⁸   Manuel Alves de Araújo (1832–1908) was a Brazilian lawyer, journalist and politician, member of the Liberal Party. He was the president of the Chamber of Deputies in 1884.

⁹   Manuel José de Araújo Góes (1839–?) was a Brazilian lawyer, magistrate and politician; and João Alfredo's partisan.

¹⁰   One of the twenty–seven provinces of Brazil, located in the north of the country.

¹¹   Another of the twenty–seven provinces of Brazil, located in southeast of Brazil.

¹²   Machado is ironizing the complicated, and quite difficult to understand, state of affairs in the state of Ceará, northeast of Brazil, at that time.

[13] Aquirases and Ibiapabas are the politics who represented two towns, Aquirás and Ibiapaba, located, respectively, or the northeast and northwest of the state of Ceará.

[14] Puns with the names of political parties.

[15] An artificial language created 1879–1880 by Johann Martin Schleyer (1831–1912), a Roman Catholic priest in Baden, Germany. It was displaced in the 20th century by Esperanto.

[16] Either a specialist in American history and culture; or in the languages or cultures of the American Indians; first known use: 1852.

Chapter 15

[1] *'Timeos Danaos et dona ferentes:'* Latin taken from the Virgil's *Aeneid* (c. 29–19 BC, II, 49), in which there is a reference to the Trojan horse, gift given to the Trojans by the Greeks, and where the English "Beware of Greeks bearing gifts" originated.

[2] João Maurício Wanderley (1815–1889) was an influential Brazilian politician. He was the only senator in the Empire who voted against the Golden Law that abolished slavery.

[3] Created in 1824 by D. Pedro I, the Brazilian Senate has permanent commissions dedicated to each of its specific subjects.

[4] This word has no good translation to English. It is a noun used to express the feeling of missing something or someone. "A longing for" is its English closest equivalent.

[5] Guilherme I (1797–1889) the first emperor of Germany after its unification in 1871.

Chapter 16

[1] The term "bey of Tunis" is the designation applied to the governors of the country which today is called Tunis, between the beginning of the 17th (or 18th) century and 1957, when the Republic was instituted.

[2] Karl von den Steinen (1855–1929) was a German physician (with a focus in psychiatry), an ethnologist, explorer, and author of the important anthropological study *Through Central Brazil: Expedition to the Study of the Xingu in 1884* (1886), and *Among the Primitive Peoples of Central Brazil: a travel account and the results of the second Xingu Expedition, 1887–1888*

(1894). He laid the permanent foundations for Brazilian ethnology.

[3]   Machado is referring to an infamous lawsuit that dragged on after 1886. It was over the falsification of Custódio José Gomes, known as Custódio Bíblia. There's an interesting obituary in the *Gazeta de Notícias* (17.03.1883, N.76, p.2) giving the news of the generous will left by him (21.12.1882), which was published at *Jornal do Commercio* (10.03.1883, N.69, p.1).

[4]   Machado is referring to the 'forged Will' case of Custódio José Gomes, known as Custódio Bíblia, which was well–covered in the newspapers of Rio de Janeiro between 1886 and 1889, and also 1894. Machado had already written about Bíblia on his ironic and rimed chronicle series *Gazeta de Hollanda* (N.14), in the *Gazeta de Notícias* (07.03.1887, N.66, p.1, col.7), signing them with one of his pseudonym, Malvólio.

[5]   Pedro Leão Velloso (1828–1902) was a Brazilian judge, journalist and politician. He was a provincial deputy, general deputy and senator of Brazilian Empire between the years of 1879 and 1889.

[6]   Antônio Cândido da Cruz Machado (1820–1905), known as Visconde do Serro Frio, was a Brazilian lawyer and politician. He was a senator between 1874 and 1889.

[7]   Gaspar da Silveira Martins (1835–1901) was a senator between 1880 and 1889. Irineu Evangelista de Souza (1813–1889), known as Barão de Mauá, was a pioneer in many areas of Brazilian economy, including the construction of the first Brazilian railroad, the "Estrada de Ferro Mauá."

[8]   The narrator refers to the problems generated by Mauá's ideas in the House of Representatives in Rio Grande do Sul, the state where he was elected a federal deputy. Mauá was liberal and favorable to abolition, given his association with British capitalism.

[9]   Rafael Pinto Bandeira (1740–1795) was a Brazilian soldier who commanded many battles to defend Portuguese possessions in Rio Grande do Sul, before the accordance between Portugal and Spain over the territory of Sete Povos das Missões (Seven People of the Missions).

[10]   City located in the state of Rio Grande do Sul, known for the production of *charque*, a very salty dried meat.

[11]   Henry Slade (?–1905) was an American medium who became famous around the world for his public demonstrations of spiritual phenomena.

[12]   Arthur Schopenhauer (1788–1860) was a German philosopher known for his pessimism.

Chapter 17

[1]   Luiz Norton Barreto Murat (1861–1929) was a Brazilian politician, journalist, poet and philosopher. He was a radica. abolitionist and republican. He was also the founder of the first chair of the Brazilian Academy of Literature.

[2]   The House of Representatives.

[3]   Francisco Dias Carneiro (1837–1896) was a Brazilian politician, and the vice–president of the province of Maranhão. He became known for his conservatism.

[4]   José de Alencar (1829–1877) was a Brazilian writer, one of the most famous representatives of the Brazilian Romantic Movement and reputed to be Machado's rival. The narrator is referring to Expiação, a dramatic text published with a pseudonym in 1865, year of Alencar's election as a Minister of Justice.

[5]   Augusto Teixeira de Freitas (1816–1883) was one of the most important legal advisers of Brazilian Empire.

[6]   Afonso Celso de Assis Figueiredo Júnior (1860–1938) was a Brazilian politician, poet, teacher and historian. He occupied chair 36 in the Brazilian Academy of Literature.

[7]   José Bonifácio de Andrada e Silva (1763–1838) was a Brazilian poet and naturalist known as the "Patriarch of Brazilian Independence" due to his decisive role in this historical event. He was condemned to exile, where he lived for five years and began to write poetry again.

[8]   Considered as the "heart" of Rio de Janeiro, it is a public place with an intense circulation of workers and popular itinerant salespeople.

[9]   One of the streets in downtown Rio de Janeiro.

[10]   A square located in Catete, one of the most famous neighborhoods of Rio de Janeiro. It is located next to the station the narrator is referring to.

[11]   Portuguese slang for something or someone of little value.

Chater 18

[1]   The narrator mentions all the characters of a passionate murder that called the public's attention in Rio de Janeiro on July 27, 1888.

2   One of the oldest streets of Rio de Janeiro, in 1865 it was named after a city located in the South of Brazil that was repossessed by Brazilian soldiers during the Paraguayan War (1860–1865).

3   Bananal is a city located in the province of São Paulo, characterized by the strong monopoly of coffee plantation and slavery. The "case of Bananal" refers to the murder of the chief of the Conservative Party, Pedro Ramos Nogueira (1852–1888) and José Caetano Horta Barbosa (1852–1888). The crime, with its political nature, had a broad repercussion throughout the Brazilian Empire.

4   The National Guard was a military force organized in Brazil in 1831 during the Brazilian Regency, period in which D. Pedro II had not assumed the Brazilian throne. It has been reformed throughout the years and extinguished in 1922.

5   Comendador Antônio José Nogueira, known as Nogueirinha (1827–1888), the chief of The Liberal Party in Bananal.

6   Pedro Ramos Nogueira (1852–1888), murdered on Fazenda da Gloria because of his nomination as a member of the National Guard.

7   Possibly an expression meaning that someone's life is put on display, is made public, or is made available for grabs, possibly even to assassination.

8   Sébastien Auguste Sisson (1824–1898) a French lithographer who lived in Brazil, and who wrote *Galeria dos Brasileiros Ilustres*, a book which contained pictures of more than 90 Brazilian personalities of that time.

9   Aristides Cezar Spínola Zama (1837–1906), was a Brazilian doctor, politician, abolitionist, and writer.

10   Cícero Dantas Martins (1838–1903) was a Brazilian politician and one of the greatest landowners of the Northeast of Brazil.

Chapter 19

1   A reference to the return of D. Pedro II from Europe to Brazil, in a trip that lasted from July 30, 1887, to August 22, 1888. The trip, made due to health problems, represents the moment in which the emperor was gradually abandoning the Brazilian Empire.

2   One of the most famous streets of Rio de Janeiro at that time.

3   A way to refer to some public disturbances caused by republicans with the return of D. Pedro II.

[4]   The *Ayer's American Almanac* was a popular annual 'medical handbook' publication; it was first published in 1852, and after 1889 in more than 20 languages in certain years, including Portuguese.

[5]   Machado could be referring to James Hutton (1726–1797), considered "the father of modern geology," for whom time was very important for the understanding of the constitution of the Earth.

[6]   Botafogo and Catete are two neighborhoods in the city of Rio de Janeiro.

[7]   Machado could be referring to João Alves Machado (1859–1944), a republican and landowner in the province of Rio Grande do Sul, son of one of the first Portuguese families to arrive in Brazil.

[8]   The name of the monetary unit used in Brazil in Machado's time.

[9]   Francisco Belisário Soares de Souza (1839–1889) was a Brazilian journalist, banker and politician.

Chapter 20

[1]   Carlos Fradique Mendes is a character created in 1868–69 by Jaime Batalha Reis, Antero de Quental and Eça de Queirós. Fradique, the fictional poet, was an eccentric and irreverent character, educated, traveled, adventurous and always abreast of the news of science. His first appearance was in one of the letters of the detective novel, *O Mistério da Estrada de Sintra* [*The Mystery of the Road of Sintra*] (1870), authored by Eça de Queiroz and Ramalho Ortigão in the Portuguese newspaper *Revolução de Setembro* [*Revolution of September*]. He who later also appears in José Eduardo Agualusa's *Nação Crioula* [Creole] (1997). Machado's reference to this character can be interpreted as criticism against the six letters from *The Correspondence of Fradique Mendes*, recently published in *Gazeta de Notícias*, the same newspaper in which this chronicle was published.

[2]   Manuel José de Siqueira Mendes (1825–1892) was a Brazilian politician and priest, widely known for his conservatism.

[3]   João Maurício Wanderley, also written Vanderlei, Baron of Cotegipe (1815–89), was a Brazilian nobleman, magistrate and politician. He was President of the Senate of Brazil between 1882 and 1885, Prime Minister of Brazil from 1885 to 1888, and president of the Banco do Brasil. Cotejipe was responsible for the approval of the Saraiva–Cotejipe Law in 1885, which granted freedom to slaves over the age of 60. He was dismissed from his post

by Princess Isabel in 1888. Months later, as a Senator, he was the only one to vote against the approval of the Golden Law.

[4] Afonso Augusto Moreira Pena (1847–1909) was a Brazilian lawyer and politician. He was a federal deputy, governor of the state of Minas Gerais, vice president, and sixth President of Brazil between November 15, 1906 and June 14, 1909, the date of his death.

[5] *"Mais où sont les neiges d'antan?"* is the refrain of a famous poem by François Villon (1431–1463) in *Ballade des Dames du Temps Jadis* [*Ballad of the Ladies of Bygone Times*] (1533), translated as "But where are the snows of yesteryear?," used to express a melancholic nostalgia, and often used by Machado.

[6] A reference to Horace's (65–8 B.C.) *Odes* (Book 2, XIV, 23 B.C.) *"Eheu fugaces, Postume, Postume / labuntur anni…"* ["Alas, O Postumus, Postumus, the years glide swiftly by…"]

[7] Henrique Francisco d'Ávila (1833–1903), was a Brazilian lawyer and politician. He was part of the Liberal Party and the president of the province of Rio Grande do Sul.

[8] Cícero Dantas Martins (1838–1903), known as Barão de Jeremoabo, was a Brazilian politician and one of the greatest landowners of the Northeast.

[9] Elpídio Pereira de Mesquita (1857–1926) was a Brazilian historian and politician. He wrote two important historiographical works: *Africanos livres [Free Africans]* and *Aspectos de um problema econômico. Navegação e colonização da Bahia [Aspects of an economical problem. Navigation and colonization of Bahia]*.

[10] François–René, Viscount of Chateaubriand (1768–1848) was a French writer, diplomat, and politician who became famous for his pre–romantic works, which exerted influence in European Romantic literature.

[11] From *"Ave, Imperator, morituri te salutant"* ("Hail, Emperor, those who are about to die salute you"), a well–known Latin adage quoted in Suetonius's (c. 69AD–c.122AD) *De Vita Caesarum* (*The Life of the Caesars*, or *The Twelve Caesars*).

[12] Liceu de Artes e Ofícios do Rio de Janeiro was a Brazilian traditional professional school, founded in 1856 by the commander Francisco Joaquim Béthencourt da Silva (1831–1911), in order to propagate the teaching of fine arts applied to industry to men who belonged to the working classes.

[13] These fireworks were displayed at the Botafogo Bay and São Cristovão in celebration of the return of the Portuguese Emperor to Rio de Janeiro

on the 3rd September 1888. *Diário de Minas* N.44 (13.08.1888), and N.61 (30.08.1888).

Chapter 21

[1] Antônio Romualdo Monteiro Manso da Costa Reis (1844–1907), a Brazilian federal deputy who refused to take an oath when he took office, claiming that it was contrary to his convictions, which led to the overhauling of the internal rules of the Chamber of Deputies.

[2] Alfred de Musset (1810–1857), French dramatist, novelist and poet.

[3] From French, "A door must be either open or shut," from the homonymous play (1848) by Albert Musset.

[4] A comedy by William Shakespeare (c. 1564–1616) believed to have been written circa 1599.

[5] The official title in Portuguese is *Como Gostais*.

[6] Another comedy by William Shakespeare believed to have been written circa 1598.

[7] Thomas Alva Edison (1847–1931) was the inventor of the phonograph. He was one of the precursors of the technological revolution in the 20th century.

[8] A city located in the north of the state of São Paulo.

[9] Cimbres was the name of the municipality of Pesqueira, in Pernambuco in Northeast of Brazil.

[10] Itororó is a municipality in the state of Bahia in the Northeast of Brazil.

[11] A Brazilian municipality located on the south coast of São Paulo.

Chapter 22

[1] The narrator suggests that this was one of the main meeting points of Rio de Janeiro.

[2] A syrup made with *cambará*, from the *Verbenaceae* family, a plant used to cure the flu, colds and coughing.

[3] Machado is probably talking about a specific picnic, the one that Joaquim Elísio Pereira Marinho, known as Barão de Guaí (1841–1914) offered to 300 people on October 1, 1888. (*O Paiz*, 2.10.1888, N.1456, p.1, col.7).

[4]   Gifted in 1888 to Princess Isabel by Pope Leo XIII to celebrate her signing the abolition of slavery (Lei Áurea).

[5]   Aristides Cezar Spínola Zama (1837–1906), was a Brazilian doctor, politician, abolitionist, and writer.

[6]   A famous saying by Antoine Lavoisier (1743–1794), a French chemist considered the father of modern Chemistry.

[7]   A sentimental gothic novel also known as *The Children of the Abbey*, written by Regina Maria Roche (1764–1835), the contemporary of Ann Radcliffe, one of the most famous English gothic novelists.

[8]   An internuncio is a papal ambassador at a foreign court or capital.

[9]   A sarcastic commentary regarding the note about the banquet that was published in the newspaper *O País* on September 29, 1888.

[10]   Contrary to its name, *Punch à la Romaine* is not a punch as we know it today but a European–style frozen lemonade mixed with rum, champagne, and Italian meringue. It was a popular treat served at the turn of the century, often as a palate cleanser before the main course.

[11]   A movement which lasted from 1815 to 1870 and whose objective was to unify Italy.

[12]   Francesco Crispi (1819–1901), was an Italian statesman who, after being exiled from Naples and Sardinia–Piedmont for revolutionary activities, eventually became premier of the united Italy (1887–1891).

Chapter 23

[1]   A traditional professional school of arts and crafts in Rio de Janeiro.

[2]   Isidore Marie François Xavier Comte (1798–1857), was a French philosopher, the founder of Sociology and Positivism, a doctrine which was largely accepted in Brazil in the XIX century.

[3]   Herbert Spencer (1820–1903), was an English philosopher, biologist and anthropologist, admirer of Charles Darwin (1809–1882).

[4]   Emile Maxmilien Paul Littré (1801–1881), was a French philosopher and lexicographer, famous for the Dictionnaire de la Langue Française, which afterwards became known as Littré.

[5]   Jean Baptiste Poquelin, widely known as Molière (1622–1673), was a French playwright and actor, considered to be one of the greatest playwrights of Western comedy. Machado is probably referring to a character in Molière's

Le Médecin Maldré Lui [The Doctor in Spite of Himself] (1666), which was one of his all–time favorites.

6   Minas Gerais, one of the twenty–seven states of Brazil.

7   Barabbas (literally "son of the father") is a figure mentioned in the accounts of the Passion of Christ, in which he is an insurrectionary held by the Roman governor at the same time as Jesus, and whom Pontius Pilate freed at the Passover feast in Jerusalem, while keeping Jesus as a prisoner.

8   Jean Parmentier (1494–1529), a French navigator, cartographer and poet, known for his navigation around Brazilian coast.

9   Joaquim Francisco Moreira, better known as Joaquim Moreira (1853–1929) was a Brazilian physician and politician. He was Senator in the State of Rio de Janeiro between 1924 and 1929, besides being a federal deputy and mayor of Petrópolis.

Chapter 24

1   The agency was created as the Bureau Havas in 1832 by Charles–Louis Havas, who translated reports from foreign papers and distributed them to Parisian and provincial newspapers. In 1835 the Bureau Havas became the Agence Havas, the world's first true news agency.

2   German Wilhelm II, in full Friedrich Wilhelm Viktor Albert, (1859–1941), was a German emperor (kaiser) and king of Prussia from 1888 to the end of World War I in 1918, known for his frequently militaristic manner as well as for his vacillating policies.

3   Machado is referring to Raul d'Ávila Pompeia (1863–1895), a Brazilian novelist, short story writer and chronicler, famous for the Impressionist romance *O Ateneu* [*The Athenaeum*] (1888).

4   One of the most beautiful churches in Rio de Janeiro. It was consecrated in 1859.

5   Edward George Earle Bulwer–Lytton, Privy Council of the United Kingdom (1803–1873) was an English novelist, poet, playwright, and politician. He was extremely popular with the reading public and wrote a series of bestselling novels which earned him a considerable fortune, including *The Last Days of Pompeii* (1834).

6   Bulwer–Lytton might be alluding to Diomedes, a hero in Greek mythology, known for his participation in the Trojan War.

[7]   Bulwer–Lytton might be alluding to Glaucus, a Greek prophetic sea–god, born mortal and turned immortal upon eating a magical herb. It was believed that he commonly came to the rescue of sailors and fishermen in storms, having once been one himself.

[8]   Bulwer–Lytton might be alluding to Cloudis, the metathesis of *Clausus* into *Claudius*, and its common by–form.

[9]   Adelaide Borghi–Mamo (1826–1901) was an Italian operatic mezzo–soprano who had an active international career from the 1840s through the 1880s. She was married to tenor Michele Mamo. Their daughter, soprano Erminia Borghi–Mamo, also had a successful singing career.

[10]   Campania is a region in Southern Italy.

[11]   German for *Three cheers!*

[12]   Titus (39–81 AD) was a Roman emperor from 79 to 81 AD. A member of the Flavian Dynasty, Titus succeeded his father, Vespasian, upon his death, thus becoming the first Roman emperor to come to the throne after his own biological father.

[13]   Pliny the Elder (born Gaius Plinius Secundus, 23–79 AD) was a Roman author, naturalist, and philosopher, also a naval and army commander of the early Roman Empire, and friend of the emperor Vespasian. He died while attempting the rescue, by ship, of a friend and his family from the eruption of Mount Vesuvius, which already had destroyed the cities of Pompeii and Herculaneum.

[14]   Francesco Crispi (1819–1901), was an Italian statesman who, after being exiled from Naples and Sardinia–Piedmont for revolutionary activities, eventually became premier of the united Italy (1887–1891).

[15]   Félix Pyat (1810–1889) was a French Socialist journalist and politician.

[16]   Tomás António Gonzaga (1744–c.1810), a Portuguese-born Brazilian poet. One of the most famous Neoclassic colonial Brazilian writers, who also wrote under the pen name Dirceu.

[17]   This is at the beginning of the eponymous Ode 2.14 *Eheu Fugaces*, by Horace (65–8 BC).

[18]   From *Marília de Dirceu* [Dirceu's Marília] (1792)—Parte I—Lira XIV, by Tomás António.

[19]   From *Ode XVI* (1778), in *Obras Poéticas* by Pedro António Joaquim Correa da Serra Garção (1724–1772), a Portuguese lyric poet.

[20] The narrator refers to the breakdown between Napoléon Joseph Charles Paul Bonaparte (1822–1891), and his son Napoléon Victor Jérôme Fréderic Bonaparte (1862–1926), who was nominated the new head of the family by Napoléon Eugène Louis Jean Joseph Bonaparte (1856–1879) instead of his father.

[21] French for *I might go…*

[22] That which is considered characteristic of a lady or a madam; in the ways of a ma'am.

Chapter 25

1   Jack the Ripper, the famous serial killer who murdered women in the district of Whitechapel in 1888.

2   Referring to the Brazilian 1823 Constituent Assembly.

3   Renowned English politicians.

4   Italy in the original, definitely a typo.

5   A comment on the Home Rule Bill, by Gladstone.

6   A person who follows the principles of nativism: the policy of favoring the natives of a country over the immigrants.

7   Alfredo Maria Adriano d'Escragnolle Taunay (1843–1899) was a Brazilian nativist writer who became a politician and a senator in the province of Santa Catarina in 1886.

8   Henry John Temple, the 3rd Viscount of Palmerston (1784–1865), was a British noble and politician.

9   That is, Chinese

10   Romans 2:29: "But he is a Jew, which is one inwardly; and circumcision is that of the heart, in the spirit, and not in the letter; whose praise is not of men, but of God."

11   The triple list, in which each senator was appointed directly by the Emperor, who was presented with a triple list formed by candidates elected in the provinces by majority and indirect vote.

Chapter 26

1   Esther de Carvalho (1858–1884) was a Portuguese operetta singer. Her burial involved a great manifestation of sadness and grief, as her admirers

were extremely dedicated to her.

2   A political effort to have stores closed on Sundays.

3   A popular square in the Center of the city of Rio de Janeiro.

4   Alfred Louis Charles de Musset–Pathay (1810–1857) was a French dramatist, poet, and novelist, known for writing the autobiographical novel *La Confession d'un enfant du siècle* (*The Confession of a Child of the Century*).

5   French for *A door must be opened or closed.*

6   Machado is referring to one of Portuguese dramatist António José da Silva's (1705–1739) character, Don Lancelote, in Guerras de Alecrim e Manjerona (1737), where he utters: "Eis aqui como gusto de ver os médicos: assim especulativos." (1980, p.123)

7   *Contos de réis*, Brazilian currency of the period, *réis* (plural of *real*). One *conto de réis* was equivalent to 1,000,000 *réis* or 900 grams of gold. Measured against the relative price of gold, one *conto de réis* would be equivalent to approximately USD 36,000 (June 2018).

8   Another way of writing the word *Chinese*.

9   Luís Vaz de Camões (or Camoens) (c.1524–1580) is considered the national poet of Portugal and the Portuguese language's greatest poet.

Chapter 27

1   Machado is referring to *Myterioso Assassinato* [Mysterious Murder], a horrific story published by the *Gazeta de Notícias* (12.11.1888, N.316, p.1) about a French fashion designer, Madam Torpille, who was violently murdered in her own house. The newspapers published an explanation the next day saying that the story was fictitious, and due to be published as a feuilleton throughout the next weeks. The feuilleton, written by Marc Anfossi, was published as a serial between 15.11.1888 and 23.01.1889.

2   According to Gledson, this "revolução" was barely a revolt against the number of candidates who failed the Arithmetic exam, hence bearing a cross on their backs as a sign of their failure.

3   Marcus Tullius Cicero (106–43 BC) was a Roman politician, lawyer, scholar and writer who supported Republican principles in the final civil wars which destroyed the Roman Republic.

4   From Cicero's *Pro Plancio* (54 BC), chapter 5, verse 16: "*Etenim si populo grata est tabella, quæ frontes aperit hominum, mentes tegit datque*

eam libertatem ut quod velint faciant..."

[5]   Cândido Luiz Maria de Oliveira (1845–1919) was a Brazilian politician. He was a councilman, provincial deputy, general deputy, minister of war, acting minister of finance, and senator of the empire of Brazil from 1887 to 1889. He was the author of several juridical works and integrated the Organizing Committee of the Civil and Criminal Codes, besides having participated in the International Commission of Jurists.

[6]   *Lista tríplice*, in which each senator was appointed directly by the Emperor, who was presented with a Triple List formed by candidates elected in the provinces by majority and indirect vote.

[7]   Respetively: Cândido Luiz Maria de Oliveira (1845–1919), was a Brazilian liberal politician, with a life–term in the Senate since 1886, and also the one who presented the project of the Abolition of Slavery to Princess Isabel in 1888; Afonso Augusto Moreira Pena (1847–1909) was Brazilian lawyer and politician, who became the sixth President of Brazil from 1906 to 1909; and José Cesário de Faria Alvim (1839–1903) was a Brazilian lawyer, economist and politician, who was the President of the State of Minas Gerais (1889–1890/1891–1892), and Interior Minister (1890–1891).

[8]   Antônio Cândido da Cruz Machado (1828–1902) was a Brazilian lawyer and politician, a Senator from 1874 to 1889.

[9]   The philharmonic presented as part of the celebrations of a victorious candidate.

[10]   Georgiana Cavendish, Duchess of Devonshire (1757–1806) was an English socialite, author, and activist who allegedly traded kisses for votes in support of the 1784 candidacy of her distant cousin, Charles James Fox (1749–1806), who was a chief leader for the liberal party, Whig Party.

Chapter 28

[1]   In Christian eschatology, the day when Jesus will come to Earth to make a final judgement.

[2]   The *Gazeta de Notícias* (21.11.1888, N.325, p.1, col.6–7) reports on banquets thrown by Senators Jerônimo José Teixeira Junior, Visconde do Cruzeiro (1830–1892), and Manuel Francisco Correia Júnior (1831–1905).

[3]   The *Gazeta de Notícias* (18.11.1888, N.322, p.1, col.3) reports on counterfeit foods, such as 'green' meat, and wine containing salicylic acid, a plant hormone.

[4]   Machado might be referring to the fact that the chanfana (literally, badly cooked food), a type of goat stew cooked in wine sauce, was very popular and appreciated in Sparta. In The Life of Lycurgus (in Parallel Lives, c. 2 AD, 12. 6), Plutarch says that "Of their dishes, the black broth [chanfana] is held in the highest esteem, so that the elderly men do not even ask for a bit of meat, but leave it for the young men, while they themselves have the broth poured out for their meals.

[5]   Machado might be writing ironically about the *dedos rosados de aurora*, the rosy fingers of dawn referred to in the Odyssey, or David's groins (Bible);

[6]   Nicolau Tolentino de Almeida (1740–1811) was a Portuguese poet who belonged to the Neoclassical movement in Portugal.

[7]   Passage from *O Bilhar* (1778), by Nicolau Tolentino de Almeida.

[8]   News from the *Gazeta de Notícias:* 18.11 "Cena de sangue'; 19.11 "Rapto regular", "Assassinato a pauladas", "Horrível morte", A peste dos burros", "Misterioso desaparecimento"… in "A pedidos." A reference to the worst drought in the state of Ceará since 1877.

[9]   Project approved in 1881, in the form of Saraiva law, and revised in 1888, due to the election of Antonio Romualdo Monteiro Manso (1844–1907), who refused to take the oath because it was contrary to his religious convictions.

[10]   José Ferreira de Souza Araújo (1848–1900), known as José Telha, a Brazilian journalist, poet and translator.

[11]   It might be a reference either to the mandatory closure of stores on Sunday, which is corroborated in the next paragraphs, or to the closure of the Constituent Assembly in 1823.

[12]   A reference to the French Revolution, which started in 1789.

[13]   The coup of 18 Brumaire occurred in November 1799 and led to Napoleon Bonaparte becoming the first consul of France, ending the French Revolution.

Chapter 29

[1]   Machado makes a play with words here referring to the expression "*botar as mangas de fora*" [literally, "to put one's cuffs outside"], meaning: to act in an unexpected way, revealing actions worthy of censorship, never before presented.

²   A poetic license here to represent what Machado meant: '*argentário*,' rich man, capitalist, or millionaire, from 'argentine,' pertaining to or resembling silver.

³   One of the most famous trolleys of Rio de Janeiro. Lapa is also a famous neighborhood known for its bohemian bars and restaurants.

⁴   *De oratore* (cap.II, line 36) by Cicero (106–43 BC), a Roman politician and lawyer.

⁵   Two thousand and four hundred *réis*, in the currency of Machado's time. *Contos de réis*, Brazilian currency of the period, *réis* (plural of *real*). One *conto de réis* was equivalent to 1,000,000 *réis* or 900 grams of gold. Measured against the relative price of gold, one *conto de réis* would be equivalent to approximately USD 36,000 (June 2018).

Chapter 30

¹   Antonio Paulino Limpo de Abreu, Viscount of Abaeté (1798–1883), was a Luso–Brazilian diplomat and politician.

²   One of the twenty–seven States of Brazil.

³   A city located in the State of Minas Gerais, known for its gold and for its colonial architecture.

⁴   From the Quran (Sura 4, v. 92), according to which a pecuniary compensation should be given if a person killed another person by accident.

Chapter 31

¹   Even though it had been used since Classical Antiquity, hypnotism became a great success in the 19th century due to the works of Franz Anton Mesmer (1734–1815), who was interested in the study of animal magnetism, and James Braid (1795–1859), who coined the term "hypnotism" because of Hypnos, the god of sleep.

²   Perhaps a reference to Afonso Celso de Assis Figueiredo, Viscount of Ouro Preto (1836–1912), a Brazilian politician.

³   Johann Joseph Gassner (1727–1779), a famous German exorcist.

⁴   Latin for *Go on, shake your arms.*

⁵   Latin for *Come back!*

⁶   Machado is referring to the case of two baby girls who were poisoned by

a high dosage of medication. It was reported in the *Gazeta de Notícias* under the title *Envenenamento* [Poisoning] (09.01.1889, N.9, col.2).

[7]   One of the most famous streets of Rio de Janeiro.

[8]   A popular way of referring to cents in Portuguese.

[9]   One of the neighborhoods of Rio de Janeiro.

[10]   Italian for *Keep all hope, ye who enter here!*, a twist of a phrase from Dantes' *Inferno*: *"Lasciate ogni speranza, voi ch'entrate!"* ("Abandon all hope, ye who enter here!").

Chapter 32

[1]   At the time, Rio de Janeiro, Brazil's capital, was still called São Sebastião do Rio de Janeiro.

[2]   Machado is possibly pretending that he doesn't know where the expression "Pronto, lesto e agudo" [Ready, nimble and sharp] come from *A Moreninha* [The Brunette] (1844) by Joaquim Manuel de Macedo (1820–1882), Brazilian doctor, teacher, novelist, poet, journalist, playwright.

[3]   The *Club Tenentes do Diabo*, direct descendant of the old Zuavos Carnavalescos, a Carnival club founded in 1855, adopted the name Euterpe Sociedade Comercial Tenentes do Diabo in 1872, after successive fires at its headquarters, known as the "cave." Machado is referring to the fire of 13.01.1889, which the *Gazeta de Notícias* reported on 14.1.1889, N.14, p.1.

[4]   Machado is referring to the above article.

[5]   Yorick is a character in William Shakespeare's *Hamlet, Prince of Denmark* (c. 1599). He is the dead court–jester whose skull is exhumed in Act 5, Scene 1, of the play.

[6]   Respectively: Polka, an European dance; Habanera, also known as contradanza, derived from the English country dance and adopted by the court of France in the 18th Century; Lundu, is an Afro–Brazilian music and dance style with its origins in the African Bantu; Krakoviak, a fast, syncopated Polish folk dance in double time, popularized by the Austrian ballerina Fanny Elssler (1810–1884) in the mid–18th Century.

[7]   A reference to Hamlet's response to Horatio (1.5.167–8): "There are more things in heaven and earth, Horatio, than are dreamt of in your philosophy."

Chapter 33

[1] Machado might be quoting French scholar, Gilles Ménage (1613–1692), from *Ménagiana* (1693): "While we were discussing what could make one happy, I said to him: *Sanitas sanitatum et omnia sanitas.*" [Health, health, and all is health.]; which could be a parody to the Bible's "*Vanitas vanitatum, et omnia vanitas.*" [Vanity, vanity, and all is vanity] (Ecclesiastes 1:2).

[2] French for *foot on (the) ground.*

[3] An amiable giant and king; noted for his enormous capacity for food and drink, in *Gargantua* (1534), by French writer François Rabelais (c. 1483–1553).

[4] French for *everything ends with songs*, from the comedy *The Marriage of Figaro* (1784), by French author, Pierre–Augustin Beaumarchais (1732–1799).

[5] Latin for *Therefore, let's drink!*, from the eponymous poem (1810) by Johann Wolfgang von Goethe (1749–1832).

[6] Machado is referring to the news on the *Gazeta de Notícias* on 24.01.1889, N.24, p.1.

[7] In 1874 a law was passed to modify the military recruitment system in Brazil. Until then the recruitment was voluntary or obligatory (in certain circumstances). The new law instituted a lottery system to be carried out among all citizens deemed fit for the military service.

[8] A reference to Molière's *Le Médecin malgré lui* (1666), in which the hat has a great importance in determining the social status of the characters.

Chapter 34

[1] Georges Ernest Jean–Marie Boulanger (1837–1891) was a French general and politician. He became popular for threatening, in January 1889, to establish a dictatorship with the help of popular classes in Paris.

[2] Charles Thomas Floquet (1828–1896) was a French politician and also the Minister of War from 1888 to 1889. He opposed Boulanger's ideas.

[3] The narrator refers to the news published in *Gazeta de Notícias* in 30.1.1889, according to which the president of the Council of Ministers would present, in the Chamber of Deputies, the legislative project which would re–establish the scrutiny by electoral circles.

[4] A reference to the possible modification in the law that ruled the

Brazilian press, which was also announced in *Gazeta de Notícias*.

⁵ Georges Benjamin Clemenceau (1841–1929) was a French politician, physician, journalist, and the leader of the radical party in France.

⁶ Léon Gambetta (1838–1882), a French politician.

Chapter 35

¹ The *Ayer's American Almanac* was a popular annual "medical handbook." It was published between 1852 and 1925, in certain years in more than 20 languages, including Portuguese.

² Reference to Alexandre Herculano (1819–1877) and Eça de Queirós (1845–1900), two important Portuguese writers in Machado's time.

³ Latin for *Books have their fates*! It is a verse in both *De Metris*, and *De Syllabis* (ca. 300 AD.) by North African poet Terentianus Maurus, who lived sometime between 150 and 350 AD.

⁴ Two brand–names of sarsaparilla, which has been used for centuries for treating joint problems like arthritis, and for healing skin problems like psoriasis, eczema, and dermatitis. The root was also thought to cure leprosy due to its "blood–purifying" properties.

⁵ A famous syrup invented in 1853, and which was claimed to be miraculous. "Bosque" means Grove or Woods, so the logo included a tree. Later in this chronicle, Machado contrasts it with a "City Syrup."

⁶ One of the most famous cities in the interior of Rio de Janeiro, known as Imperial city.

⁷ An informal way of referring to the Brazilian monetary unit.

⁸ French for *bore*.

Chapter 36

¹ French for *pun* or *quibble*.

² Machado mentions the *Confeitaria* [Patisserie] *Paschoal*, founded in 1850 in Rio de Janeiro, which was a meeting point for intellectuals for many years.

³ From "*Plaisante justice qu'une rivière borne! Vérité en deçà des Pyrénées, erreur au delà.*" [Pleasing justice which is bound by a river! Truth on this side of the Pyrenees, error beyond.], in *Pensées* (1670) is a collection of

fragments on theology and philosophy written by French mathematician, Physicist, religious philosopher Blaise Pascal (1623–1662).

[4]   César and Domingos Farani were Italian siblings who owned a jewelry store in Rio de Janeiro.

[5]   Aristides Cezar Spínola Zama (1837–1906), was a Brazilian doctor, politician, abolitionist, and writer.

[6]   Cesare Cantù (1804–1895) was an Italian historian who wrote the celebrated *Storia Universale* [World History] (1840–47).

[7]   Machado is mentioning the Bendegó meteorite, also known as Pedra do Bendegó (or Bendengó), which was found in the Bahian backlands, and is also the largest siderite (consisting almost entirely of metallic minerals) ever found on Brazilian soil. It has been on exhibition in Rio de Janeiro since 1889.

[8]   A reference to a hygienic campaign conducted in Rio de Janeiro in 1889.

Chapter 37

[1]   Latin for *upon this rock*, from the Bible (Matthew 16:18).

[2]   Campaign of Teófilo Ottoni (1807–1869), a Brazilian politician and entrepreneur, in favor of the reorganization of the Liberal Party in the province of Minas Gerais.

[3]   João Maurício Wanderley, also written Vanderlei, Baron of Cotegipe (1815–89), was a Brazilian nobleman, magistrate and politician. He was President of the Senate of Brazil between 1882 and 1885, Prime Minister of Brazil from 1885 to 1888, and president of the Banco do Brasil. Cotejipe was responsible for the approval of the Saraiva–Cotejipe Law in 1885, which granted freedom to slaves over the age of 60. He was dismissed from his post by Princess Isabel in 1888. Months later, as a Senator, he was the only one to vote against the approval of the Golden Law.

[4]   *Pedro*, a drama by Mendes Leal Júnior (1820–1886), a Portuguese writer, journalist, diplomat, and politician.

[5]   Irony as in "owner of Banco do Brasil."

Chapter 38

[1]   Marcus Tullius Cicero (106–43 BC) was a Roman politician and lawyer. He came from a wealthy family of the Roman equestrian order and is considered one of Rome's greatest orators and prose stylists.

[2]   A large, four–wheeled, closed carriage hung between two perches and having two interior seats.

[3]   Georges Ernest Jean–Marie Boulanger (1837–1891) was a French general and politician. He became popular for threatening, in January 1889, to establish a dictatorship with the help of popular classes in Paris.

[4]   Antônio Joaquim de Cantanheda was a public notary who figures in many newspapers notes of the time.

[5]   A street in downtown Rio de Janeiro.

[6]   São Fidélis is a Brazilian municipality in the state of Rio de Janeiro. Founded in 1781, it takes its name from the martyr Fidelis of Sigmaringen (1577–1622); and it's also known as the "Poem City" due to its natural beauties and its large number of poets. Land of numerous immigrant groups, many of their families are Syrian–Lebanese, Portuguese, German, and Italian, among other groups.

[7]   The narrator might be referring to 1789 Inconfidência Mineira, the first Brazilian attempt to gain political autonomy, or to the French Revolution, which started the same year.

[8]   Hannibal Barca (247–182 BC), a general from Carthage, known as one of the best military strategists in History.

Chapter 39

[1]   Antônio de Castro Lopes (1827–1901) was a Brazilian Latinist and philologist who sought to promote Latin, polemicizing a "genuine" etymology for Portuguese to such an extent that to this day it reflects the exaggerations he committed.

[2]   Lucius Licinius Lucullus (c.117–57 BC) was a rich Roman general who was said to be a glutton, noted for his self–indulgence, and of whom Plutarch says in his *Lives of the Noble Grecians and Romans* (2nd Century AD): "What, didn't you know that today Lucullus dines with Lucullus?", such was his own appetite.

[3]   French for *muffler* or *scarf*.

[4]   Francisco Manoel de Nascimento (1734–1819), better known as

Filinto Elysio, was a Portuguese Neoclassicism poet and translator. He was persecuted by the Portuguese Inquisition in 1778 for his heterodox ideas and exiled to Paris where he died.

[5] Latin for *tie*.

[6] Brazilian Portuguese for *advertisement*.

[7] French for *advertisement*.

[8] Portuguese for *advertisement*.

[9] Portuguese for *decoy* or *bait*.

[10] Brazilian term for *advertising*. (Note that the original publication used a different spelling.)

[11] Portuguese for *Pince–nez*.

[12] Camilo Ferreira Botelho Castelo Branco (1825–1890), was a Portuguese novelist, chronicler, poet, and translator, who used the term in at least two of his works: *O Morgado de Fafe em Lisboa* (1865); and *O Filho Natural*, in *Novelas do Minho* (1875–1877).

[13] Machado is making a neologism to mock Castelo Branco, *nasóculos* would translate as 'nasal glasses.'

[14] French for *fop* or *dandy*.

Chapter 40

[1] Jácome de Bruges Ornelas Ávila Paim da Câmara Ponce de Leão Homem da Costa Noronha Borges de Sousa e Saavedra (1833–1889), was an Azorean politician and a gentleman from the Royal House. He had a long career in politics and belonged to the Masonic Order.

[2] The announcement of the death is titled *Conde da Praia da Victoria*, a noble title which was used by both Jácome and his father.

[3] João Maurício Wanderley, also written Vanderlei, Baron of Cotegipe (1815–89), was a Brazilian nobleman, magistrate and politician. He was President of the Senate of Brazil between 1882 and 1885, Prime Minister of Brazil from 1885 to 1888, and president of the Banco do Brasil. Cotejipe was responsible for the approval of the Saraiva–Cotejipe Law in 1885, which granted freedom to over 60 years old slaves. He was dismissed from his post by Princess Isabel in 1888. Months later, as a Senator, he was the only one to vote against the approval of the Golden Law.

[4]   José Pereira Rego (1816–1892), known as Barão do Lavradio, was a Brazilian surgeon and a public official. He was extremely concerned with public health in Rio de Janeiro.

[5]   The largest city in Portugal's autonomous region of Madeira, on the Atlantic coast. It has been the capital of Madeira for more than five centuries and it is known as one of the most famous tourist attractions in Portugal.

Chapter 41

[1]   Antônio de Castro Lopes (1827–1901) was a Brazilian Latinist and philologist who sought to promote Latin, polemicizing a "genuine" etymology for Portuguese to such an extent that to this day it reflects the exaggerations he committed.

[2]   An artificial language created in 1879–1880 by Johann Martin Schleyer (1831–1912), a Roman Catholic priest in Baden, Germany. It was displaced in the 20th century by Esperanto.

[3]   Marcus Tullius Cicero (106–43 BC) was a Roman politician and lawyer. He came from a wealthy family of the Roman equestrian order and is considered one of Rome's greatest orators and prose stylists.

[4]   Quintus Horatius Flaccus (65–8 BC) was a Latin lyric poet and satirist. The most frequent themes of his *Odes* and verse *Epistles* are love, friendship, philosophy, and the art of poetry.

[5]   Refer to Chronicle 39.

[6]   Machado is making a neologism to mock Castelo Branco as *nasóculos* would translate as "nasal glasses," as in reference to Chronicle 39.

[7]   Brazilian Portuguese (mostly in Castro Lopes' neologisms) for: "pince–nez," "muffler," "lamp," "advertisement," and "meeting," respectively.

[8]   A French idiom or expression used in another language, as *Je ne sais quoi* when used in English.

[9]   Antônio de Moraes Silva (1755–1824) was a Brazilian lexicologist who wrote the *Diccionario da Lingua Portugueza composto pelo Padre D. Rafael Bluteau, reformado, e accrescentado por Antonio de Moraes Silva, natural do Rio de Janeiro* [*Dictionary of the Portuguese Language composed by Father Rafael Bluteau, revised, and expanded by Antonio de Moraes Silva, born in Rio de Janeiro*] (Lisbon, 1789).

[10]   French for *perpendicularly*.

[11]   Luís Augusto Rebelo da Silva (1822–1871) was a Portuguese journalist, historian, novelist, and politician, active contributor to multiple periodicals, and a member of Lisbon's intellectual and political XIX century circles.

[12]   This is part of a short song from Gioachino Rossini's 1816 opera *The Barber of Seville*, sung by the tenor Count Almaviva, disguised as the poor student Lindoro, at the beginning of act 1, and it means: "Here, laughing in heaven/emerges the beautiful dawn."

Chapter 42

[1]   Machado is referring to news about the absurd rise of the price of manioc flour in the state of Pernambuco, in the northeast of the country, because of its exportation. The affair of the currency has to do with the growing exportation of coffee and international banks wanting to invest in the country.

[2]   Reference not found.

[3]   *Contos de réis*, Brazilian currency of the period, *réis* (plural of *real*). One *conto de réis* was equivalent to 1,000,000 *réis* or 900 grams of gold. Measured against the relative price of gold, one *conto de réis* would be equivalent to approximately USD 36,000 (June 2018).

[4]   *Almanaque do Velhinho* (*Little Old Man's Almanac*) refers to João Velhinho, a colleague of Machado in the *Gazeta de Notícias*. It is worth noting Machado's joke about 1843, the year when the card of happy holidays appeared, leading one to believe that à la Machado, the "old man" could also be a reference to Santa Claus, in a typical fictional invention, since there was never such an almanac.

[5]   Here, in 1889, Machado gives the idea for the name of the Brazilian currency which would substitute the contemporary one, *réis*, from 1942 to 1967. Apparently this suggestion was followed (with or without mention) by Brazilian Senator Américo Lobo Leite Pereira (1841–1903) in the Senate session of 21.09.1891; and later suggested again by Brazilian economist Carlos Inglês de Sousa (1882–1948) in his 1924 and 1926 books.

[6]   The *cruzeiro* Machado refers to the Southern Cross, a constellation prominent in the southern sky and also one of the symbols of the country.

[7]   In Brazil, it was a copper coin which worth 40 *réis*.

[8]   In Brazil, *patacão* was a silver coin which valued 960 *réis*.

[9]   An early Portuguese coin of gold or silver. bearing the figure of a cross. It also became the name of a Brazilian currency between 1986 and 1989.

[10]   French for *I have pain in your chest.*

[11]   French aristocrat, Marie de Rabutin–Chantal, Marquise de Sévigné (1626–1696), who in 1688 wrote in one of the letters to her daughter: "*me fait mal à votre poitrine.*" [I feel pain in your chest.].

[12]   Machado is referring to an infamous lawsuit that dragged on after 1886. It was related to the falsification of Custódio José Gomes's will, who was known as Custódio Bíblia. There's an interesting obituary in the *Gazeta de Notícias* (17.03.1883, N.76, p.2) giving the news of the generous will left by him (21.12.1882), which was published at *Jornal do Commercio* (10.03.1883, N.69, p.1).

[13]   Latin for *Thee, O God, we praise*, an early Christian hymn of praise, which still remains in regular use in the Roman Catholic Church nowadays.

[14]   Machado is referring to Charles Stewart Parnell (1846–1891), who was accused in 1887 of supporting the brutal murders in Phoenix Park, Dublin, Ireland, in May 1882. Later it emerged that his "letters of support" were in fact forgeries written by journalist Richard Pigott (1835–1889), who later fled to Madrid and committed suicide there.

Chapter 43

[1]   André Roswein is a character in *Dalila* (1853), by French novelist and dramatist, Octave Feuillet (1821–1890).

[2]   *Robe de chamber*, French for dressing gown."

[3]   Nicolau Tolentino de Almeida (1740–1811), was a Portuguese satirical poet.

[4]   French for *carriage.*

[5]   In Greek mythology, Automedon was Achilles' charioteer in Homer's *Illiad*. In Portuguese it means "skillful charioteer."

[6]   Machado is referring to Dr. Antônio Castro Lopes (1827–1901), a Brazilian Latinist, and his series of neologisms, as in Chapters 39 and 41.

[7]   French for *jacket.*

[8]   Old Portuguese for *short cloak with sleeves.*

[9]   A person native or inhabitant of the former province of Minho, Northeast of Portugal.

[10]   Latin for *Let likes be cured by likes.*

Chapter 44

[1]   A note at the end of the chronicle informs the readers that this one had been in the Editorial since the 25th, probably May (1889), but hadn't been published sooner due to lack of space in the newspaper.

[2]   A fictitious character created by Machado.

[3]   A Mount of Piety is an institutional pawnbroker run as a charity in Europe from Renaissance times until today, more often referred to by the relevant local term, such as *monte di pietà* (Italian), *mont de piété* (French) or *monte de piedad* (Spanish). Similar institutions were established in the colonies of Catholic countries such as Brazil.

[4]   Political figures who were central to the establishment of the Second Reign (1840–1889) in Brazil, respectively: Bernardo Pereira de Vasconcelos (1795–1850) was a Brazilian politician, journalist, judge and law expert; Nicolau Pereira de Campos Vergueiro (1778–1859) was a Brazilian coffee farmer and politician; Diogo Antônio Feijó (1784–1843) was a Brazilian Catholic priest and statesman.

[5]   Alienist is a 19th century term for a doctor specialized in the treatment of mental illnesses. *O Alienista* (*The Alienist*, or, in a different translation, *The Psychiatrist*) is the title of a short story by Machado de Assis, published in 1882, in which Dr. Simão Bacamarte creates an asylum for treating mentally disturbed people.

[6]   French for *The human spirit is a great worker of miracles*, in *Les Essais de Michel Seigneur de Montaigne* (1579), Book II Chapter XII, by Michel Eyquem de Montaigne (1533–1592), French philosopher of the Renaissance period.

[7]   Manuel Fancisco Correia Junior (1813–1905) was a Brazilian lawyer, and politician; Senator from 1877 to 1889.

[8]   Jerônimo José Teixeira Júnior (1830–1892) was a Brazilian lawyer, and politician; Senator from 1873 to 1889.

[9]   Luiz Antônio Vieira da Silva (1828–1889) was a Brazilian lawyer, banker, and politician; Senator from 1871 to 1889.

[10]   Afonso Celso de Assis Figueiredo (1836–1912) was a Brazilian politician; Minister of the Navy from 1866 to 1868; Treasury Minister from 1879 to 1880, and 1889. As President of the Ministries Council (7 June 1889), Assis the Figueiredo was arrested on 15 November 1889 at Campo de

Santana Headquarters, on the day of the Proclamation of the Republic, with the whole ministry, and then exiled with the Brazilian Imperial Family.

Chapter 45

[1]   Georg Moritz Ebers (1837–1898), was a German Egyptologist and novelist, who discovered the Egyptian medical papyrus, of *ca.* 1550 BCE, named after him, at Luxor (Thebes) in the winter of 1873–74. Nowadays the papyrus is in the Library of the University of Leipzig, Germany.

[2]   In this context, Portuguese for *a treacherous fellow*.

[3]   Pliny the Elder (born Gaius Plinius Secundus, 23–79AD) was a Roman writer, naturalist and philosopher. He famously said in his *Natural History* (77AD, Book 29.8): "Medicine alone of the Greek arts we serious Romans have not yet practiced; in spite of its great profits only a very few of our citizens have touched upon it, and even these were at once deserters to the Greeks; nay, if medical treatises are written in a language other than Greek they have no prestige even among unlearned men ignorant of Greek, and if any should understand them they have less faith in what concerns their own health. Accordingly, heaven knows, the medical profession is the only one in which anybody professing to be a physician is at once trusted, although nowhere else is an untruth more dangerous. We pay however no attention to the danger, so great for each of us is the seductive sweetness of wishful thinking. Besides this, there is no law to punish criminal ignorance, no instance of retribution. Physicians acquire their knowledge from our dangers, making experiments at the cost of our lives. Only a physician can commit homicide with complete impunity."

[4]   Someone or something from the city of Rio de Janeiro. A mid–19th century Brazilian Portuguese word deriving from the Tupi (language spoken in Brazil by the Tupi Indians) word "kari'oka," meaning *house of the white man*.

Chapter 46

[1]   Antonio Leocadio Guzmán Blanco (1829–1899) was a Venezuelan journalist, military leader and politician, founder of the Liberal Party. He was President of Venezuela for three separate terms, 1870 to 1877, 1879 to 1884, and 1886 to 1887. The telegram mentioned by Machado appears in the *Jornal do Commercio* (26.06.1889, N. 176, p.1, col.1).

[2] As in reference to the German prince's phrase from his 13.02.1869 speech: *"Er lügt wie telegrafiert."* [He lies as if he telegraphed].

[3] Vassouras is a municipality in the State of Rio de Janeiro.

[4] José de Paiva Magalhães Calvet was elected a county judge in the city of Vassouras in 1867.

[5] Dario Rafael Callado was a Brazilian Law judge. It has been said that he investigated a famous crime in Rua do Arvoredo, Rio de Janeiro, between the years of 1863 and 1864.

[6] *"Mais où sont les neiges d'antan?"* is the refrain of a famous poem by French writer François Villon (1431–1463) in *Ballade des Dames du Temps Jadis* [*Ballad of the Ladies of Bygone Times*] (1533), translated as "But where are the snows of yesteryear?," used to express a melancholic nostalgia and often used by Machado.

[7] French for *native land, local.*

[8] French for *lode, vein.*

[9] Possibly a reference to the Catholic 'Sermon of Saint Peter's Tears,' as in Philippians 3:18–19: "18 For, as I have often told you before and now tell you again even with tears, many live as enemies of the cross of Christ. Their destiny is destruction, their god is their stomach, and their glory is in their shame. Their mind is set on earthly things."

[10] The Saraiva–Cotejipe Law (also known as 'Law of the Sexagenarians') of 1885, granted freedom to slaves over the age of 60.

[11] A reference to Molière's *L'Avare* [The Miser] (1668, Scene VI), where Frosine, the marriage–maker, says: "I have, especially for matchmaking, the most wonderful talent. There are no two persons in the world I could not couple together; and I believe that, if I took it into my head, I could make the Grand Turk marry the Republic of Venice."

Chapter 47

[1] The *Revisitinha* was a column in the *Gazeta de Notícias* which published various pieces of news, in this case its anniversary edition of 02.08.1889, N.214, p.1. col.8, commenting on some of its writers, including *Boas Noites*

[2] A reference to Casa Bernardo, a fashion and wallpaper shop owned by Bernardo Wallenstein & Companhia (Pierre Saisset).

[3] A reference to the 1864 bankruptcy of A. J. A. Souto & Cia, the precursor

of the private bank in Brazil.

[4]   A reference to one of the most dramatic floods of the 19th century in Rio de Janeiro, Brazil's capital then.

[5]   A comet discovered in July 1889 by J. E. Davidson (unknown), from Australia, described as 5' in diameter, and visible in Brazil.

[6]   The National Observatory in Rio de Janeiro was founded by Emperor Pedro I (1798–1834) in October 1827.

[7]   Machado might be referring to the virgins in Romanticism, which had its great share in Portugal in its first generation, from 1825 to 1840. Its main authors are Almeida Garrett, Alexandre Herculano, Antônio Feliciano de Castilho. The second generation, ultra–romantic happened from 1840 to 1860 and has as main authors, Camilo Castelo Branco and Soares de Passos. The third generation, pre–realist, from 1860 to 1870, approximately.

[8]   A reference to a legal battle for the patent of such elixir, which was officially legalized in 1890 for the pharmacist Hermes de Souza Pereira against Dr. Santa Rosa, as it can be found in *A República*, from the state of Pará, 09.04.1890. N. 42, p.4, col.3.

[9]   As in the *Bible* (Kings 3:16–28).

[10]   French for *an obligatory scene*, which allows the audience to follow a particular genre, and which is alleged to Francisque Sarcey (1827–1899), a French journalist, dramatic critic, and writer.

Chapter 48

[1]   Pseudonym of José Ferreira de Sousa Araújo (1848–1900), founder of the *Gazeta de Notícias* in 1875. He was Brazilian a journalist, poet, playwright, and translator.

[2]   A reference to a chamber of less importance than the "official" one, composed of candidates who dared to take the risk of making mistakes or challenge important decisions. This is used in the chronicle as a strategy to convince the narrator to become a deputy candidate.

[3]   Malindi (once known as Melinde) is a town on Malindi Bay at the mouth of the Galana River, lying on the Indian Ocean coast of Kenya, 120 kilometers northeast of Mombasa.

[4]   From the epic poem *Os Lusíadas* [*The Lusiads*] (1572), Canto VII. 1.87, by Luís Vaz de Camões (c.1524–1580), Portuguese poet.

Chapter 49

[1] Minas Gerais, a state in the north of Southeastern Brazil, inland from Rio de Janeiro.

[2] One *vintém*, a copper coin, was worth twenty *réis*. *Contos de réis*, Brazilian currency of the period, *réis* (plural of *real*). One *conto de réis* was equivalent to 1,000,000 *réis* or 900 grams of gold. Measured against the relative price of gold, one *conto de réis* would be equivalent to approximately USD 36,000 (June 2018).

[3] Machado might be referring to the The Collection of Laws, Decrees and Regulations of the Province of Rio de Janeiro, whose first volume refers to the year 1835, in which the first Provincial Legislative Assembly was established, as a result of the creation of the Province in 1834 and by virtue of the Additional Act to the Constitution of the Empire of 1824.

Chapter 50

[1] Machado could be referring to a passage from *O Grande Curador do Mal das Vinhas* (in *Primeiras Trovas Burlescas de Getuliano*, 1859, p.46), by Luiz Gonzaga Pinto da Gama (1830–1882), a Brazilian lawyer, speaker, journalist, and writer.

[2] Tobias Figueira de Melo was a healer arrested on 28th August, according to news published in *Diário de Notícias*. The healer was treating a woman named Rosalina Maria da Conceição with herbs when he was arrested.

[3] The main character in Molière's comedy play *Le Borgeois Gentilhomme* [*The Bourgeois Gentleman*] (1670).

[4] Popularly known as *erva de santa bárbara*.

[5] Popularly known as *cipó de jarrinha* or *cipó mil–homens*.

[6] The expression *rabo de saia* refers to a term used in reference to a woman or girl, a skirt–chaser.

[7] The Convent of Rilhafoles, where later the first Psychiatric Hospital of Lisbon, Portugal, was built (1848). Hence, the saying about someone with mental problem: "He should go to Rilhafoles."

[8] The *Bible* mentions the character of a medium or spiritist at least nine times, one of them in 1 Samuel 28:3–9.

Bons Dias!

Agradecimentos e Reconhecimentos

A tradutora e o editor gostariam de agradecer ao Ministério da Cultura e Fundação da Biblioteca Nacional do Brasil pelo apoio que tornou este livro possível. A todas as pessoas que, direta ou indiretamente, colaboraram para a execução e divulgação deste projeto.

Agradecimentos também são devidos aos editores sêniores Ralph Cheney and Denise Dembinski, que dedicaram seus olhos afiados às palavras, estilo e design deste livro.

Os sinceros agradecimentos de Ana Lessa-Schmidt vão também para Helmut Schmidt, Terezinha Maria Moreira, Mauro Alexandre Lessa Lima, Luiz Carlos Moreira, André Bordinhon, Gisele Faria, Sílvia Moreira, Thaiane Koppe and Instituto Moreira Salles, and Fernando Loureiro, por sua paciência, apoio e conselhos inestimáveis.

Good Days!

Thanks and Acknowledgements

The translator and editor would like to thank Brazil's Ministry of Culture and Fundação da Biblioteca Nacional for the support that made this book possible. To all the people that, directly or indirectly, collaborated for the execution and the dissemination of this project.

Thanks are also due senior editors Ralph Cheney and Denise Dembinski, who applied their sharp eyes to the words, style, and design of this book.

Ana Lessa-Schmidt's many thanks also goes to Helmut Schmidt, Terezinha Maria Moreira, Mauro Alexandre Lessa Lima, Luiz Carlos Moreira, André Bordinhon, Gisele Faria, Sílvia Moreira, Thaiane Koppe and Instituto Moreira Salles, and Fernando Loureiro, for their invaluable patience, support and advice.

Contribuidores

Ana Lessa-Schmidt, Ph.D.

Ana Lessa-Schmidt é bacharel em Literatura Inglesa pela Universidade Federal do Amazonas, e possui mestrado em Sociedade Britânica Contemporânea pela Universidade de Nottingham, onde também obteve seu título de Ph.D. em Estudos Culturais Brasileiros (Música de Protesto durante a ditadura). Suas traduções de autores brasileiros em Tradução de Literatura com a New London Librarium (NLL) são: João do Rio (*Religiões no Rio*, e *Vida Vertiginosa*); Machado de Assis (*Ex Cathedra* e *Miss Dollar and Other Stories*); e também Mário de Andrade (*Amar, verbo intransitivo*). Ela também traduziu *Suas Mãos na Terra* do Inglês para o Português.

Greicy Pinto Bellin, Ph.D.

Greicy Pinto Bellin contribuiu não apenas para a escrita do prefácio mas também com seu conhecimento da obra de Machado de Assis e com as introduções de cada crônica. Ela possui bacharelado em Português e Inglês e mestrado em Estudos Literários, ambos obtidos na Universidade Federal do Paraná, onde obteve seu doutorado em 2015. Seu livro mais recente é *From European Modernity to Pan-American Literary National identity: Literary Confluences between Edgar Allan Poe, Charles Baudelaire and Machado de Assis*. Ela é a co-tradutora de *Miss Dollar: Stories by Machado de Assis*, e contribuiu para *Trio in A Minor: Stories by Machado de Assis*. Ela é professora do Mestrado em Teoria Literária no Centro Universitário Campos de Andrade, UNIANDRADE.

Contributors

Ana Lessa-Schmidt, Ph.D.

Ana Lessa-Schmidt is a linguist and translator who has a Bachelor's degree in English Literature from the Universidade do Amazonas (UFAM), and a Master's degree in Contemporary British Society from the University of Nottingham, where she also did her PhD in Brazilian Cultural Studies (Protest Music during the dictatorship). Her work with New London Librarium (NLL) on Brazilian writers in Literary Translation are: João do Rio (*Religions in Rio*, and *Vertiginous Life*); Machado de Assis (*Ex-Cathedra*, and *Miss Dollar and Other Stories*); and also Mário de Andrade (*To Love, intransitive verb*). She also translated *His Hands on Earth* into Portuguese.

Greicy Pinto Bellin, Ph.D.

Greice Pinto Bellin contributed not just the Foreword to this book but also substantial expertise on the author's work and the introductions to each chronicle. She has a Bachelor's degree in Portuguese and English and a Master's degree in Literary Studies, both from Universidade Federal do Paraná, where she earned her Ph.D in 2015. Her most recent book is *From European Modernity to Pan-American Literary National identity: Literary Confluences between Edgar Allan Poe, Charles Baudelaire and Machado de Assis*. She is also co-translator of *Miss Dollar: Stories by Machado de Assis* and contributor to *Trio in A Minor: Stories by Machado de Assis*. She is a postgradate professor in Literary Theory at the Centro Universitário Campos de Andrade, UNIANDRADE.